俄罗斯高校招生考试制度研究

王婧/著

本书为2016年度教育部人文社会科学重点研究基地重大项目『高考制度改革研究』（16JJD880029）之成果

高考改革研究丛书

刘海峰/主编

华中师范大学出版社

新出图证（鄂）字 10 号

图书在版编目（CIP）数据

俄罗斯高校招生考试制度研究/王婧著. —武汉：华中师范大学出版社，2016.12

（高考改革研究丛书/刘海峰主编）

ISBN 978-7-5622-7636-4

Ⅰ.①俄… Ⅱ.①王… Ⅲ.①高等学校—招生—考试制度—研究—俄罗斯 Ⅳ.①G649.512.2

中国版本图书馆 CIP 数据核字（2016）第 315239 号

俄罗斯高校招生考试制度研究
ⓒ 王婧 著

责任编辑：骆 宏	责任校对：王 胜
编辑室：学术出版中心	电话：027－67867792
出版发行：华中师范大学出版社	社址：湖北省武汉市洪山区珞喻路 152 号
电话：027－67863426/3280（发行部）	027－67861321（邮购）
传真：027－67863291	邮编：430079
网址：http://press.ccnu.edu.cn	电子信箱：press@mail.ccnu.edu.cn
印刷：湖北新华印务有限公司	督印：王兴平
封面设计：甘 英	封面制作：胡 灿
开本：710mm×1000mm　1/16	印张：19.25
版次：2016 年 12 月第 1 版	印次：2016 年 12 月第 1 次印刷
字数：335 千字	定价：48.00 元

欢迎上网查询、购书

敬告读者：欢迎举报盗版，请打举报电话 027－67861321

总　　序

高考是我国各类考试中最重要、影响最大的考试。高考改革不仅关系到国家创新人才的培养、学生的健康成长，而且关系到社会公平的维护、高等教育资源的分配，还涉及宏大的社会利益再分配问题，关系到维护我国改革发展稳定的大局，是一项"牵一发而动全身"的社会系统工程，具有综合性、系统性。高考改革事关教育全局，不仅已成为重大的民生议题，而且是教育领域中最复杂、最敏感的问题，受到民众和国家教育主管部门的高度关注。

2010年7月正式颁布的《国家教育中长期改革和发展规划纲要（2010—2020年）》列有关于招生考试的专门一章，即第十二章"考试招生制度改革"。在中国历次教育改革文件中，这是第一次将招生考试单独列出一章，足见此问题在现阶段的重要性。2012年7月，国家教育考试指导委员会在北京成立，研究制定考试改革方案，指导考试改革试点。国家专门成立一个国家级决策咨询机构来指导高考改革实践，说明考试招生改革意义非常重大。2013年11月，十八届三中全会通过了《中共中央关于全面深化改革若干重大问题的决定》，其中教育方面最主要的就是考试招生改革的内容。2014年9月公布的《国务院关于深化考试招生制度改革的实施意见》，是恢复高考以来最全面、最系统的改革文件。以往也有各种各样的高考改革政策出台，但多数都是单项的或者某一个侧面的改革，而这次改革涉及考试招生的方方面面，是一个顶层设计的系统改革，标志着高考改革进入一个新阶段。

由于高考是一个至为复杂的大规模选拔性考试，是一项"横看成岭侧成峰，远近高低各不同"的制度，从某一特定的角度去观察，站在某一种特定的立场去评说，可能所见都是事实，所言也都有一定道理，但也可能会出现盲人摸象、各说各话的情况。因此，在评价高考时，重要的是全面和客观。

而要理性地、全面地评价高考，提出切实可行的改进意见，就应该对高考进行全面深入的研究。

中国是考试制度的发源地，不仅是一个考试古国，而且是一个考试大国。有些西方国家的大学入学考试只是一种测量手段，只是在小范围内引起关注，只是一个部分人关心的话题。然而，受传统和现实的制约，中国人却将高考变成了文化，变成了经济，变成了政治，变成了盛大的仪式，变成了一种备受关注的社会活动，变成了一种惯例式的全民动员。在有五千年悠久文化传统和千余年科举考试影响的中国，在一个幅员辽阔、人口众多、地域和城乡文化教育水平差异很大的中国，在民众高度重视甚至是过度重视教育的中国，高考既与世界各国的大学入学考试有相同的规律，也有不少独有的现象和问题。

长期以来，高考作为一项影响重大、关注度甚高的重要制度，总体而言是"三多三少"，即新闻报道多，理论研究相对较少；一般议论多，深入分析相对较少；零星探讨多，系统研究相对较少。近年来，情况有了一些改观，特别是2012年前后讨论异地高考政策问题，2014年《国务院关于深化考试招生制度改革的实施意见》出台以后，出现了研究高考改革的热潮，许多相关论文见诸报刊。但是，对于整个高考制度还缺少系统的研究，尤其缺少真正有分量的高考改革研究著作。

高考改革是一个谁都能说得上两句的话题，但又是一个专业性很强的问题。要谈谈自己关于高考改革的观点，发表一两篇文章不难，而要深入阐述自己的观点，发表不重复的系列论文或出版专著却很难。为了将高考研究推向深入，并为现实高考提供决策参考和理论依据，在深入研究的基础上，特组织一套"高考改革研究丛书"。

作为中国高考研究的重镇，厦门大学考试研究中心一直将高考改革作为重点研究方向之一，推出了一系列研究论文和专著，研究成果为全国性的和部分省市的高考改革提供重要的理论支持。本丛书是中国第一套较全面、深入研究高考改革的丛书，对高考从理论、制度、政策、法治、内容、形式，到招生考试的区域公平、民族政策、效度和评价等各方面进行全面的研究，同时对美国、英国、法国、俄罗斯、加拿大、澳大利亚、日本和我国台湾地区的高校招生考试制度等进行了探讨；既有对高考制度的理论剖析，又有对高考改革的一些热点问题的专题论述；是从理论到实践、从宏观到微观、从国内到域外，对高考制度及其改革进行的全面而深入的研究。

总　序

"高考改革研究丛书"是对高考的基础性、系统性研究。2015年，该丛书获得国家出版基金资助，出版社与丛书主编将原来已出版的十多本著作加以修订，并扩充至22本，使之成为一个更全面、成气候的书系。本丛书基本上由我自己的著作和历年指导通过答辩的高考研究博士论文、博士后出站报告为基础构成。在我历年指导的众多博士论文或博士后出站报告中，以高考研究为选题的占大多数。要想真正为高考改革提供参考，我们的研究应力求建立在对招生考试历史与现实充分了解的基础之上。为了使这些论文的写作不至于陷入空谈，我总是要求博士生和博士后多了解高考实际。多年来，以高考为选题的博士生和博士后一般都要到部分省市教育招生考试院等考试机构实习，真正深入招生考试第一线，多与考试管理工作者接触交流，这样他们才不会太书生气，所写论文才能脚踏实地。凡是研究别国高校招生考试制度的博士生和博士后，都通晓所在国的语言文字，并尽可能到研究对象国去搜集资料和实地调研，多位博士生和博士后都在研究对象国留学多年或做访问研究一年以上。

丛书中每本著作各有专攻，希望都能切中肯綮，真正做到既有学术价值，也有现实意义；对高考改革的顶层设计，对高考改革的顺利推行，进而对维护教育公平和社会稳定起到一定的作用。恢复高考40周年即将到来，相信本丛书的出版能够为高考改革提供理论支撑，为完善中国的考试招生制度贡献绵薄之力，作为一名上世纪的77级大学生，我深感欣慰。

刘海峰
2016年10月6日

目　　录

绪　论 …………………………………………………………… 1
　一、研究缘起与研究意义 ………………………………………… 1
　二、研究综述与概念界定 ………………………………………… 4
　三、研究思路与研究方法 ………………………………………… 15

第一章　俄罗斯高等教育制度概述 ………………………………… 18

第一节　俄罗斯教育制度 ……………………………………… 18
　一、俄罗斯联邦教育法 …………………………………………… 19
　二、俄罗斯国民教育体系 ………………………………………… 23
　三、俄罗斯教育概况 ……………………………………………… 26

第二节　俄罗斯高等教育制度 ………………………………… 31
　一、俄罗斯第一所高等学校 ……………………………………… 31
　二、俄罗斯高等教育体制 ………………………………………… 33
　三、俄罗斯高等教育概况 ………………………………………… 36

第二章　俄罗斯高校招生考试制度的历史演进 …………………… 46

第一节　沙皇俄国时期的高校招生考试制度（1632—1917 年）…… 46
　一、高校成立早期的招生特点 …………………………………… 47
　二、资本主义发展时期的高校招生特点 ………………………… 48
　三、沙皇俄国时期的高校招生制度特点 ………………………… 50

第二节　苏联时期的高校招生考试制度（1918—1991 年）……… 51
　一、以工农为主，免试推荐入学（1918—1925 年）…………… 51
　二、部分取消名额分配，自由竞试入学（1926—1931 年）…… 53
　三、全体公民自由报考、平等竞试入学（1932—1957 年）…… 56

1

四、以招收有工龄青年为主，加强与生产的联系（1958—1963年）
　　　　... 60
　　五、以招收应届毕业生为主，注重中学成绩和表现（1964—1991年）
　　　　... 63
　　六、苏联时期的高校招生制度特点 69
　第三节　俄罗斯联邦初期的高校招生考试制度（1992—2000年）...... 73
　　一、高校自主招生考试 73
　　二、录取方式多样化 75

第三章　国家统一考试的产生和发展 82
　第一节　国家统一考试产生的背景和动因 82
　　一、政治因素 82
　　二、经济因素 84
　　三、教育因素 86
　　四、国际趋势 87
　第二节　国家统一考试的试行（2001—2008年）.................... 88
　　一、国家统一考试的范围与规模 89
　　二、国家统一考试的科目与分数 91
　　三、国家统一考试的问题与阻碍 93
　　四、国家统一考试的法律与规定 95
　　五、国家实名制财政教育券 96
　第三节　国家统一考试的正式实行（2009年至今）................. 100
　　一、2009年的高校招生考试情况 101
　　二、2010年的高校招生考试情况 104
　　三、2010年国家统一考试的社会调查 107
　　四、国家统一考试的组织机构 113
　　五、国家统一考试的法律保障 116
　第四节　国家统一考试的发展与完善 120
　　一、丰富考试类别和考题类型 120
　　二、适当调整统考日程安排 123
　　三、加强统考的监督和测评 125

四、录取参考多种评价要素 ……………………………………………… 126
五、规范录取优惠政策 …………………………………………………… 128

第四章　俄罗斯现行高等学校招生政策 ……………………………… 130
第一节　招生要求与报考条件 …………………………………………… 130
一、招生基本要求 ………………………………………………………… 130
二、招生优惠政策 ………………………………………………………… 133
三、考生个人成就 ………………………………………………………… 136
第二节　考试类别与自主考试 …………………………………………… 137
一、入学考试类别与成绩评定 …………………………………………… 138
二、高校自主举行的入学考试 …………………………………………… 140
第三节　申报材料与录取程序 …………………………………………… 142
一、招生信息公开 ………………………………………………………… 143
二、入学申请材料 ………………………………………………………… 144
三、录取基本程序 ………………………………………………………… 148
四、其他招生形式 ………………………………………………………… 151

第五章　俄罗斯高校招生考试案例研究 ……………………………… 154
第一节　汉特-曼西自治区准备国家统一考试的情况 …………………… 154
一、指导统考的主要地方法规 …………………………………………… 155
二、尤戈拉第一中学准备统考的情况 …………………………………… 156
三、问卷调查及分析 ……………………………………………………… 158
第二节　莫斯科国立大学 2016 年的招生工作 ………………………… 168
一、招生专业与招生名额 ………………………………………………… 169
二、入学考试与评分原则 ………………………………………………… 173
三、录取顺序与申请材料 ………………………………………………… 178
四、招收外国留学生 ……………………………………………………… 192
第三节　乌法国立石油技术大学的招生经验 …………………………… 194
一、乌法国立石油技术大学的招生做法 ………………………………… 195
二、乌法国立石油技术大学 2013 年的招生情况 ……………………… 201
三、乌法国立石油技术大学未来的招生策略 …………………………… 202

第六章　俄罗斯关于高校招生考试制度的论争 …… 204
第一节　苏联时期关于高校招生考试制度的论争 …… 204
　　一、高校入学：免试还是考试 …… 205
　　二、招生对象：中学毕业生还是劳动生产者 …… 208
　　三、考试形式：笔试还是口试 …… 211
　　四、职业定向：中学培养还是高校指导 …… 213
第二节　关于国家统一考试的论争 …… 215
　　一、国家统一考试与自主招生考试 …… 215
　　二、国家统一考试与教育公平 …… 220
　　三、国家统一考试的科学性 …… 229
　　四、国家统一考试与中学教育质量 …… 236

第七章　俄罗斯高校招生考试制度的公平性问题 …… 241
第一节　自主招生考试的公平性问题 …… 241
　　一、自主招生考试的非正常影响因素 …… 241
　　二、招生优惠政策的非正常影响因素 …… 245
　　三、自主招生考试对高等教育机会的影响 …… 251
第二节　国家统一考试的公平性问题 …… 252
　　一、国家统一考试的非正常影响因素 …… 252
　　二、国家统一考试对高等教育机会的影响 …… 254
第三节　从国家统一考试结果看高校招生的公平性 …… 257
　　一、性别差异 …… 258
　　二、学校差异 …… 259
　　三、城乡差异 …… 261
　　四、区域差异 …… 265

第八章　俄罗斯高校招生考试制度的启示和借鉴 …… 268
第一节　两种招生考试制度的优点与不足 …… 268
　　一、自主招生考试的优点与不足 …… 269
　　二、国家统一考试的优点与不足 …… 270
第二节　俄罗斯高校招生考试制度改革的特点 …… 272
　　一、改革由政府主导、自上而下推行 …… 272
　　二、改革经过充分论证、循序渐进 …… 272
　　三、统一性与多样性相结合 …… 273

四、培养天才儿童、照顾弱势群体……………………… 273
　　五、社会各界监督高校招生考试…………………………… 274
　第三节　俄罗斯高校招生考试制度的启示和借鉴…………… 275
　　一、高校招生考试制度应首重公平………………………… 275
　　二、建立招考分离、二次考试模式………………………… 276
　　三、改革应通盘考虑、稳中求进…………………………… 278
　　四、加强中学生职业指导…………………………………… 278
　　五、提升教育质量是根本…………………………………… 279
　　六、名牌高校精英教育、普通高校大众教育……………… 280

结　语……………………………………………………………… 281

参考文献………………………………………………………… 283

后　记…………………………………………………………… 295

绪　论

现代条件下的高等教育是社会纵向流动的重要途径，社会流动促进社会平等，对社会经济和社会进步产生积极影响。高校招生考试制度决定了青年的社会流动。和中国一样，高校招生考试制度引发的问题在俄罗斯同样是重大的社会问题，关系到数百万家庭的切身利益，社会的稳定和发展在很大程度上取决于该问题的解决方式。因此，分析研究这一问题无论对过去、现在还是将来，都无疑是重要的。

俄罗斯是一个教育发达、科技实力雄厚的国家，特别是高等教育，是世界上最具实力的高等教育体系之一。在俄罗斯高等教育发展历程中，高校招生考试制度发挥了重要作用，为国家选拔培养了大批优秀人才，为政治、经济、文化等各项事业的发展提供了智力支持和人才保障。纵观俄罗斯高校招生考试制度的历史演进，其中既有激进式的变革，又有渐进式的改革，就其规模、形式和方法的多样性以及情况的复杂性而言，在世界各国中是独树一帜的，值得我们进行全面而深入的研究。

一、研究缘起与研究意义

（一）研究缘起

2014年9月3日，我国发布了《国务院关于深化考试招生制度改革的实施意见》（简称《实施意见》）。文中指出，我国将从2014年启动考试招生制度改革试点，2017年全面推进，到2020年基本建立中国特色现代教育考试招生制度，形成分类考试、综合评价、多元录取的考试招生模式，健全促进公平、科学选才、监督有力的体制机制，构建衔接沟通各级各类教育、认可多种学习成果的终身学习"立交桥"。《实施意见》作为中央部署全面深化改革的重大举措之一，是我国自1977年恢复高考以来，最为全面和系统的一次招生考试制度变革，而高考则毫无悬念地成为最大焦点。

改革开放 30 多年来，我国的招生考试制度不断改进完善，建立了符合我国国情的招生考试体系，为提高教育质量、提升国民素质、服务国家现代化建设发挥了重要作用。同时，为解决社会广泛关注的高考科学性、招生公平性、区域平衡性等问题，我国一直在努力进行改革探索和尝试。从原来的单一国家统考录取，到部分省市自主命题考试招生、部分高校联合考试招生，再到部分高校自主选拔录取等多种形式，改革的趋势是逐步由国家统考录取向各校自主考试招生发展，扩大高校的招生考试自主权，使考试的形式更加灵活多样。《实施意见》的出台，标志着我国新一轮招生考试制度改革的全面启动。真正实现分类考试、综合评价、多元录取的改革目标，建立中国特色现代教育招生考试制度，不仅要立足国情，还要放眼世界，不断地学习借鉴、探索创新。

从 20 世纪 80 年代以来，欧美等发达国家的经济和高等教育发展迅速，在国际上占据话语权。我国的教育改革和招生考试制度改革，多是向欧美等发达国家学习借鉴。而作为世界上领土面积最大，曾是世界教育强国的邻国——俄罗斯，它的文化、教育和艺术在中国的传播和影响却日渐微弱，甚至很多人对它的印象还停留在 20 世纪的六七十年代。中国曾与俄罗斯在教育领域的关系最为密切，20 世纪 50 年代，中国在教育领域曾经全面学习苏联，从教育理念、教育制度、教育机构，到教学大纲、师资培训等都全面模仿苏联，唯独在高校招生考试制度上另辟蹊径，采用了适合中国国情的国家统考方式。中国早在 1952 年起就实行了全国统一考试制度，根据统考成绩统一招生；而苏联实行的是国家发布统一的高等学校招生章程，各个高校根据章程单独命题、单独组织考试，自主招生。

20 世纪 90 年代，苏联解体，俄罗斯政治、经济体制发生了实质性变革，对高等教育产生了深远影响。在社会动荡、经济滑坡、教育质量下滑的大背景下，为适应新的政治体制改革和市场经济的要求，俄罗斯进行了一系列的教育改革和探索。进入 21 世纪以来，俄罗斯在积极地进行高校招生考试制度改革，不过改革的方向和趋势与中国正好相反，是逐步由传统的高校自主招生考试向国家统一考试制度推进，在某种程度上是学习和借鉴了中国高考的经验和做法。2001 年俄罗斯在部分地区试行国家统一考试，并在自愿基础上逐步加以推广，经过长达八年的试验，广泛听取社会各界的意见和建议，在尊重传统文化的基础上吸纳外来经验，不断地讨论比较、总结经验、改进完善，终于 2009 年在全俄范围内正式实施，并将国家统一考试作为《俄罗斯联邦教育法》的一项重要内容,从法律层面予以保障。

当今世界,尽管各国的高校招生考试制度不尽相同,但基本上都朝着两种趋势发展:一种趋势是由集权化走向分权化,即原来实行统一考试的国家和地区,在保持统一考试作用的同时,逐渐朝多元和分权方向发展,代表国家如中国;另一种趋势是由分权化走向集权化,即原来实行自主招生考试的国家,在保持分散考试优越性的同时,逐渐朝统一和集权方向发展,代表国家如俄罗斯。

那么,俄罗斯为什么要实行国家统一考试制度?传统的高校自主招生考试到底遇到了哪些问题?改革的背景和动因是什么?改革的进程、实施效果和社会反响如何?改革有哪些特点、经验和教训?对中国正在进行的新一轮高考改革有哪些启示和借鉴?这是本研究要解决的问题。

(二) 研究意义

1. 逆向借鉴

中俄两国已然成为当今世界高校招生考试制度两种改革趋势的代表。对俄罗斯高校招生考试制度的研究,就是对逆向而行的另一种改革趋势的研究,提供了新的视角对我国当前的高考改革进行反思。我们的改革到底要保留什么,摒弃什么,学习借鉴什么,实现的目标和路径是什么,了解俄罗斯招生考试制度改革的前因后果、发展轨迹,以及传统自主招生考试的经验教训,这些都可能是我们未来道路上会遇到的问题和障碍,可以使我们未雨绸缪,防患于未然,少走弯路,对我国目前正在深化的招生考试制度改革具有重要的启示作用和现实价值。

2. 同源性、可比性参考

历史上,我国在教育领域曾经全面学习苏联模式,在教育管理体制的很多方面与俄罗斯有着同源性特点。当前中俄两国同处于社会转型时期,都为适应政治、经济和社会文化的发展而进行教育改革和探索,两国国情又有很多相似之处,同为疆域辽阔的多民族大国、历史悠久、领土相邻。以俄罗斯作为研究对象,系统研究俄罗斯高校招生考试制度及其变革,比其他国家更有比较的基础和实际参考价值。

3. 特色和经验学习

俄罗斯高校招生考试制度改革特色鲜明,在保持教育的传统性和继承性的基础上分阶段、分地区实施变革,既充分吸收外来经验,也立足于自身民族文化，进行了八年的试点实验，才最后全面实施。将外来经验与自身的民族文化有机结合，建立自身特色的现代教育招生考试制度，是中俄两国的共同目标，可以互相学习，互为补充。通过深入研究俄罗斯改革的理念、方法、路径以及实施过程、保障措施等，从中找出对建立中国特色现代教育招生考试制度的有益参照。

4. 丰富理论与实践研究

目前我国尚无系统研究俄罗斯高校招生考试制度的专著和博士学位论文。本书从宏观和微观两个角度、纵向和横向两个维度对俄罗斯高校招生考试制度进行了全面、系统的分析研究，充实了俄罗斯教育制度的相关研究内容，丰富了考试制度的理论与实践研究。

5. 增进了解、加强合作

中俄是两个毗邻的大国，具有合作的区位优势。近年来，中俄两国在政治、经济、文化领域的合作交流加强。2015年，中俄两国签订了"欧亚经济联盟"与"丝绸之路经济带"合作宣言，确定了未来的合作计划。中俄在教育、文化领域具有广阔的合作前景，俄罗斯将在中国启动"十万留学生"计划，进一步加大吸引中国留学生的力度。增进对俄罗斯教育体制和招生考试制度的了解，对加强两国教育领域的合作具有实际意义。

二、研究综述与概念界定

（一）研究综述

1. 俄罗斯关于本国高校招生考试制度的研究

（1）对苏联时期高校招生考试制度的研究

时任苏联高等和中等专业教育部部长 В. П. 叶留金（В. П. Елютин）的著作《苏联高等学校》(1983)，已被翻译成中文，其中一章专题介绍了苏联高等学校的招生问题。他指出，苏联高等教育是世界上最具实力的高等教育体系之一，高等学校招生考试政策为社会主义国家建设和培养大批高质量专家发挥了重要作用。从国民经济的需要出发并充分考虑社会和人口的各种因素制定了科学组织高校学校招生工作的基本原则，是苏联高等学校取得的重大成就。入学考试的重要作用是保持高等教育和中等教育的相互联系和连续性，创造条件使那些有才能的优秀青年进入高等学校。高等学校的招生工作要根据长期选拔的思想来组织，要把以分数为主的招生制度改为一种特殊的、高度发达的、有教导作用的制度，最合理地发展人的能力。他还介绍了苏联高等学校招生考试的一些独特的经验和做法、遇到的问题和采取的措施。这本书是我国学者研究苏联高等教育的主要参考文献之一，书中的很多理念和观点对当今的教育政策和教育改革仍有很强的指导作用。Е. Н. 戈沃勒科扬（Е. Н. Геворкян）、И. А. 普拉夫金娜（И. А. Правкина）、Д. А. 乌萨诺夫（Д. А. Усанов）的著作《俄罗斯高校招生：过去与将来》（Приём в вузы России. Как это было и что будет, 2008）概述了俄罗斯（主要是苏联时期）高校招生政策的演变历史，以及苏联在举行大规模招生试验、协调国家任务与学生质量的关系、预测国家招生政策的社会影响等方面积累的经验和教训。

另外，在一些研究俄罗斯教育制度和高等教育发展历史的学术著作中对苏联高校招生考试政策有较多的提及和简要的介绍。在《苏联国家教育政策汇编》和《苏联高等教育文件汇编》中收录了国家颁布的相应年份的高等学校招生章程。由于苏联长期实行高校自主招生考试，各个高校的情况不同，招生考试也不尽相同。因此，在收集文献资料时，更多见的是各个高校不同年份的招生简章和招生宣传，如《莫斯科水产工业技术学院1940年的招生简章和入学考试大纲》（Московский технический институт рыбной промышленности и хозяйства: Правила приёма и программы приёмных экзаменов для поступающих в вузы в 1940 году）。一般在高等学校的校志或校史等文献中可以找到该校的招生考试政策和招生录取情况。莫斯科国立大学等著名高校每年都会公开发行一本该校的招生指南，介绍该校的招生简章、各院系专业特点和报考注意事项等。

相对来说，学术界对国家层面制定的高等学校招生章程研究较多，对各个高校自主进行的招生考试研究较少，相关文献和参考资料较少。

（2）对俄罗斯国家统一考试制度的研究

21世纪初，俄罗斯高校招生考试制度发生了根本性变革，得到学术界和社会各界的广泛关注，引发了对国家统一考试科学性与合理性的激烈争论。在学术著作、期刊报纸、媒体的宣传报道和专家访谈中有大量关于国家统一考试的讨论和评述。

①关于国家统一考试的观点评述

俄联邦教育部部长 В. М. 菲利波夫（В. М. Филиппов）的《中学的变化：国家统一考试。真相与谎言》（Обновление школы : Единые гос. экзамены. Правда и вымыслы, 2002）和《教育部部长回答你们的问题》

(Ответы министра образования на ваши вопросы, 2002) 中，阐明了俄罗斯高校招生考试制度变革的原因、目的、内容，以及相应的制度设计，回答了对国家统一考试的各种质疑和相关问题。还有一些论文集汇聚了各方意见和观点，如 В. С. 索伯金（В. С. Собкин）主编的《中学教师对国家统一考试的态度》（Отношение учителей к Единому Государственному Экзамену, 2009）集中代表了中学教师群体对国家统一考试的态度和看法。В. Я. 林果夫（В. Я. Линков）、В. А. 涅德兹维茨基（В. А. Недзвецкий）等人编著的《国家统一考试白皮书》（Единый государственный экзамен. Белая книга, 2009）则是集中了莫斯科国立大学各院系教师、管理人员和大学生对国家统一考试的意见和建议。

②关于国家统一考试的社会学研究

俄罗斯国内的学者较多从社会学的角度，利用社会调查、定量研究等方法研究国家统一考试，用事实数据证明研究结论。如 А. С. 萨波拉夫丝卡娅（А. С. Заборовская）、Т. Л. 科廖其卡（Т. Л. Клячко）等人的《俄罗斯高等教育的规则与现实》（2004）（Высшее образование в России: правила и реальность, 2004）研究了国家统一考试试行期间，招生政策和拨款政策的变化给高等学校和社会各阶层带来的影响。他们选取了俄罗斯三个地区进行案例研究和社会调查，分析了国家统一考试试行前后社会各群体获得高等教育机会的变化，并提出相应的改进建议。И. В. 阿邦吉娜（И. В. Абанкина）等人的《高等学校在提高自治和进行国家统一考试的预算改革条件下的经济状况》（2010）（Экономическое положение вузов в условиях бюджетной реформы, повышения автономии и введения ЕГЭ, 2010）；И. А. 普拉霍夫（И. А. Прахов）的《国家统一考试条件下实现优质高等教育的障碍：作为支撑因素的家庭和学校》（2015）（Барьеры доступа к качественному высшему образованию в условиях ЕГЭ: семья и школа как сдерживающие факторы, 2015）分析了国家统一考试对高等教育、中等教育和普通家庭的影响，由此产生的社会问题及制约因素等。Ф. С. 法祖林（Ф. С. Файзуллин）、С. А. 李（С. А. Ли）等人的《报考大学的问题与前景》（2008）（Поступление в вуз: проблемы и перспективы, 2008）则对国家统一考试实行以后各地区中学毕业生的统考情况和高等学校招生情况进行总结和分析，讨论国家统一考试制度的利弊优劣、社会各界的正反评价及对未来的前景展望。

③关于国家统一考试的政治学研究

有的学者使用制度变迁理论，从政治学角度研究国家统一考试制度和各项教育改革，如 В. Г. 阿卡果夫（В. Г. Агаков）、В. Л. 库拉卡（В. Л. Курако）的《作为完善教育制度战略方向之一的国家统一考试—国家实名制财政教育券试验》（2003）（Эксперимент по ЕГЭ-ГИФО как одно из стратегических направлений совершенствования системы образования，2003）；N.D. 尼康德洛夫的《当代俄罗斯高等教育若干新变化》（2004）；А. Ф. 巴罗莫施诺夫（А. Ф. Поломошнов）、А. Б. 戈比鲍夫（А. Б. Габибов）等人的《俄罗斯高等教育改革的总结与展望》（2011）（Российская реформа высшего образования：итоги и перспективы，2011）；В. В. 米罗诺夫（В. В. Миронов）的《对俄罗斯教育改革的思考》（2014）（Размышления о реформе российского образования，2014）专题介绍了国家统一考试的实施背景、发展进程、面临的困难阻碍及相应的解决办法等，并对今后的改革方向和路径进行了思考和展望。还有的学者分析评价了国家统一考试对俄罗斯教育现代化的影响，如 В. 如拉果夫斯基（В. Жураковский）、И. 菲多洛夫（И. Федоров）的文章《高等教育现代化的问题和解决路径》（2006）（Модернизация высшего образования：проблемы и пути их решения，2006）；И. А. 卢达果娃（И. А. Рудакова）的《俄罗斯教育现代化的现实问题》（2013）（Актуальные вопросы модернизации российского образования，2013）；等。

④关于国家统一考试的技术研究

部分学者对国家统一考试进行技术层面和操作层面的研究，包括国家统一考试的组织、内容、材料、方法、问题、保障等，如 И. В. 沙基洛娃（И. В. Шакирова）的《俄罗斯组织和进行国家统一考试的规范、材料、方法和建议》（2003）（Организация и проведение единого государственного экзамена в Российской Федерации：Норматив，материалы，метод，рекомендации，2003）；В. А. 博洛托娃（В. А. Болотова）主编的《国家统一考试：理论与实践研究，科学基础的发展和进行试验的经验》（2004）（Единый государственный экзамен：Теоретические и прикладные исследования. Развитие научных основ и опыт проведения эксперимента，2004）；等。还有对国家统一考试作为新的教学质量评估工具的研究，如 А. В. 尼吉金（А. В. Никитин）的《国家统一考试的教学测试设计与质量评价》（2005）（Конструирование и оценка качества дидактических тестов для проведения Единого Государственного Экзамена，

2005）；М. В. 罗朵姆丝卡娅（М. В. Родомская）的《国家统一考试：教育评价创新的尝试》（2007）；Р. М. 秋金斯基（Р. М. Чудинский）等人的《学生学习成绩的独立评价：方法、理论、实践》（2012）（Независимая оценка индивидуальных учебных достижений обучающихся: методология, теория, практика, 2012）；等。还有通过实证分析论证国家统一考试与普通教育质量的关系，如 О. Е. 别勒缪果夫（О. Е. Пермяков）、С. В. 米尼果娃（С. В. Менькова）的《国家统一考试试验条件下教育体系的教学问题诊断》（2003）（Диагностика педагогических проблем системы образования в условиях эксперимента по введению единого государственного экзамена, 2003）；В. А. 伯鲁特尼卡娃（В. А. Прудникова）等人的《普通教育可达性和质量的评估工具及其使用建议》（2006）（Инструментарий оценки доступности и качества общего образования и рекомендации по его использованию, 2006）；等。

自实施国家统一考试试点以来，俄联邦教育科学部每年组织相关人员分析统考成绩并总结存在的问题，提出今后考试改革的可行性建议。俄联邦教育科学督察署每年发布国家统一考试的总体情况和监测报告。各地区教育管理机关也每年总结本地区国家统一考试的情况及分析各科目考试结果，形成研究报告，作为指导今后教育教学工作的参考。

2. 我国关于俄罗斯高校招生考试制度的研究

在我国有关俄罗斯教育研究、高考改革研究、考试制度研究、外国高等教育史研究等学术著作中对俄罗斯高校招生考试制度有所提及和介绍。基于中国知网，以"俄罗斯高校招生考试""俄罗斯大学入学考试""俄罗斯国家统一考试"为主题进行模糊检索，截至2016年9月，分别找到21篇、27篇、59篇相关论文和资讯，减掉重复内容和资讯类信息，研究性论文共有80余篇，相关硕士学位论文5篇。

（1）对苏联时期高校招生考试制度的研究

王清华的《苏联高等教育的历史和现状》（1985）介绍了苏联高等学校的招生办法和规定。符娟明的《比较高等教育》（1987）回顾了苏联高等学校招生制度的历史沿革，详解了苏联80年代的招生政策和特点。在邱洪昌、林启泗主编的《十国高等学校招生制度》（1994）中，高文、高怡明详细介绍了苏联高等学校的招生考试制度，包括高校招生章程的内容、高校自行组织的入学考试及1991年的改革。王秀卿编著的《高等学校招生考试理论研究》（1994）中，简要介绍了苏联高校招生考试制度的特点，是由国家规定高校的统一招生事宜，各高校自行命题、考试和录取。录取采取综合选拔制，主要依据高考成绩和中学成绩，同时参考德、体及实践等其他因素择优录取。吴式颖的《俄国教育史——从教育现代化视角所作的考察》(2006)在研究社会主义阶段的高等教育历史时，介绍了苏联部分时期的招生制度和招生情况。于钦波与杨晓主编的《中外大学入学考试制度比较与中国高考制度改革》(2000)、康乃美与蔡炽昌的《中外考试制度比较研究》(2006)侧重于各国考试制度的比较，介绍了苏联等国家的大学入学考试制度的历史与现状。何仁在《高校招生制度与专家的质量——从苏联高考制度中看到的几个问题》文章中，通过回顾苏联的高考改革历史，阐述了高校招生制度与专家质量的关系以及按知识选拔人才的利弊。迟恩莲在《苏联高校招生考试的改革》文章中介绍了苏联时期高校招生考试改革的主要做法。

(2) 对俄罗斯国家统一考试制度的研究

进入21世纪以来，俄罗斯高校招生考试制度的变革也引起了我国学者的广泛关注，出现了大量研究国家统一考试的文章。我国学者的研究主要是俄罗斯国家统一考试制度和中俄高考制度的比较，从社会学、政治学、经济学等不同视角分析俄罗斯高考制度变革的背景、历程、路径、方法、面临的困难和启示等。

张男星的《俄罗斯高等教育体制变革》(2002)谈及俄罗斯大学自主考试录取的特点和形式，对开始试行的国家统一考试有所提及。刘海峰等著的《高校招生考试制度改革研究》(2009)介绍了原苏联加盟共和国的统考情况，概述了俄罗斯高校招生考试制度的渐进发展，分析了统考改革的目的、特点以及对我国教育的启示借鉴。李木洲的《高考改革的历史反思——基于制度变迁的视角》(2014)对俄罗斯现行高考制度作了简要介绍，分析了俄罗斯走向全国统考的动因、统考的改革特点及现况。刘进的《中国高校自主招生公平问题研究》(2015)分析了俄罗斯自主招生的优缺点及对我国的借鉴意义。刘省非的《教育市场化——转型期俄罗斯高等教育改革研究》(2013)介绍了与国家统一考试相联系的"国家实名制财政教育券"改革，对其实施的背景、过程、成效进行了详细阐释。

另外，学术期刊上也发表了一些研究俄罗斯国家统一考试的文章。何锋的《俄罗斯高校招生考试制度：承袭与改革》(1999)介绍了俄联邦独立以后高校招生考试制度的新变化。倪明、张奠宙的《俄罗斯高考改革及其启示》(2005)介绍了国家统一考试试行的目的、情况和几点启示。徐明的

《俄罗斯国家统一高考与独立招生对教育的影响》(2006)以实证研究的方法分析了统一高考和独立考试对中学和大学教育产生的影响。杨广云、高燕的《俄罗斯国家统一考试初探》(2007)在对俄罗斯实行国家统考进行初步探析的同时,得出统考继续实施并逐步趋于完善的结论。杨广云、高燕的《俄罗斯国家统一考试的社会学思考》(2009)从社会学角度考察,得出俄罗斯统考有利于促进阶层流动、缩小区域差异和城乡差异的结论。王竞晔、孙玉丽的《俄罗斯高考制度改革及启示》(2007)提出自主招生必须有效防治腐败,保证考试的公平性,保证高校的自主权,提高基础教育质量。宗菲菲、孙河川、马建云的《美国、俄罗斯高校入学考试制度比较研究——从分权走向集权》(2008)介绍了美国、俄罗斯两国高校入学考试制度由分权模式转向集权模式的变化过程,分析转型的原因,总结转型过程中的成功和失败之处,对我国现行的高考模式提出了改革建言。刘颖在《21世纪俄罗斯国家统一考试的发展及其争议》(2008)中介绍了国家统一考试取得的成果和社会各界各阶层对此问题的争议,以及统考对社会各阶层的影响。朱宇、高燕的《俄罗斯国家统一考试微观考察》(2009)分析了俄罗斯2003年、2005年和2007年统考俄语、数学和英语试卷的题型和难度,并采用专家访谈法探究统考的信度和效度,对之做微观考察。韩玉梅、刘颖在《对新世纪俄罗斯高考制度改革的思考》(2009)中对俄罗斯高考制度改革的历程、意义、面临的困难和启示做了简要的分析和思考。高燕、余斌的《俄罗斯高校招考制度改革与思考》(2010)从俄罗斯高校三种考试制度的博弈入手,认为俄罗斯高校招考制度改革从根本上继续保留了多元化的录取特征,是公平与效率之间的一种可行的选择路径。张璐的《俄罗斯高考制度改革十年回顾》(2011)对俄罗斯近十年的高考制度改革进行全面梳理并做出评价。张俊勇、张玉梅的《俄罗斯国家统一考试改革历程及对中国高考改革的启示》(2012)对俄罗斯国家统一考试改革的历程进行回顾,分析改革的原因,探讨改革的支持与反对意见,以期对我国的高考改革有所借鉴。邵海昆、柴亚红的《俄罗斯2014年高校招生政策内容及分析》详细解读了俄罗斯现行的高校招生政策,分析了具体的执行情况。

(3)中俄高考制度比较研究

部分学者使用比较研究的方法从不同维度对中俄高考制度进行比较分析。杨兴龙的《中俄高考制度之比较》(2006)对中俄两国高考制度的改革背景、科目设置和实施方式等方面进行了比较。夏冰、史璞的《中俄高考制度改革比较研究》(2007)对中俄两国高考制度改革的历程进行比较，为我国拓宽改革思路提供一些参考。董红梅的《中俄普通高校招生考试制度比较分析》(2008)总结了中俄高考制度的统一与一致性、矛盾与对立性，以及俄罗斯高考制度带来的思考与启迪。王黎明的《相向的改革：中俄高考制度的改革与发展趋势》(2008)对俄罗斯和中国高考制度的传统模式、两国高考改革的原因及进程进行了比较，通过借鉴俄罗斯的高考改革经验，促进我国高考制度的不断完善。李宇辉的《21世纪中俄高招比较性研究》(2010)对中俄21世纪高招政策、考试内容、考试形式、录取办法、招生规模、反腐倡廉等进行比较，以完善我国高等教育招生政策。李莉的《相背而驰、殊途同归——比较分析中俄高等教育入学考试及变革趋势》(2011)认为，高等教育入学考试由分散向统一的变革趋势与国家大政方针和文化战略一脉相承，两国看似相悖的发展路径实则体现出认识论哲学和政治论哲学的冲突，体现出两国政府对教育公平的不懈追求。郑畅的《高校自主招生之公平：中俄比较》(2011)从地域因素、面试制度和不良现象等方面对中俄高校自主招生公平问题进行比较分析，总结俄罗斯自主招生政策的特点及不公平的原因，探索完善中国自主招生的政策机制。崔庆玲、马娟的《俄罗斯高考改革与我国高考的比较评析》(2014)提出，通过高考制度改革推进中等教育成为真正意义的素质教育，以"名校精英教育、普校大众教育"的理念，形成中国特色的立交桥式的高等教育。

目前，国内专题研究俄罗斯国家统一考试制度的硕士学位论文有五篇，分别是：①东北师范大学付耕南的《俄罗斯国家统一考试透析》(2006)，该文从背景、建立、实施和评价四个方面对俄罗斯的国家统一考试进行了总体考察，分析俄罗斯实行国家统一考试的原因和意义，并对我国高考存在的问题进行思考和建议。②厦门大学教育研究院丁昌利的《俄罗斯高校招生考试制度发展及趋势研究》(2007)，该文概述了俄罗斯高考制度的改革发展，认为国家统一考试制度适合目前俄罗斯政治、经济要求，也是高考改革走向自我完善的一个必经阶段。任何一种考试制度都不是完美无缺的，预计未来俄罗斯高考在实行国家统一考试为主的同时，将保留本国特色，多种招生考试形式并存。③厦门大学教育研究院高燕的《俄罗斯国家统一考试研究》(2008)，该文主要从微观和宏观层面研究俄罗斯统考。从微观层面入手，研究统考试题、大纲、试题内容效度以及学生成绩来考察统考质量；从宏观层面出发，探析实施统考对普通教育教学、不同阶层与不同地域学生入学机会以及国家社会发展的影响。④首都师范大学齐丽娜的《俄罗斯高招制度公平性研究》(2008)，该文对俄罗斯高招制度概况及教育公平问题进行分析，找寻影响教育公平的各类因素，运用比较研究的方法分析我国与俄罗斯在高招制度、教育公平上的同异性，为我国高招制度改革提供借鉴及启示。⑤东北师范大学马淑静的《俄罗斯国家统一考试实施状况及其影响探究》(2009)，该文从国家统一考试的背景、情况、效果及其影响几个方面进行梳理与分析，提出我国高校招生制度应坚持统一高考为主、多元考试为辅的考试体系，改革之前应深思熟虑、多方论证，避免频繁改革。五篇论文均使用比较研究法，关注俄罗斯统考的实施背景、进展情况、影响因素、社会影响和评价，只是分析的角度、使用的材料和侧重点不同。此外，还有几篇研究俄罗斯高等教育改革和俄罗斯高等教育财政政策的论文中对俄罗斯的高考制度有所提及。

总体而言，国内已有关于俄罗斯高考制度的相关研究，目前资料略显陈旧，近期研究成果不多。主要是对俄罗斯国家统一考试的单一研究，对俄罗斯高校招生考试制度的全面、系统、深入的研究则较少，特别是宏观政策和微观实施方面的发展变化及最新动态还有待进一步研究和分析。因此，本人选取"俄罗斯高校招生考试制度研究"作为研究课题。前人的研究成果为本研究奠定了坚实的基础，本书力争在此基础上有所创新和突破。

（二）概念界定

1. 俄罗斯

俄罗斯联邦，简称俄罗斯或俄联邦，是由22个自治共和国、46个州、9个边疆区、4个自治区、1个自治州、3个联邦直辖市等85个联邦主体组成的联邦共和立宪制国家。俄罗斯地跨欧、亚两大洲，领土面积为1709.82万平方公里，是世界上面积最大的国家，总人口1.44亿，是一个以俄罗斯族为主体，由193个民族组成的统一的多民族国家，国旗为白、蓝、红三色旗，国徽主体为双头鹰图案。

俄罗斯族人的祖先为东斯拉夫人罗斯部族。公元15世纪末，大公伊凡三世建立了莫斯科大公国。1547年伊凡四世自称沙皇，建立沙皇俄国，1721年由彼得一世改称俄罗斯帝国。1917年十月革命后建立了苏维埃俄国，是世界上第一个无产阶级专政的社会主义国家。1922年12月，苏维埃社会主义共和国联盟正式成立，简称苏联。1991年12月25日苏联解体后，最大的加盟共和国俄罗斯联邦正式独立，并成为苏联的主要继承者。

2. 高等学校、大学

高等学校即提供高等教育各层次教育的教育机构，包括普通高等学校和成人高等学校等。俄罗斯的普通高等学校按照教育等级和专业方向可以分为综合大学（университет）、专业大学（академия）和专门学院（институт）。

大学是高等学校的类别之一，通常指研究水平较高、学科较多、规模较大的高等学校。和中国一样，俄罗斯人日常用语中习惯把"大学"泛指为按照高等教育大纲培养学生的所有高等教育机构，即不分层次、类别的所有"高等学校"。本研究中除特别标明外，出现的"大学"泛指"高等学校"。

3. 高等学校招生考试制度

高等学校招生考试制度，又称高等学校入学考试制度，是通过考试形式来选录高等学校新生的制度，包括考试选拔制度和招生录取制度。考试选拔制度是指由国家或社会举办的统一招生考试，以及由高等学校单独或数校联合举办的考试，考试成绩是录取的主要依据，但中学学习成绩和表现有时也是决定录取与否的重要因素。招生录取制度是指高等学校招收、录取新生的政策、条件、要求、办法等的总称。两种制度相辅相成、密不可分，共同构成完整的高等学校招生考试制度。本研究主要介绍俄罗斯学士和文凭专家层次的招生考试制度。

4. 俄罗斯国家统一考试

俄联邦教育科学部对国家统一考试的概念解释如下：(1) 既是中学毕业会考又是大学入学考试。(2) 在俄罗斯联邦各个主体内采用同一类型的试卷和同样的评价标准。国家统一考试由国家考试委员会组织人员命题，在指定地点、规定的时间进行（11 个时区考试时间不同）；考试以笔试为主，实行百分制（五分制）；考试科目有俄语、数学、文学、生物、地理、化学、社会学、俄罗斯历史、物理、信息学和外语（英语、法语、德语、西班牙语）等。

国家统一考试是对俄联邦中学毕业生进行国家总结性评价的基本形式。高等学校和中等专业学校利用国家统一考试成绩作为入学考试成绩。国家统一考试在所有俄联邦主体普及，也适用于俄联邦驻国外使馆、军队及其他教育机构的毕业生。国家统一考试由俄联邦教育科学督察署与俄联邦主体的教育管理机关组织和进行。受俄联邦教育科学督察署委托，联邦测试中心负责国家统一考试联邦层面的组织和技术保障工作，联邦教育测试研究院负责测试材料的研制和鉴定。

5. 国家总结性评价

国家总结性评价（Государственная Итоговая Аттестация，ГИА）是国家根据普通教育的国家教育标准要求，检查评定毕业生掌握基础普通教育和中等（完全）普通教育大纲的形式。国家总结性评价的目的是，确认毕业生的培养水平和质量是否符合国家教育标准（包括联邦标准、民族区域标准及其他标准等）要求，进而确定毕业生的理论素养与实践水平。①

国家总结性评价有三种形式：（1）基础普通教育的国家总结性评价，以笔试和口试的形式进行；（2）中等（完全）普通教育的国家总结性评价，以国家统一考试的形式进行；（3）针对特殊类别学生的国家总结性评价，以国家毕业考试的形式进行。

6. 其他相关概念②

国家教育标准	苏联解体后俄罗斯教育领域实施的教育教学新规范，分高等教育和普通教育。主要规定教育内容和培养毕业生水平的最低限度要求以及学生学习负担的最大限度，制定监督教育质量的法律标准。
国家实名制财政教育券改革	俄罗斯为推行国家统一考试制度而进行的教育财政改革试验。教育券的面额根据学生统一考试的成绩划分为五个等级，国家财政根据学生所获教育券的等级向高校财政拨款。旨在更加客观地分配国家用于免费高等教育的财政资金。
博洛尼亚进程	1999年有29个欧洲国家在意大利博洛尼亚提出的欧洲高等教育改革计划。目标是整合欧盟的高等教育资源，加强欧洲各国的高等教育合作，打通教育体制，为欧洲一体化进程做出贡献。
文科中学和实科中学	这两类学校实为给高校提供生源的预备性学校，相当于国立重点高级中学。一般附设于某重点高校，加深学习适应该高校专业方向的某些专业科目，并从高校方面获得可观的追加经费。招生对象为7至9年级学生，考试入学，多数学校教学大纲偏难，学生淘汰率较高。学习设备一流，教育质量和学校声誉高于一般学校，属于精英学校。已有非国立的同类学校出现。

---

① Единый государственный экзамен в системе образования Российской Федерации. http://www.bibliofond.ru/detail.aspx?id=521306.
② 教育学名词审定委员会编：《教育学名词》，高等教育出版社，2013年。

续表

夜校（轮班制）	始于苏联时期，原为成人所设的以不脱产形式完成普通中等教育的夜校。现此类学校优先招收因品行问题被全日制学校拒之门外的未成年学生，为其提供继续接受学校教育的机会。
侧重专业式教学	苏联时期普通学校倡导的区别化和个别化教学手段之一。也是21世纪俄罗斯普通教育改革的重点之一。旨在发展学生的个性倾向和能力，学生均从9年级开始侧重一门或几门科目的学习，有目的地为升学或就业做准备。

三、研究思路与研究方法

（一）研究思路

本书从宏观和微观两个角度、纵向和横向两个维度对俄罗斯高校招生考试制度进行深入系统的研究。首先，从宏观角度上对俄罗斯高校招生考试制度的产生、发展和变革进行总的概括和介绍，再从微观角度上选取典型案例进行详细具体的分析。其次，从纵向上以时间为线索，追溯俄罗斯高校招生考试制度的历史演进，并探讨在长期的演变过程中政治、经济、文化传统、国际环境等因素的影响，再从横向上以多个视角对俄罗斯高校招生考试制度的特点、问题、社会影响、发展趋势等进行阐释和解析，最后提出对我国当前高考改革的启示和借鉴。本研究共分为九个部分：

绪论

主要阐述本研究的缘起与意义，国内外的相关研究现状，说明研究思路与研究方法，并对核心概念进行界定。

第一章：俄罗斯高等教育制度概述

本章首先介绍俄罗斯最重要的三部教育基本法，使读者对俄罗斯的教育制度、国民教育体系和教育概况有一个基本了解。然后重点介绍俄罗斯的高等教育制度，包括多主体办学体制、分级管理体制、人才培养体制、高等教育的层次结构、高等学校分类及俄罗斯高等教育发展状况等，这是深入研究俄罗斯高校招生考试制度的前提和基础。

第二章：俄罗斯高校招生考试制度的历史演进

本章以时间为线索，从纵向上追溯俄罗斯高校招生考试制度的历史演进。对俄罗斯高等学校从建立初期到现今的招生考试制度进行全面梳理和回顾，并分析政治、经济、文化传统、国际趋势对其发展演变的影响，总结各个历史时期的招生考试特点，为深入研究现行的俄罗斯高校招生考试制度提供历史基础。俄罗斯高校招生考试制度的历史演进共分为四个阶段：（1）沙皇俄国时期的高校招生考试制度（1632—1917年）；（2）苏联时期的高校招生考试制度（1918—1991年）；（3）俄罗斯联邦初期的高校招生考试制度（1992—2000年）；（4）俄罗斯国家统一考试制度（2001年至今）。

第三章：国家统一考试的产生和发展

本章从制度变迁的视角，对俄罗斯国家统一考试产生的背景和动因、改革的形式和内容、渐进发展的过程、遇到的问题和阻碍、社会影响和评价等做全景描述，并对国家统一考试的组织机构、法律保障、完善措施等做详尽的介绍。选取2009年和2010年两个有代表性的年份，详解俄罗斯高等学校的招生考试情况，以期对国家统一考试有一个全方位、多维度的认识。

第四章：俄罗斯现行高等学校招生政策

本章以俄罗斯2015—2016学年的高等学校招生章程为例，对俄罗斯现行的高等学校招生政策进行详细解读，包括招生要求、报考条件、考试类别、申请材料、录取程序和其他形式招生等。

第五章：俄罗斯高校招生考试案例研究

本章从微观角度深入剖析俄罗斯高校招生考试制度。分别选取汉特-曼西自治区、莫斯科国立大学、乌法国立石油技术大学等典型案例，分析国家统一考试和国家招生政策在联邦主体和高等学校的具体执行情况、遇到的相关问题和积累的有益经验。

第六章：俄罗斯关于高校招生考试制度的论争

本章专题介绍苏联时期和俄罗斯联邦时期全国范围内围绕高校招生考试制度改革展开的论争，特别是制度设计者、学者、教育界以及社会各界对国家统一考试制度利弊得失的激烈论争。

第七章：俄罗斯高校招生考试制度的公平性问题

本章分别阐述高校自主招生考试和国家统一考试中非正常因素对普通民众获得高等教育机会的影响，并以社会学视角从国家统一考试结果的性别差异、学校差异、城乡差异和区域差异来分析俄罗斯高校招生考试制度的公平性问题。

第八章：俄罗斯高校招生考试制度的启示和借鉴

本章比较了自主招生考试和国家统一考试的优点与不足，总结了俄罗斯高校招生考试改革的特点，并从高校招生考试制度应首重公平；建立招考分离、二次考试模式；改革应通盘考虑、稳中求进；加强中学生职业指导；提高教育质量等方面提出对我国高考制度改革的启示和建议。

（二）研究方法

本研究主要采用了文献法、历史法、制度分析法、个案法、比较法等研究方法。在搜集、整理和运用国内外相关文献资料时，主要运用文献研究法；在回顾俄罗斯高校招生考试制度的历史演进时，主要运用历史研究法；在分析俄罗斯高校招生考试制度的内容、结构和运行机制时，主要运用制度分析法；在选取典型案例微观考察制度的具体执行情况时，主要运用个案研究法；在探讨俄罗斯高校招生考试制度对我国高考改革的启示借鉴时，主要运用比较研究法。

1. 文献法

本研究通过多种渠道和方式对俄罗斯和国内的相关文献资料进行收集、鉴别、整理和分析。文献主要来源于：（1）俄罗斯和国内图书馆的书籍、报纸和学术期刊；（2）俄罗斯的政策文件和研究报告；（3）俄罗斯政府部门的统计数据；（4）俄罗斯的网络信息资源。

2. 历史法

本研究从历史的角度，以时间为线索对俄罗斯高校招生考试制度的发展脉络进行全面梳理和回顾，概括各个历史阶段的改革情况、经验教训及社会影响等，总结各个历史时期的招生考试特点，寻找招生考试制度发展的普遍规律。

3. 制度分析法

本研究基于制度变迁的视角，对俄罗斯高校招生考试制度的内外部系统、结构内容、运行机制、保障措施、影响因素等进行全方位分析，揭示制度变迁的动因，总结制度发展的规律和特点。

4. 个案法

本研究分别从俄罗斯联邦主体和高等学校中选取汉特-曼西自治区和莫斯科国立大学作为典型案例，从微观角度详尽考察国家统一考试和国家招生政策在实际执行过程中的具体情况。

此外，本研究的某些部分使用了实地调查法，作者本人赴俄罗斯高等学校实地考察和调研，获取了一些对研究有益的资料和信息。

第一章　俄罗斯高等教育制度概述

苏联是世界上第一个社会主义国家，是 20 世纪的世界强国和教育大国，它的高等教育独具特色、自成体系、成就显著，在世界高等教育领域中占有重要地位，为人类社会文明的进步和发展做出了积极的贡献。俄罗斯曾是苏联最大的，也是教育最发达、科技实力最强的加盟共和国。1991 年 12 月 25 日苏联解体后，独立后的俄罗斯继承了苏联的大部分教育遗产，并在保留传统的基础上不断与时俱进、发展创新。

研究俄罗斯的高校招生考试制度，首先应对俄罗斯的教育制度，特别是高等教育制度有一个全面的了解和把握，如俄罗斯的教育法律法规、办学体制、管理体制、人才培养体制及高等教育发展状况等，这是深入研究和理解俄罗斯高校招生考试制度的前提和基础。

第一节　俄罗斯教育制度

苏联解体之前，其国民教育水平在世界名列前茅，每万人中的大学生数量仅次于美国、加拿大和古巴，居世界第四位。苏联解体后，俄罗斯联邦成为一个独立的主权国家，在政治、经济和意识形态等领域全面转型，进行了大刀阔斧的改革，在政治上引入了西方国家的政治模式，实行联邦共和立宪制，走向政治民主化；在经济上实行市场经济体制，建立了以私有制为主体，多种经济形式并存的混合所有制结构；在意识形态领域，承认意识形态的多元性和非强制性，提倡个性的自由发展。在全面转型的过程中，俄罗斯社会经历了相当长时间的政治动荡和经济滑坡，教育系统也受到严重影响，国家面临经费短缺、人才流失、教育质量下滑、国际竞争力下降等问题。为适应新的政治体制改革和市场经济体制的要求，缓解当时面临的混乱和困难，俄罗斯进行了一系列的教育改革和探索。

一、俄罗斯联邦教育法

叶利钦是俄罗斯联邦历史上第一任总统。他深刻认识到教育对社会经济和未来发展的重要作用。1991 年 7 月他签署的第一号总统令就是《关于俄罗斯苏维埃社会主义联邦共和国教育发展的紧急措施》，提出教育对发展俄罗斯智力、文化和经济方面的潜力具有特殊意义，必须确保教育领域的优先发展地位，制定国家教育发展纲要，以法律的形式保障公民的受教育权和全俄教育空间的统一。

俄罗斯联邦颁布的关于教育的法律法规数不胜数，其中对俄罗斯国民教育产生最广泛而深远影响的是以下三部基本法：（1）1992 年颁布的《俄罗斯联邦教育法》及 1996 年修订后颁布的《俄罗斯联邦教育法》；（2）1996 年颁布的《俄罗斯联邦高等和大学后职业教育法》；（3）2013 年生效的新《俄罗斯联邦教育法》。

（一）《俄罗斯联邦教育法》（1992 年，1996 年）

1992 年 7 月 10 日颁布的《俄罗斯联邦教育法》是俄罗斯历史上第一部国家教育基本法，是居最高权威地位的教育根本大法。1996 年 1 月俄罗斯政府为了适应社会和经济状况的变化，顺应当时的国情和民意，对《俄罗斯联邦教育法》进行了部分修改和补充，并以此母法为基础派生出一系列的分支法规文件。

《俄罗斯联邦教育法》对俄罗斯教育的核心概念进行了界定，指出"本法中的教育，是指为了个人、社会、国家的利益而进行的一种有目的的教育教学过程，在此过程中公民（受教育者）达到国家规定的教育水平（教育资格）"，明确了俄罗斯的国家教育政策和基本原则。联邦教育发展纲要是国家教育政策的组织基础，教育政策还应遵循以下基本原则：教育的人道主义性质，个性的自由发展居首位；联邦文化和教育空间的统一，在多民族国家条件下，通过教育体制保护和发展民族文化、地区文化传统和特点；教育的普及性，教育应符合学生现有的发展水平和特点；国家和地方教育机构中教育的世俗性质；教育的自由与多元化；教育管理的民主性质、国家—社会共管性质、教育机构的自治性；等等。此教育法充分体现了对受教育者个性的自由发展、教育的多元化和民族文化传统的重视和加强，强调教育领域为优先发展领域，表明国家优先发展教育的立场，并且规定不允许在国家和地方的教育机构中建立政治党派、社会政治和宗教团体的组织机构和开展活动，体现了教育的非党化、非政治化和非意识形态化。

为突出国家的宏观调控，保证全俄教育空间的统一，俄罗斯将国家教育标准和国家教育大纲列为教育体系的首要部分。国家教育标准的制定、批准和贯彻程序由俄联邦政府确定。国家教育标准含有联邦一级的部分和民族地区一级的部分，联邦成分规定了基本教育大纲的最低限必修内容、学生最高限量的学业负担、对毕业生培养水平的要求等。国家教育标准是客观评价毕业生的教育程度和技能水平的依据，不论其受教育形式如何。[①] 国家教育大纲是指具有国家宏观调控性质的、指导性质的广义的大纲。

《俄罗斯联邦教育法》对俄罗斯教育的办学体制、管理体制、财政体制等都进行了详尽的规定。在办学体制方面，明确规定可以创办具有法律组织形式的教育机构。教育机构的创办者可以是国家权力机关、地方自治机关、本国和外国各种所有制形式的组织及其联合体（协会和联合会）、本国和外国的民间及私人基金会、境内注册登记的社会和宗教组织（团体）、俄罗斯公民及外国公民。此外，还允许联合创办教育机构。这就打破了原来由国家垄断的单一主体办学模式，实行由国家、地方、社会团体和个人等多主体办学体制。

在管理体制方面，《俄罗斯联邦教育法》规定通过各级国家权力机关和国家教育管理机关实施教育领域的管理。国家权力机关分为联邦（中央）、联邦各主体、地方自治机关等三级权力机关。国家教育管理机关分为联邦（中央）国家教育管理机关、联邦各主管部门的教育管理机关、联邦各主体的教育管理机关等。各级机关的教育管理权限有明确界定。

在财政体制方面，《俄罗斯联邦教育法》规定国家财政为教育拨款的主渠道，国家保证每年拨出的教育资金不低于国民收入的10%，以及保证联邦预算、联邦各主体预算和地方预算中的相应支出项目。教育机构的经费额度和标准随通货膨胀率予以调整。同时规定了可以获得补充资金的多种渠道：有偿提供补充教育服务、从事企业经营活动、社会集资办学等。

在多元化办学主体的条件下，为保证办学质量，俄罗斯实行了办学许可证、评估合格证等制度，任何组织和个人要创办学校都必须按法定程序通过国家鉴定委员会鉴定，由国家教育管理机关颁发办学许可证。已经创办的高校也要每5年进行一次鉴定。高校毕业生也必须通过国家相关部门的鉴定，

---

① 肖甦、王义高：《俄罗斯教育变革探讨》，广东教育出版社，2008年，第6页。

授予合格者学历和专业资格证书。

《俄罗斯联邦教育法》为后来的俄罗斯教育改革和发展奠定了框架和基调，特别是多元办学体制为俄罗斯的教育发展注入了生机和活力，调动了社会和个人办学的积极性，促使俄罗斯的非国立教育机构迅速发展起来。

(二)《俄罗斯联邦高等和大学后职业教育法》(1996年)

面向21世纪，俄罗斯高等教育面临着满足当前政治、经济和社会发展需要、提供高质量教育和走向国际化的艰巨任务。1996年8月22日《俄罗斯联邦高等和大学后职业教育法》颁布，这是俄罗斯联邦颁布的第一部有关高等教育的全国性法律，也是教育领域的另一部重要立法。

该法全面而详细地规定了高等和大学后职业教育的国家教育标准和教育大纲，高等学校的创办、改建程序，办理许可证和认证书的程序，高等学校的任务和结构，高等学校的自治和学术自由等相关事项。

该法在"总则"中强调俄罗斯与世界高等教育体系一体化的原则是："在保持和发展俄罗斯教育机构成就和传统的同时，将俄联邦的高等和大学后职业教育体系整合进世界教育体系"，"如果俄联邦的国际条约与本法采用不同的规则，则以国际条约为准"①。

该法强调国家保证高等和大学后职业教育发展的优先性。联邦预算资金提供给国立高等学校的财政拨款不能少于联邦预算支出额度的3%，以此保证每一万名俄联邦居民中不少于170名大学生在国立高等学校的就学费用，并为高等学校和相应的补充教育机构及其投资组织提供赋税优惠，促进非国立高等学校的创办和运转。它的颁布巩固了非国立高等教育的法律地位，在政策上为非国立高等教育提供了更大的发展空间。

《俄罗斯联邦教育法》和1996年的《俄罗斯联邦高等和大学后职业教育法》一直是引领俄罗斯高等教育改革与发展的法律文本，直到2013年新《俄罗斯联邦教育法》出台。

(三)《俄罗斯联邦教育法》(2013年)

在俄联邦成立的20多年间，为调整教育领域所出现的各种新关系，划分教育领域不同主体的权责，保障教育系统的良性运行和发展，俄联邦对教

---

① Федеральный закон Российской Федерации, "О высшем и послевузовском профессиональном образовании", М.: ИНФРА-М, 2002: 39.

育法曾先后进行了数十次的补充修订。2012年12月29日,新《俄罗斯联邦教育法》(简称"新《教育法》")经总统普京签发后颁布,并于2013年9月1日起正式生效。

新《教育法》的实施,对处于社会转型时期的俄罗斯教育来说,是一件具有深远意义的大事。它总结了20多年来俄罗斯教育发展与变革的经验和教训,对旧教育法作了全面、重大的修改。该法确立了国家教育政策的基本原则、教育系统运行和教育活动实施的总规则,确立了教育领域关系参与者的法律地位。新《教育法》注重与现行其他相关法律的衔接,在结构上更趋合理;健全了教育经费的保障机制,加大了国家的分担比例;完善了教育质量独立评价机制;关注教育和就业市场间的关联性,加大了对中等职业教育的扶持力度;鼓励电化教学和远程教育的开发,关心特殊儿童的成长,在内容上更加丰富和具体;确立了教育工作者在社会中的特殊地位,规定了教师福利待遇的具体社会保障标准,使之更便于法律适用;进一步强化了教育优先发展的战略地位和教育在国家创新经济发展中的基础性、先导性和全局性。①

新《教育法》将国立和非国立教育组织平等获得预算资金拨款的原则作为法律文本编制的一个基本原则,明显加大了国家对非国立学前教育和普通教育的国家财政支持力度。第6条还规定"联邦国家机关拥有保证联邦国家教育组织提供人人都可享受的、免费的普通和中等职业教育的权利"②。为保持国家教育空间的统一,新《教育法》取消了1992年教育法中赋予联邦主体的"制定各联邦主体教育立法"的条款。

2013年各联邦主体向地方财政投入超过4000亿卢布用于实施新《教育法》,俄罗斯联邦财政则拨付160亿卢布作为补充资金,同时市政教育预算减少1120亿卢布的支出。时任俄联邦总理梅德韦杰夫表示,新增加的预算主要用于提高教师的工资、学生的奖学金以及促进教育领域再分配政策的实施。③

---

① 王森:《俄罗斯联邦〈教育法〉中教育法律规范的新变化》,《外国中小学教育》2013第12期,第1页。

② Федеральный закон от 29.12.2012 N 273-ФЗ "Об образовании в Российской Федерации". http://www.consultant.ru.

③ 冯相如:《俄罗斯联邦财政将补拨160亿卢布促进新教育法的实施》,《世界教育信息》2012年第9期,第78页。

二、俄罗斯国民教育体系

（一）国民教育体系

俄罗斯的国民教育体系在保留和沿用苏联教育体系的基础上，重新调整了范围划分和意义界定。俄罗斯的国民教育体系由普通教育（基本的和补充的）和职业教育（基本的和补充的）两大类构成。

普通教育包括：(1) 初等普通教育（相当于我国的小学）；(2) 基础普通教育（相当于我国的初中）；(3) 中等（完全）普通教育（相当于我国的高中）。需要指出的是，学前教育大纲包含在普通教育大纲中，但学前教育并不属于普通教育的范畴。

职业教育包括：(1) 初等职业教育；(2) 中等职业教育；(3) 高等职业教育；(4) 大学后职业教育。可见，高等教育和大学后教育被纳入到职业教育的范畴，职业教育的范围得到了充分拓展，是大职业教育的概念。详见表1-1-1。

表1-1-1　俄罗斯的国民教育体系（1992—2013年）

	类　别	组成部分
1	普通教育 （基本的和补充的）	初等普通教育
		基础普通教育
		中等（完全）普通教育
2	职业教育 （基本的和补充的）	初等职业教育
		中等职业教育
		高等职业教育
		大学后职业教育

资料来源：Федеральный закон "Об образовании в Российской Федерации" 1996.（1996年版《俄罗斯联邦教育法》）

1996年版《俄罗斯联邦教育法》规定，俄罗斯联邦公民有权在国立或市立教育机构、在国家教育标准范围内免费接受首次初等普通、基础普通、中等（完全）普通教育和初等职业教育，并在竞试基础上免费接受首次中等职业教育、高等职业教育和大学后职业教育。第5条还规定对公民就读于拥有国家认证书并实施普通教育大纲的非国立教育机构的学费,由国家按照相应类型的公立教育机构学费的国家标准予以补偿。① 非国立普通教育机构可以享受国家和地方财政拨款。

新《教育法》对一些教育术语和概念重新进行界定,将"教育机构"改为"教育组织"、"高等职业教育"改为"高等教育"、"大学后职业教育"改为"高等教育(高水平人才培养——培养副博士和博士)",并对国民教育体系重新进行了划分,分为普通教育、职业教育、补充教育和职业培训四大类。

普通教育包括:(1)学前教育;(2)初等普通教育;(3)基础普通教育;(4)中等普通教育。学前教育成为普通教育的一个层级,这说明俄政府加大了对学前教育的重视,这一改变必然给学前教育财政支持和保障措施带来变化。

职业教育包括:(1)中等职业教育;(2)高等教育(培养学士);(3)高等教育(培养文凭专家和硕士);(4)高等教育(高水平人才培养——培养副博士和博士)。需要指出的是,原来的"初等职业教育"层级被取消,"中等职业教育"范围扩大,原来的"初等职业教育"等同于现今按照技术工人(职员)培训大纲实施的中等职业教育,而原来的"中等职业教育"等同于按照中级专业技术人员培训大纲实施的中等职业教育。中等职业教育成为普及教育,在一定情况下甚至比学前教育和普通教育更加普及。

补充教育包括:(1)儿童补充教育;(2)成人补充教育;(3)补充职业教育。补充教育确保了公民实现终身教育(继续教育)的可能性。公民不仅可以在提高自己技能的框架期内学习,还可以从个人成长和发展的需要,在个人感兴趣的教育大纲内获取知识和技能②,详见表1-1-2。

新的立法加大了联邦各主体对学前教育、职业教育和补充教育的统筹和经费分担力度,明确了俄罗斯联邦主体和地方政府对学前教育经费的分担比例,极大地改善了由于地方财政预算不足导致幼儿园资金窘迫的状况,进一步明确了中等职业教育经费的分担机制,扩大了受众范围,使中等职业教育成为人人皆可享受的普及教育。③

---

① Федеральный закон, "Об образовании в Российской Федерации", 1996.
② 王森:《俄罗斯联邦〈教育法〉中教育法律规范的新变化》,《外国中小学教育》2013年第12期,第3页。
③ 王森:《俄罗斯联邦〈教育法〉中教育法律规范的新变化》,《外国中小学教育》2013年第12期,第7页。

表 1-1-2　俄罗斯的国民教育体系（2013 年以来）

类　别		组成部分
1	普通教育	学前教育
		初等普通教育
		基础普通教育
		中等普通教育
2	职业教育	中等职业教育
		高等教育（培养学士）
		高等教育（培养文凭专家和硕士）
		高等教育（高水平人才培养——培养副博士和博士）
3	补充教育	儿童补充教育
		成人补充教育
		补充职业教育
4	职业培训	各类形式的职业培训

资料来源：Федеральный закон от 29.12.2012 N 273-ФЗ "Об образовании в Российской Федерации".（2013 年版《俄罗斯联邦教育法》）

（二）教育机构和教育形式

俄罗斯教育机构按照办学主体和法律组织形式划分为三种类型：(1) 国立教育机构，由国家财政拨款提供办学经费；(2) 市立教育机构，由地区财政预算提供办学经费；(3) 非国立教育机构（私立的、社会团体或宗教组织创办的），由教育机构自己筹措办学经费，其中学费占很大比重。

俄罗斯教育机构按照基本教育大纲划分为六种类型：(1) 学前教育机构，主要按照学前教育大纲开展教育教学活动及托儿照顾；(2) 普通教育机构，主要按照初等、基础、中等普通教育大纲开展教育教学活动；(3) 职业教育机构，主要按照中等职业教育大纲和职业培训大纲开展教育教学活动；(4) 高等教育机构，主要按照高等教育大纲开展教育教学活动和科学研究工作；(5) 补充教育机构，主要按照补充普通教育大纲开展教育教学活动；(6) 补充职业教育机构，主要按照补充职业教育大纲开展教育教学活动。这六种类型的教育机构也可以从事法律允许的其他教学活动。

在教育形式的选择上，公民个人可以根据自己的需要和可能选择教育的形式，既可以采用面授（全日制）、面授—函授（夜校）、函授的形式在教育机构里学习，也可以通过家庭教育、自学和校外考生制等形式获得教育，还允许各种教育形式相结合，这些都体现了俄罗斯教育形式的多样化和公民选择的多样性。在俄罗斯，走读制非常普遍，走读制提高了人员及校舍使用的灵活性和利用率，也是其办学效率及效益较高的一个重要方面。

三、俄罗斯教育概况

俄罗斯国民受教育程度普遍较高。2010年，每千人（15岁以上）中受过高等教育的有228人，受过不完全高等教育的有44人，受过中等职业教育的有303人，受过中等普通教育的有177人，详见表1-1-3。

表1-1-3 俄罗斯15岁以上国民的受教育程度

年份	每千人中的受教育人数						
	高等职业教育	不完全高等职业教育	中等职业教育	初等职业教育	中等（完全）普通教育	基础普通教育	初等普通教育
1959	27	12	58		63*	234*	306
1970	50	15	83		123*	284*	241
1979	77	17	127		204*	272*	185
1989	113	17	192	130	179	175	129
2002	160	31	271	127	175	138	77
2010	228	44	303	54	177	107	52

* 包括毕业于职业技术学校的人员。

资料来源：Российский статистический ежегодник. 2014. Стат. сб. Госкомстат России. М. 2014，（《俄罗斯2014年统计年鉴》）

近年来，由于俄学龄儿童数量呈下降趋势，俄罗斯普通教育机构也相应呈逐年递减趋势，详见表1-1-4。1990—1991学年，全俄共有普通教育机构

[不含夜校（轮班制）]约 6.76 万所，学生 2032.80 万人。而到了 2013—2014 学年，全俄普通教育机构[不含夜校（轮班制）]减少到 4.44 万所，学生 1364.30 万人，其中国立和市立普通教育机构 4.37 万所，学生 1354.80 万人；非国立普通教育机构 0.07 万所，学生 9.50 万人。国立和市立夜校（轮班制）普通教育机构 0.10 万所，学生 23.40 万人，详见表 1-1-5。

表 1-1-4　普通教育机构[不含夜校（轮班制）]

学年	普通教育机构数量（总量）	其中			特殊学校（身体限制和行为偏常）
		初等	基础	中等	
1914—1915	77367	74883	1119	1365	
1932—1933	108677	93184	14218	823	452
1940—1941	113880	80958	22221	9932	769
1950—1951	121714	83763	30162	7366	423
1960—1961	117038	72540	30228	13565	705
1990—1991	67571	17376	15509	32835	1851
2000—2001	67063	14994	12819	37249	2001
2005—2006	61497	10522	11357	37603	2015
2010—2011	49469*	3168	9285	29651	2035
2011—2012	47146*	2510	8643	28655	2002
2012—2013	45746*	1988	8289	28194	1961
2013—2014	44436*	1651	8038	27657	1911

* 总量中一些类型的学校在分项中未列出。

资料来源：Российский статистический ежегодник. 2014. Стат. сб. Госкомстат России. М.，2014.（《俄罗斯 2014 年统计年鉴》）

俄罗斯的职业教育相当普及。2013 年，每万人中按技术工人（职员）培养的学生数为 54 人，按中级专业技术人员培养的学生数为 138 人，按学士、文凭专家、硕士培养的大学生数为 393 人。按中级专业技术人员培养的录取率为 47.8%，毕业率为 30.3%。按学士、文凭专家、硕士培养的录取率为 91.4%，毕业率为 64.8%。接受中等职业教育和高等教育的青年占到 20.8%，详见表 1-1-5。

表 1-1-5　俄罗斯教育的基本指标

	1990年	2000年	2005年	2010年	2011年	2012年	2013年
学前教育机构数量（万所）	8.79	5.13	4.65	4.51	4.49	4.43	4.32
就读的学生数（万人）	900.9	426.3	453	538.8	566.1	598.3	634.7
占适龄儿童的百分比（%）	66.3	55.0	56.7	59.2	60.6	62.1	63.0
学前教育机构100个位置的学生数（人）	108	81	95	107	106	105	105
普通教育机构数量[不含夜校（轮班制）]（万所）	6.76	6.70	6.15	4.95	4.72	4.57	4.44
其中：国立和市立	6.76	6.64	6.08	4.88	4.65	4.50	4.37
非国立		0.06	0.07	0.07	0.07	0.07	0.07
普通教育机构学生数[不含夜校（轮班制）]（万人）	2032.80	2007.40	1518.50	1331.80	1344.60	1353.70	1364.30
其中：国立和市立	2032.80	2001.30	1511.30	1324.40	1336.20	1344.50	1354.80
非国立		6.10	7.20	7.40	8.40	9.20	9.50
接受普通教育的儿童和少年占百分比（%）		91.6	92.9	98.5	99.6	100.3	100.2
国立和市立夜校（轮班制）（万所）	0.21	0.17	0.17	0.13	0.12	0.11	0.10
就读的学生数（万人）	52.30	48.00	44.60	32.50	29.20	26.70	23.40
培养技术工人（职员）的职业教育机构数量	4328	3893	3392	2356	2040	1719	1271
就读的学生数（万人）	186.70	167.90	150.90	100.70	92.10	83.80	77.40

续表

	1990年	2000年	2005年	2010年	2011年	2012年	2013年
每万人中按技术工人培养(职员)的学生数	126	115	105	70	64	58	54
按技术工人(职员)培养的录取人数(万人)	125.20	84.50	68.80	60.90	53.30	49.90	45.10
按技术工人(职员)培养的毕业人数(万人)	127.20	76.30	70.30	58.10	51.70	48.40	43.60
培养中级专业技术人员的职业教育机构数量	2603	2703	2905	2850	2925	2981	2709
其中：国立和市立	2603	2589	2688	2586	2665	2725	2494
非国立		114	217	264	260	256	215
就读的学生数(万人)	227.00	236.10	259.10	212.60	208.20	208.70	198.40
其中：国立和市立	227.00	230.90	247.30	202.70	198.40	198.40	185.80
非国立		5.20	11.80	9.90	9.80	10.30	12.60
每万人中按中级专业技术人员培养的学生数	153	162	181	149	146	146	138
按中级专业技术人员培养的录取人数(万人)	75.40	86.70	85.40	70.60	66.00	65.60	63.70
其中：国立和市立	75.40	84.20	81.10	67.20	62.90	62.10	59.10
非国立		2.50	4.30	3.40	3.10	3.50	4.60
按中级专业技术人员培养的录取率(%)；		35.1	39.7	49.0	48.5	50.8	47.8
按中级专业技术人员培养的毕业人数(万人)：	63.70	58.00	68.40	57.20	51.80	48.60	43.90

续表

	1990年	2000年	2005年	2010年	2011年	2012年	2013年
其中：国立和市立	63.70	56.80	65.10	53.60	48.40	45.50	40.40
非国立		1.20	3.30	3.60	3.40	3.10	3.50
按中级专业技术人员的毕业率(%)		23.6	27.2	32.2	33.7	32.2	30.3
高等教育机构数量	514	965	1068	1115	1080	1046	969
其中：国立和市立	514	607	655	653	634	609	578
非国立		358	413	462	446	437	391
按学士、文凭专家和硕士培养的大学生数(万人)	282.50	474.20	706.40	705.00	649.00	607.50	564.70
其中：国立和市立	282.50	427.10	598.50	584.90	545.40	514.50	476.20
非国立		47.10	107.90	120.10	103.60	93.00	88.50
每万人中按学士、文凭专家和硕士培养的大学生数	190	324	493	493	454	424	393
按学士、文凭专家和硕士培养的录取人数(万人)	58.40	129.20	164.10	139.90	120.80	129.80	124.70
其中：国立和市立	58.40	114.00	137.30	119.50	105.80	111.20	106.70
非国立		15.20	26.80	20.40	15.00	18.60	18.00
按学士、文凭专家和硕士培养的录取率(%)		50.1	68.0	91.1	80.0	90.0	91.4
按学士、文凭专家和硕士培养的毕业生人数(万人)	40.10	63.50	115.20	146.80	144.30	139.70	129.10
其中：国立和市立	40.10	57.90	97.80	117.80	115.70	112.50	106.00

续表

	1990年	2000年	2005年	2010年	2011年	2012年	2013年
非国立		5.60	17.30	29.00	28.60	27.20	23.10
按学士、文凭专家和硕士培养的毕业率(%)		28.8	45.5	60.2	61.7	61.2	64.8
接受中等职业教育和高等教育的青年占百分比	17.0	20.5	25.0	23.8	22.6	21.8	20.8

资料来源：Российский статистический ежегодник. 2014. Стат. сб. Госкомстат России. М., 2014.(《俄罗斯2014年统计年鉴》)

第二节 俄罗斯高等教育制度

高等教育是俄罗斯教育中最值得骄傲、成就最显著的部分，其规模、质量、水平在世界高等教育领域中占有重要地位。俄罗斯的高等学校培养造就了大批举世闻名的科学家、文学家、艺术家，为人类社会文明的进步和发展做出了积极的贡献。

一、俄罗斯第一所高等学校

俄罗斯高等教育诞生的标志是1632年基辅莫吉拉学院的创立，这是俄罗斯高等教育史上具有划时代意义的大事。1632年在乌克兰以兄弟会学校为基础创办了一所高等学校——基辅莫吉拉学院，成为17、18世纪俄国西南部和南部最大的文化、教育中心。"这个学院比起当时西欧中世纪的大学和耶稣教会的学院并不逊色。17世纪后半期和18世纪初期，俄罗斯的许多活动家都曾在这里学习。它在当时成为对天主教进行斗争和维护正教居民利益的中心。"[①]

1687年在莫斯科诞生的斯拉夫-希腊-拉丁文学院，是仿照基辅莫吉拉学院的模式开办的。学校讲授斯拉夫教会文、希腊文和拉丁文，其余课程类同

---

① 沙巴也娃主编：《教育史》，邰爽秋，等译. 人民教育出版社，1955年，第33页。

西欧高等学校的普通科目"七艺",成为传播西欧文化的中心。斯拉夫-希腊-拉丁文学院为俄罗斯18世纪的振兴培养了大批专业人才,在彼得一世的政治、经济、文化教育改革中发挥了重要作用。苏联教育家沙巴也娃认为它是俄罗斯第一所真正意义上的高等学校。① 伟大的俄罗斯学者 М. В. 罗蒙诺索夫（М. В. Ломоносов）、著名作家 А. Д. 坎捷米尔（А. Д. Кантемир）、建筑师 В. И. 巴热诺夫（В. И. Баженов）和一些著名文化活动家都曾在这里学习过。

18世纪初,俄国沙皇彼得一世开始了面向欧洲的现代化改革,在国家经济、军事、教育和社会生活等领域全面"西化"。在彼得一世的积极主张下,1725年在彼得堡成立了彼得堡科学院。科学院分为三个研究领域:数学科学、自然科学（物理、化学、天文学、植物学等）、人文科学（历史学、法律等）。科学院排除了传统神学的位置,全部工作都具有世俗的性质。科学院内附设大学和预备中学。② 科学院的成立使彼得堡成为当时俄国的科学文化和教育中心,它在借鉴外国发展科学研究经验的同时,结合自己的实际建立了具有俄国特色的教学科研机构,促进了18世纪俄国科学技术的发展,培养了一批科学研究骨干,为俄国高等教育的发展做出了重大贡献。③

М. В. 罗蒙诺索夫是俄国最伟大的科学家、文学家、诗人和教育家,有"祖国科学之父"之称。在他的积极倡导和努力下,1755年1月叶卡捷琳娜一世签署法令,建立了莫斯科大学。莫斯科大学的创建是18世纪俄国高等教育史上最伟大的事件,它是俄国真正意义上的第一所综合性大学。由于罗蒙诺索夫坚持教育的世俗性原则,在建校计划中没有西欧中世纪大学必须有的神学系,而是根据当时的需要和可能,在大学里成立了学习历史语言和物理数学课程的哲学系、法学系和医学系。④ М. В. 罗蒙诺索夫在创办莫斯科

---

① 沙巴也娃主编,《教育史》,邱爽秋,等译. 人民教育出版社,1955年,第34页。

② 王义高:《世界教育大系——苏俄教育》,吉林教育出版社,2000年,第15页。

③ 贺国庆、王保星、朱文富等:《外国高等教育史》（第二版）,人民教育出版社,2006年,第121~122页。

④ В. П. 叶留金:《苏联高等学校》,张天恩、曲程、吴福生译,教育科学出版社,1983年,第62页。

大学时倡导的一些办学原则，如教育的世俗性、无阶级性、教育教学与实际相结合、教育教学与科学研究紧密结合、教育教学的民族化等，对于18世纪俄国高等教育的发展与改革具有重大的理论意义和现实意义。到18世纪末，莫斯科大学已经成为欧洲著名的大学，为俄国近现代经济建设和社会发展培养了大批高素质人才。莫斯科大学从它诞生之日起，就始终是俄国科学、文化教育中心，在传播现代文明、推进俄罗斯社会进步和文明开化的进程中发挥了重大作用。①

二、俄罗斯高等教育体制

（一）多主体办学体制

俄罗斯高等学校（军事院校除外）的办学主体不仅是国家权力机关，也可以是地方自治机关，还可以是本国或外国的各种所有制形式的企业、机关，以及它们的联合公司和协会。此外，已经注册的各种社会组织、宗教团体乃至俄罗斯及其他国家的公民也可以成为办学主体，以上各种办学主体还可以联合办学。创办学校必须按规定程序办理从事教学活动的许可证，并且每5年进行一次国家鉴定，确定高校的教学内容和毕业生培养质量是否符合国家教育标准的要求。

从办学主体看，俄罗斯的高等学校有三种类型：国立的（联邦的）、地方的（联邦主体的）、非国立的（私立的，办学主体为个人、社会团体或宗教组织等）。高等学校类型不同，其经费来源也不同。国立高校主要靠国家财政拨款；地方高校主要靠地方财政拨款；非国立高校主要由办学主体自行筹措，其中相当一部分来自学生所交学费。多主体办学体制的确立有利于俄罗斯高等教育从社会及个人那里吸纳更多的资金。②

（二）分级管理体制

目前俄罗斯的高等教育实行联邦（中央）、联邦主体和地方自治的三级分权管理模式，各级管理有其明确的职责和权限。第一层级联邦（中央）主

---

① 贺国庆、王保星、朱文富等：《外国高等教育史》（第二版），人民教育出版社，2006年，第128～129页。

② 刘省非：《教育市场化——转型期俄罗斯高等教育改革研究》，人民出版社，2013年，第97～98页。

要通过国家权力机关和教育管理机关实施高等教育领域的宏观管理,制定和贯彻联邦高等教育政策,制定国家高等教育标准和大纲,规定创办、改组和撤销高等教育机构的程序,等等。第二层级联邦主体则根据俄联邦政策精神,制定本主体的高等教育法规,编制本主体的高等教育标准、预算和拨款标准及检查执行情况,等等。第三层级地方自治机关主要为贯彻国家政策而监督地方(市)教育管理机关及辖内教育机构的工作,地方自治机关与普通教育的关系最直接最密切。俄罗斯联邦高等教育管理系统详见图1-2-1。

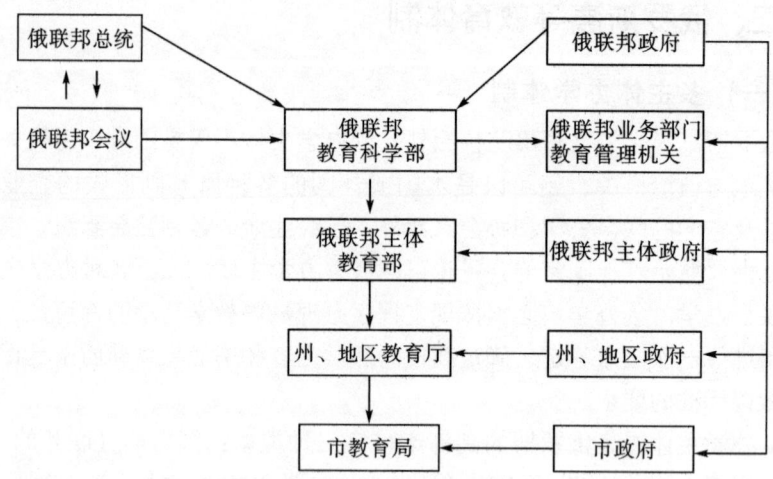

图1-2-1 俄罗斯联邦国家高等教育行政管理系统

资料来源:Рекрут О. А. Административно-правовой статус негосударственных высших учебных заведений в России. Саратов,2003:89.

高等学校内部管理体制因高校性质的不同而不同。国立高校和地方高校由经选举产生的代表机构——校务委员会实行总的领导,由校长直接管理,实行校、系、教研室三级管理。校务委员会每届任期5年,主要职能是审议并批准高校章程及内部规章;选举校长(校长也可由政府任命);审议学校经济和发展中的主要问题;等等。俄罗斯的高等学校实行校长负责制,但国立高校校长的地位需由俄联邦政府确定。[①] 非国立高校由创办人直接领导,

---

① 刘省非:《教育市场化——转型期俄罗斯高等教育改革研究》,人民出版社,2013年,第98页。

或由创办人组建、委托的管理委员会领导。非国立高校拥有更大的自治权。

（三）高等教育的层次结构

为适应国家推行私有化和市场经济对各种不同类型人才的需求，并与国际通行做法接轨，以便更好地参与国际教育劳务市场的竞争，俄罗斯的高等教育由单一的人才培养体制改为多级人才培养体制。1996年颁布的《俄罗斯联邦高等和大学后职业教育法》明确俄罗斯的高等教育分为三个层次：

第一层次为不完全高等教育，是高等教育的初级阶段，主要培养技术员和初级工程师。这一阶段的学制为2年，按照基础专业教育大纲培养，完成学习任务、考核合格的学生可获得"不完全高等教育毕业证书"和相应的初级专门人才职业资格。

第二层次为基础高等教育。按普通中等教育基础上的高等教育大纲培养，学制不少于4年；按不完全高等教育基础上的高等教育大纲培养，学制为2年。完成学习任务、考核合格的学生可获得"高等教育毕业证书"（注明所学专业方向），并被授予学士学位。

第三层次为完全高等教育，也称专门化教育，主要培养专家型高级技术人才和应用人才。高等学校按照两种类型的高等教育大纲进行培养：(1) 在普通中等教育基础上，进行5~6年的专业学习，学生通过考试、答辩，考核合格后可获得"高等教育毕业证书"，并被授予"工程师""经济师""农艺师"等文凭专家资格。(2) 在基础高等教育（学士学位）基础上，按方向进行2年的专业培养，学生通过考试、答辩，考核合格后可获得"高等教育毕业证书"，并被授予相应专业的硕士学位。

大学后职业教育包括研究生教育和博士生教育，分别授予副博士学位和博士学位。获得"硕士学位"或"文凭专家资格"的高校毕业生可报考研究生，攻读副博士学位，学制为3年。学生考试合格、撰写论文并通过答辩可获得相应学科的"副博士学位"。博士学位通常只有在某一学科领域有贡献的资深学者才能申请，并通过博士学位论文答辩，由最高学位委员会单独授予。

由此可见，俄罗斯的高等教育是由两个教育子系统构成：一个是按"专业"或相近的专业方向培养某专业专门人才的文凭专家；另一个是按"方向"培养学士和硕士，并授予相应的毕业证书及学位证书。2007年5月，俄罗斯颁布《关于引入两级高等教育体制的法律草案》，从法律层面上正式确定了高等教育实施两级结构。把原来5~6年的文凭专家体制拆解为学士＋硕士的两级高教体制，而长期以来占主导形式的文凭专家体制只在极少数重点大学的重点专业保留，往往是一些需要连续学习5~6年的专业，如医学专业和某些工程专业，以保证该类专业继续培养精英型研究人才。毕业生在学历上等同于第二层次高等教育水平，获得文凭专家证书，通过考试可直接进入该专业的研究生部学习。有资格保留文凭专家培养形式的高校及专业需由教育部直接审定批准。① 2013年新《教育法》实施后，第一层次"不完全高等教育"被取消。

（四）高等学校分类

俄罗斯高等学校根据其所实施的教育等级和专业方向分为三种类型：

1. 综合大学（университет）

这类大学师资力量雄厚，科研力量强，实施包括科学、技术、文化多种专业的所有教育等级的培养计划，包括培养硕士生和博士生。主要宗旨是重视基础研究和应用研究，保证实现教育的人文科学化，培养高水平的科研与教学人员。

2. 专业大学（академия）

这类学校实施科学、技术、文化某一领域所有教育等级的培养计划和科学研究，可以是某一领域重点学科的研究中心。主要宗旨是培养某一领域的专门人才，同时也对相应领域的领导和专业人员进行再培训。

3. 专门学院（институт）

这类学校按高等职业教育大纲的专业方向实施教学并进行科学研究，重点实施基础高等教育的培养计划，同时也对相应领域的专业人员进行再培训。

三、俄罗斯高等教育概况

俄罗斯联邦的高等教育发展迅速。1990—1991学年全俄拥有514所高等学校，大学生282.45万人，每万人中的大学生数量为190人。经过二十年的发展，2010—2011学年高等学校增长到1115所，大学生704.98万人，

---

① 单春艳、肖甦：《俄罗斯高等教育层次结构及学位制度的改革与现状评述》，《比较教育研究》2008年第9期，第49页。

每万人中的大学生数量达到493人,详见表1-2-1。这其中,非国立高等学校发挥了积极作用。

表1-2-1 俄罗斯高等教育机构

学年	机构数量（所）	大学生总数（万人）	其中（万人）				居民每万人中的大学生数量（人）
			面授（全日制）	面授—函授（夜大）	函授	自学考试	
1914	72	8.65	8.65				10
1917	150	14.90	14.90				16
1927	90	11.42	11.42				
1940—1941	481	47.81	33.51	1.50	12.80		43
1950—1951	516	79.67	50.26	1.70	27.71		77
1960—1961	430	149.67	69.92	16.76	62.99		124
1990—1991	514	282.45	164.77	28.45	89.23		190
2000—2001	965	474.14	262.52	30.22	176.18	5.22	324
2005—2006	1068	706.46	350.80	37.12	303.20	15.34	493
2010—2011	1115	704.97	307.37	30.47	355.72	11.41	493
2011—2012	1080	649.00	284.77	26.34	328.97	8.92	454
2012—2013	1046	607.54	272.43	22.97	305.14	7.00	424
2013—2014	969	564.66	261.88	18.92	278.39	5.47	393

资料来源：Российский статистический ежегодник. 2014. Стат. сб. Госкомстат России. М.，2014.（《俄罗斯2014年统计年鉴》）

1992年的《俄罗斯联邦教育法》确立了非国立高等教育的法律地位,允许高等学校收取学费,并出台了一系列鼓励、支持非国立高等教育发展的政策。非国立高等学校应运而生,并且迅速发展壮大。到2000年初,在不足十年的时间里,非国立高等学校的数量增长了近4倍,占到俄罗斯高校总数的37%，而国立高等学校的数量仅增长了1.27倍。①

高等教育的教学形式包括面授（全日制）、面授—函授、函授、自学考试等多种形式，学生可以根据自己的条件和需要进行选择。非国立高等学校则多以函授教育为主，这也是非国立高等教育的突出特点之一。在招收函授生方面非国立高等学校占有优势。由于函授教育费用低廉，非国立高等学校在教学成本方面可以与国立高等学校展开真正的竞争。除此之外，国家办学标准规定招收全日制学生，每生教学实验场地不少于10.5平方米，而招收函授生不占用面积，可以扩大招生规模，还便于给兼职教师排课。因此，无论是国立高等学校，还是非国立高等学校，函授生的比例都呈逐年上升趋势，且增长速度超过了全日制学生，详见表1-2-2。

表1-2-2　学士、文凭专家、硕士的招生数
（按教学形式）　　　　　　　　　　（万人）

年份	录取的大学生总量	其中			
		面授（全日制）	面授—函授（夜大）	函授	自学考试
所有高等学校					
1940	15.45	9.15	0.30	6.00	
1950	22.33				
1960	37.73	15.76	5.23	16.74	
1990	58.39	36.08	6.24	16.07	
2000	129.25	68.75	8.19	50.34	1.97
2005	164.05	83.07	8.61	68.86	3.51
2010	139.95	65.96	5.24	67.21	1.54
2011	120.74	62.80	4.04	53.27	0.63
2012	129.82	67.34	4.08	57.84	0.56
2013	124.65	66.45	3.46	54.23	0.51
国立和市立高等学校					
1940	15.45	9.15	0.30	6.00	

---

① Клячко Т. Л., Мау В. А., Тенденции развития высшего профессионального образования в Российской Федерации. Вопросы образования, 2007（3）：47.

续表

年份	录取的大学生总量	其中			
		面授（全日制）	面授－函授（夜大）	函授	自学考试
1950	22.33				
1960	37.73	15.76	5.23	16.74	
1990	58.39	36.08	6.24	16.07	
2000	114.03	62.19	6.91	42.98	1.95
2005	137.25	74.64	6.61	53.02	2.98
2010	119.54	62.81	4.11	51.56	1.07
2011	105.76	60.42	3.29	41.80	0.25
2012	111.16	64.25	3.31	43.32	0.28
2013	106.68	63.12	2.89	40.37	0.30
非国立高等学校					
2000	15.22	6.56	1.28	7.36	0.02
2005	26.80	8.43	2.00	15.84	0.53
2010	20.39	3.15	1.13	15.65	0.46
2011	14.97	2.38	0.75	11.47	0.37
2012	18.66	3.09	0.77	14.52	0.28
2013	17.97	3.33	0.56	13.86	0.22

资料来源：Российский статистический ежегодник. 2014. Стат. сб. Госкомстат России. М.，2014.（《俄罗斯 2014 年统计年鉴》）

非国立高等学校培养各级高等教育毕业生的数量呈逐年增长趋势。2000年，全俄各级高等教育毕业生为 63.51 万人，其中非国立高等学校培养了 5.62 万人。2013 年，全俄各级高等教育毕业生为 129.10 万人，其中非国立高等学校培养了 23.10 万人。与 2000 年相比，2013 年各级高等教育毕业生数量增长了 1.03 倍，而非国立高等学校培养的毕业生数量增长了 3.11 倍，详见表 1-2-3、表 1-2-4 和表 1-2-5。

表 1-2-3　高等教育毕业生数量

（按照获得的证书） （万人）

	2000 年	2005 年	2010 年	2011 年	2012 年	2013 年
所有高等学校						
培养的毕业生总数 其中：	63.51	115.17	146.79	144.29	139.73	129.10
不完全高等职业教育*	0.23	0.43	0.80	0.76	0.51	
学士	7.10	8.46	12.66	12.76	12.88	12.02
文凭专家	55.34	105.17	130.69	127.08	121.82	111.43
硕士	0.84	1.11	2.63	3.68	4.52	5.65
国立和市立高等学校						
培养的毕业生总数 其中：	57.89	97.84	117.78	115.73	112.54	106.00
不完全高等职业教育	0.07	0.35	0.65	0.59	0.41	
学士	4.88	5.33	6.73	6.94	7.13	8.54
文凭专家	52.12	91.06	107.87	104.68	100.63	92.07
硕士	0.82	1.10	2.54	3.53	4.36	5.39
非国立高等学校						
培养的毕业生总数 其中：	5.62	17.33	29.01	28.56	27.19	23.10
不完全高等职业教育	0.16	0.08	0.15	0.18	0.09	
学士	2.22	3.13	5.94	5.82	5.74	3.48
文凭专家	3.22	14.11	22.82	22.40	21.18	19.36
硕士	0.02	0.01	0.10	0.16	0.17	0.26

* 教育机构根据 2007 年 10 月 24 日的俄联邦法 №232-ФЗ 规定颁发的"不完全高等教育证书"，从 2013 年不完全高等教育被取消。

资料来源：Российский статистический ежегодник. 2014. Стат. сб. Госкомстат России. М.，2014.（《俄罗斯 2014 年统计年鉴》）

表 1-2-4　非国立高等学校培养的毕业生数量

按方向（专业） （万人）

	1994年	1995年	1996年	1997年	1998年	1999年	2000年	2001年	2002年	2003年
培养的毕业生数量	0.34	0.77	1.31	2.15	3.02	4.02	5.62	7.23	8.73	11.67

资料来源：Российский статистический ежегодник. 2014. Стат. сб. Госкомстат России. М. 2014.（《俄罗斯2014年统计年鉴》）

表 1-2-5　非国立高等学校培养的毕业生数量

按方向（专业） （万人）

	2005年	2010年	2011年	2012年	2013年
培养的学士、文凭专家、硕士数量	17.33	29.01	28.56	27.19	23.10

资料来源：Российский статистический ежегодник. 2014. Стат. сб. Госкомстат России. М. ,2014.（《俄罗斯2014年统计年鉴》）

同时，国立和市立高等学校为拓宽资金来源、提高办学效益而大量招收自费生。1995年国立和市立高等学校的自费生比例只有15%，2000年增长到44%，2002年已经达到53%。① 2013年国立和市立高等学校录取的大学生数量为106.68万人，其中自费生57万人，占到53.43%，已经超过了半数；培养的毕业生数量为106万人，其中自费生58.67万人，占到55.35%，详见表1-2-6。

表 1-2-6　国立和市立高等学校的

大学生数量和培养毕业生数量（按照拨款来源） （万人）

	2000年	2005年	2010年	2011年	2012年	2013年
大学生总数	427.08	598.53	584.87	545.39	607.54	476.20
其中：联邦预算	275.46	292.46	254.18	238.25	226.29	212.01
俄联邦主体预算	3.68	7.08	7.18	7.06	7.31	6.86
地方预算	1.06	0.74	0.57	0.21	0.20	0.16

① Клячко Т. Ошибки обойдутся дорого. Поиск. 2002. №9 (667). 1 марта. С. 4.

续表

	2000年	2005年	2010年	2011年	2012年	2013年
自费	146.88	298.26	322.95	299.86	373.74	257.16
录取的大学生总数	114.03	137.25	119.54	105.77	129.82	106.68
其中：联邦预算	57.22	59.59	50.17	49.27	50.17	48.10
俄联邦主体预算	1.15	1.63	1.62	1.72	1.72	1.56
地方预算	0.31	0.15	0.11	0.06	0.06	0.02
自费	55.35	75.88	67.64	54.72	77.87	57.00
培养的毕业生总数	57.89	97.84	117.78	115.73	139.72	106.00
其中：联邦预算	44.51	50.36	53.23	50.61	48.25	45.95
联邦主体预算	0.53	1.24	1.30	1.42	1.38	1.34
地方预算	0.14	0.12	0.13	0.08	0.04	0.04
自费	12.71	46.12	63.12	63.63	90.05	58.67

资料来源：Российский статистический ежегодник. 2014. Стат. сб. Госкомстат России. М., 2014.(《俄罗斯2014年统计年鉴》)

俄罗斯是世界上人口减少速度最快的国家之一，适龄青年的减少严重影响了高等学校的生存和发展。近年来，俄罗斯政府采取鼓励和支持政策，吸引外国留学生来俄学习，大力发展教育服务出口，详见表1-2-7。2013年，在俄罗斯的750个教育机构中有来自150个国家的大约25万名外国留学生，其中大约4万名使用俄联邦财政预算经费接受高等教育（公费教育）。根据俄联邦教育科学部的计划，今后几年将大幅提高俄罗斯高校中的外国留学生比例。2013年外国留学生占俄罗斯高校学生总数的2.3%，根据计划，这一比例在

2015年增加到了6%,在2018年将达到10%。2015年,俄罗斯为国际学生提供了1.5万个公费生招生名额,2016年基本持平。所有国际学生均可提交公费入学申请,参与公平竞争和选拔,但前提条件是其数学、语言和专业课的成绩需达到俄联邦教育科学部规定的最低分数要求。在读的自费国际学生,成绩优异者将同样有机会转为公费生。① 当前,外国留学生在俄罗斯选择工程技术类、经济与管理类、医学类和俄语专业最为普遍。

表1-2-7 俄罗斯高等学校按学士、文凭专家、硕士培养的外国留学生(部分)(万人)

	2010—2011学年			2012—2013学年			2013—2014学年		
	录取数	大学生数	毕业生数	录取数	大学生数	毕业生数	录取数	大学生数	毕业生数
外国留学生总数	3.73	15.38	2.41	4.68	16.48	2.65	5.76	20.57	3.30
其中:独联体、格鲁吉亚等	2.79	11.67	1.58	3.70	12.75	1.76	4.57	15.63	2.22
欧洲	0.03	0.13	0.03	0.04	0.13	0.03	0.05	0.17	0.05
亚洲	0.73	2.81	0.68	0.70	2.69	0.71	0.81	2.85	0.65
其中:越南	0.07	0.24	0.08	0.09	0.29	0.07	0.08	0.29	0.05
印度	0.05	0.34	0.08	0.06	0.31	0.07	0.08	0.37	0.07
中国	0.30	0.98	0.26	0.29	0.92	0.31	0.33	0.98	0.30
……									

资料来源:Российский статистический ежегодник. 2014.Стат. сб. Госкомстат России. М., 2014.(《俄罗斯2014年统计年鉴》)

俄罗斯是教育大国,自然科学和基础研究的高等教育水平居世界领先地位,航空航天、军事工业等工程技术领域亦属世界一流,人文科学和社会科学

---

① 邵海昆:《俄罗斯高校2016年将招收1.5万名公费国际学生》,《世界教育信息》2015年第22期,第79页。

拥有优秀的传统和鲜明的风格。"Эксперт РА"发布的 2014 年俄罗斯大学排行榜前 20 名的高等学校详见表 1-2-8。莫斯科国立大学、圣彼得堡国立大学、莫斯科鲍曼国立技术大学等一些俄罗斯著名高校在世界上享有盛誉,每年吸引国内外众多报考者,招生选拔竞争激烈。

表 1-2-8　2014 年俄罗斯大学排行榜(前 20 名)("Эксперт РА"发布)

2014 年排名	2013 年排名	学校名称	泛函(数)评级	优质教育的条件（等级）	毕业生就业水平（等级）	科学研究积极性（等级）
1	1	莫斯科国立大学	4.6184	1	2	1
2	2	莫斯科物理技术学院	4.1476	4	3	6
3	3	莫斯科鲍曼国立技术大学	4.0364	6	1	14
4	5	俄罗斯国立核研究大学	3.9659	9	5	2
5	4	圣彼得堡国立大学	3.9583	3	19	5
6	6	俄罗斯高等经济研究大学	3.9241	5	8	15
7	7	托木斯克国立理工大学	3.9034	7	12	4
8	8	新西伯利亚国立大学	3.7371	10	10	11
9	11	莫斯科国立国际关系学院	3.6664	2	22	38
10	15	乌拉尔叶利钦联邦大学	3.4707	24	6	9
11	9	圣彼得堡国立理工大学	3.4685	15	14	7
12	13	俄罗斯总统附属国民经济与公共管理学院	3.3469	11	11	35
13	14	托木斯克国立大学	3.3238	20	21	10
14	10	莫斯科动力学院	3.2885	14	17	22

续表

2014年排名	2013年排名	学校名称	泛函(数)评级	优质教育的条件（等级）	毕业生就业水平（等级）	科学研究积极性（等级）
15	16	西伯利亚联邦大学	3.2387	31	7	12
16	20	新西伯利亚国立技术大学	3.2285	22	13	16
17	12	俄罗斯联邦政府财政金融大学	3.2024	12	9	78
18	18	喀山（伏尔加沿岸）联邦大学	3.1910	16	43	3
19	19	莫斯科钢铁和合金学院	3.1809	8	68	17
20	17	俄罗斯石油天然气大学	3.1375	25	4	31

资料来源：http://raexpert.ru.

第二章 俄罗斯高校招生考试制度的历史演进

高等学校招收新生是高等学校的一项具有重大原则意义的工作。它与社会、国民经济、人口、文化以及教育和教学等任务有着广泛、密切的联系。高等学校招生的社会意义和职能体现在：高等学校招生的原则和组织在很大程度上决定着知识分子队伍构成的社会来源，以及各阶级和各社会集团的代表对智力和文化的最高成果的享有程度。高等学校的招生原则和方法通常被用来保证统治阶级以本阶级的代表来补充大学生队伍。[①]

在俄罗斯高等教育发展的历史长河中，先后经历了沙皇俄国、苏维埃社会主义共和国联盟、俄罗斯联邦三个历史时期。高等学校的招生考试制度作为一项重要的社会制度和教育制度集中反映和体现了每个历史时期的政治特征和社会状态。在俄罗斯高校招生考试制度的发展演变过程中，既有激进式的变革，又有渐进式的改革，就其规模、形式和方法的多样性以及情况的复杂性而言，在世界各国中是独树一帜的。本章以时间为主线，对俄罗斯自建立高等学校之日起的各个历史时期的招生考试制度进行梳理和介绍，分析制度变化的影响因素、遇到的问题及解决路径，并对各时期的高校招生特点进行总结和归纳，为研究当今的俄罗斯高校招生考试制度改革奠定历史基础。

第一节 沙皇俄国时期的高校招生考试制度（1632—1917年）

俄罗斯高等教育的历史最早可以追溯到17世纪。17世纪的俄国，疆域

---

① В. П. 叶留金：《苏联高等学校》，张天恩、曲程、吴福生译，教育科学出版社，1983年，第298页。

辽阔、民族众多、手工业发展迅速，但在政治、经济、军事、文化、教育等领域还远远落后于西欧各国。1632年创建的基辅莫吉拉学院、1687年创建的斯拉夫-希腊-拉丁文学院是俄罗斯历史上最早期的高等学校。

一、高校成立早期的招生特点

在高等学校诞生初期，愿意接受高等教育的青年很少。政府尽管采取了一些措施，允许各个阶层（除农奴外）的青年接受教育，之前被派往国外学习的大学生也被召回，但由于中等教育发展落后，与科学、工程相关的工作地位低下，上等阶层更愿意把自己的孩子送进军队去建功立业，因此大学生的数量非常少。①

彼得一世继位后，力图改变这种落后状况。他采取有力措施发展工商业和军事工业，开展与西欧各国的贸易往来，创建了彼得堡科学院和数学与航海学校、炮兵学校、外国语学校、工程师学校等实科性质的学校。数学与航海学校的学生主要来自下层社会：教会秘书、法院书记、商人和士兵的子弟，贵族子弟在学生中只占很小的比例，因其顽固守旧、怠惰成性而不愿学习所致。后受地主贵族的影响，彼得堡海军学院只限于招收贵族子弟入学。炮兵学校向炮手和贵族、官员子弟教授相应的技术知识。外国语学校向俄国所有官员的孩子，用拉丁语、德语、瑞典语教授斯拉夫语的句子和书信文章。② 沙俄政府还设立了贵族等级寄宿学校，实际上是专为贵族子弟服务的一种特殊的高等教育机构。彼得一世去世后俄国贵族势力大大加强，彼得一世原先作为无等级教育机构而创办的许多学校，到18世纪中期都有了鲜明的等级色彩。

1755年，М. В. 罗蒙诺索夫创建了莫斯科大学。他明确主张莫斯科大学要废除等级制，招收学员应不分阶级，不问出身，甚至过去的农奴亦可入大学，但条件是必须得到地主发给的解放证书。③ 1755年的大学章程提出招生不分阶级，需要通过入学考试才能进入大学。1835年的大学章程规定，除了

---

① А. И. Аврус. История российских университетов. Саратов. 1998. С. 128.
② 贺国庆、王保星、朱文富等：《外国高等教育史》，人民教育出版社，2003年，第151，153页。
③ 麦丁斯基：《世界教育史》（下），天枢、子诚译，五十年代出版社，1953年，第58页。

以优异成绩中学毕业外，所有希望进入大学的人都必须通过考试。① 虽然从形式上没有限制社会底层人民进入大学的条款，但实际上，在封建农奴制的俄国，底层人民获得高等教育的机会微乎其微。1850 年，高校提高了学费，并且限制非贵族阶层子弟入学，倾向于招收按照当时的法律有资格获得文职的人员（主要指贵族、一等商人等）。П. И. 米留可夫（П. И. Милюков）这样评价："在这之前，俄罗斯政府一直担心大学生数量太少，而从这时候开始，政府担心大学生数量太多，因此采取措施，不是增加，而是减少大学生数量。"② С. М. 萨洛维耶夫（С. М. Соловьева）认为，这些措施导致中学退步了，大学退步了，教育也随之退步。③ 1856 年制订了新的大学章程，取消了对大学入学的限制。在莫斯科、基辅、彼得堡的高校，免交学费的贫困学生占 30%～50%，而 1861 年则规定，免费大学生每省不超过 2 人，原因之一是部分贫困学生成为民主思想的代表，政府将其视为"敌对"关系。

二、资本主义发展时期的高校招生特点

俄国资本主义的快速发展给高等学校带来了新的挑战，特别是资本主义经济发展要求培养大量的专业人才和改变现有的人才培养模式，而高校招生规则已不符合面临的任务和要求，因此，1863 年政府进行了具有重要意义的高等学校改革。改革恢复了高校的部分自治权，发挥了招生规则的调节功能。但 1863 年的大学章程仍然不承认女性接受高等教育的权利。④ 直到 19 世纪 70 年代，莫斯科、彼得堡、喀山、基辅等地才开设了女子专修班，这是女性进入高等教育领域的开始。尽管如此，1885 年 8 月颁布的《招生委员会考试要求和招生规则》中，还是坚持不承认女性接受高等教育的权利。19 世纪末，女生数量约占大学生总数的 4%。⑤ 一直到 1916 年，沙俄政府

---

① Е. Н. Геворкян, И. А. Правкина, Д. А. Усанов. Приём в вузы России. Как это было и что будет. Саратовский университет. 2008. С. 5.

② В. А. Садовничий. Россия. Московский университет. Высшая школа. М., 1999. С. 568.

③ Е. Н. Геворкян, И. А. Правкина, Д. А. Усанов. Приём в вузы России. Как это было и что будет. Саратовский университет. 2008. С. 6.

④ Эймонтова Р. Г. Университетская реформа 1863 г. Исторические записки. 1961. №70. С. 163-196.

⑤ Г. И. Щетинина, Университеты в России и устав 1884 г. 1976. С. 331.

才允许高校招收女生。

俄国资本主义的发展对工程师、律师、教育官员、陆军和海军军官、知识分子、神职人员的需求增加。为了把他们培养成为效忠国家的人，1884年的《高校招生规则》规定：每位申请者需当地警察局出具无犯罪行为证明，不参加学生运动者可免费上大学。这一时期每所高校免费学生数限制在学生总数的15%，大学生来自社会各个阶层，反映出资本主义的蓬勃发展和等级隔阂的打破。Г. И. 谢基尼纳雅（Г. И. Щетининая）指出，俄国资本主义的管理制度下不排除高等教育等级性的特点，当时的高校招生简章和变化动态可以证明这一点。例如，1879年前主要为内政部官员设立的享有特权的法学院——安德烈贵族学校，只招收最高贵族阶层的青年、官衔不低于上校和五级官员的子弟，1879年以后开始招收所有的世袭贵族。[①]

高昂的学费是高等教育等级性的特征。在一批有特权的大学里，只有那些有权力的人和能拿得出极高学费的人才能在里面学习，如部分莫斯科企业家捐款建立的纪念皇太子尼古拉的贵族学校，这个学校得到大量来自工商业界的资助，实际上是为企业家的子弟服务。还有莫斯科农业学院，学费很高，主要为地主的孩子服务。大资产阶级代表和特权阶层确保了自己的孩子接受高等教育的权利。

1917年以前，俄国在很大程度上保留了双轨制的教育体系：一种是为贵族和官员服务的古典中学（классическая гимназия）和大学（университет），一种是为资产阶级服务的实科中学（реальная школа）和专门学院（специализированный институт）。20世纪初，古典中学的毕业生使用特权无须考试就能进入大学，绝大多数是贵族和官员的子弟。而实科中学毕业生要在竞试基础上才能进入专门学院。神学院和实科学校、商业学校的毕业生分别于1905年12月14日和1906年3月18日获准在附加考试的基础上进入大学，但1913年关于授予一些中等教育机构毕业生进入高等院校的权利法案被否决了。1917年以前，申请高等学校必须出示地方警察局出具的政治可靠性证明，甚至品行记录，不好的评论意见将剥夺申请者进入高等学校的可能性。[②]

---

① Г. И. Щетинина，Университеты в России и устав 1884 г. 1976. С. 331.

② Иванов А. Е. Высшая школа России в конце XIX-начале XX века. М.，1991. С. 392.

19世纪后期，沙皇俄国由于经济和传统的限制而发展落后，政府的力量不够扩大高等教育的总规模，不能满足民众接受教育的渴望和资本主义的经济需求，于是，由资产阶级知识分子发起，以部分非国有资金和高额学费为经费来源创办非政府性质的高校。非政府高校填补了国家教育体系的空白，包括妇女、学生（除参加学生革命运动和民族主义地区的代表）都能在这里获得高等教育，各种类型的大学生人数从1897年到1917年持续增长（在第一次世界大战期间，只能依靠非国立高校学生人数的增长，因为这时国家不得不将所有经济资源用于战争），但是广大民众接受高等教育的机会依然非常有限。

三、沙皇俄国时期的高校招生制度特点

俄国资本主义具有封建军事性的特征，这种性质自然决定了高等学校的等级性、其结构的畸形性以及其发展速度的有限性。① 俄国的高等教育发展缓慢，高等学校不仅数量少，而且布局也极不合理，少数民族教育的比例则更低。拥有1.6亿人口的大国在1914年仅有高等学校105所，学生12.74万人，② 其中分布在俄罗斯的高等学校72所，学生8.65万人，居民每万人中的大学生数量为10人。③ 绝大多数高等学校集中在莫斯科和彼得堡，而白俄罗斯、立陶宛、摩尔多瓦、亚美尼亚、阿塞拜疆、哈萨克斯坦、乌兹别克斯坦、土库曼斯坦、塔吉克斯坦、吉尔吉斯斯坦没有一所高等学校。到十月革命前的1917年，俄罗斯有高等学校150所，学生14.9万人，居民每万人中的大学生数量为16人。④

高等学校的招生原则和方法是高等学校同该社会的整个社会经济机体相互作用的重要内容，而在学生来源方面的具体政策，则集中反映了各种阶级力量的客观分布情况和所实现的社会政治纲领。⑤ 沙皇俄国的高校招生制度

---

① 王义高：《世界教育大系——苏俄教育》，吉林教育出版社，2000年，第134页。

② 吴式颖：《俄国教育史——从教育现代化视角所作的考察》，人民教育出版社，2006年，第369页。

③ Российский статистический ежегодник. 2014：Стат. сб. Госкомстат России. М.，2014. С. 197.

④ Российский статистический ежегодник. 2014：Стат. сб. Госкомстат России. М.，2014. С. 197.

⑤ В. П. 叶留金：《苏联高等学校》，张天恩、曲程、吴福生译，教育科学出版社，1983年，第298，299页。

带有鲜明的阶级性和等级性色彩。工农子弟被剥夺了享受高等教育的权利，男女在享受高等教育的权利方面也极不平等。1914年，在俄国仅有的8所综合大学的学生中，贵族和官吏的子女占38.3%，僧侣和资产阶级的子女占43.2%，上层富农的子女占14%，而广大工人、农民和劳动知识分子的子女仅占4.5%。[①] 高等教育基本上属于特权和富有有产阶层，广大民众接受高等教育的机会非常有限。

第二节　苏联时期的高校招生考试制度（1918—1991年）

1917年十月革命胜利以后，苏联走上了社会主义道路，消除了等级制度和特权统治。新建的社会主义国家百废待兴，急需各方面的建设人才，因此，高等教育的主要目标是培养大量忠诚为国家服务的无产阶级专家，高等教育的核心任务是实现高等学校的无产阶级化。苏联时期的高校招生考试制度，根据国家的需要和教育的发展做出了相应的调整和变革。从招生对象、入学考试和录取规则的变化上看，这一时期的高校招生考试制度共经历了以下五个发展阶段。

一、以工农为主，免试推荐入学（1918—1925年）

为巩固新生的社会主义政权，1918年8月2日颁布了由人民委员会主席列宁签署的《高等学校招生章程》，对高校的招生制度进行了根本性变革。法令规定，凡年满16周岁的公民，不分性别和民族，不限学历，不需入学考试，经相关组织推荐，均可以进入高等学校免费学习。[②] 这部法令废除了所有阻碍民众获得高等教育的限制，包括入读大学前的必要知识储备。法令受到了以前没有机会获得高等教育的广大民众的热烈欢迎，尽管在当时的社会经济条件下，全面普及高等教育是无法真正实现的。取消招生限制使得

---

① Е. Н. Геворкян, И. А. Правкина, Д. А. Усанов. Приём в вузы России. Как это было и что будет. Саратовский университет. 2008. С. 9.

② О правилах приема в высшие учебные заведения РСФСР: Декрет СНК РСФСР от 2 августа 1918 г. // Основные узаконения и распоряжения по народному просвещению. М.; Л., 1929. С. 403.

1918年的大学生数量达到15.78万人，但国内战争的爆发，导致1919年的大学生数量又急剧减少到5.54万人。①

这一时期，国家教育面临的主要任务是建立忠诚于无产阶级事业的知识分子队伍，吸引有才华、训练有素的青年掌握科学技术和文化知识，建立一种能把调节社会成分与选拔优秀青年上大学相结合的招生制度。

由于工人和农民受教育程度非常低，没有必要的知识储备，尤其是数学、物理、化学等精密学科的知识欠缺，因此，为确保入学新生具备足够的科学基础和必要的文化水平，教育人民委员部颁布指令，在高等学校开设辅助培训机构——预科，也称作工人系或工农速成中学。第一批工人系于1919年1月31日在莫斯科商学院开设并取得了成功。② 1920年9月17日的人民委员会决议规定各高校都要附设工人系，经过培养的工人系毕业生可以直接升入大学。1924年《工人系条例》得到了批准，工人系接收有3年以上学徒经历、年满18岁的工人和农民（不是1918年法令规定的16岁）。③ 1924年10月15日召开的全俄中央执行委员会第二次代表大会指出，必须解决申请者是否有资格入读大学的问题，重新调整高校招生制度，强调要发挥工人系的作用，还要考虑到自治区和少数民族的特殊性。在各加盟共和国广泛设立工人系，为当地民族青年入读大学做好必要的前期培养。④ 教育人民委员部规定，工人系是一种特殊的阶级类型学校。在招收工人系新生时，党支部要严格按照阶级原则执行，只有工人和农民才能享有受教育权，剥削他人劳动者无权享有。1921年实行医学系大学生按阶级录取原则，1922年推广到所有高校院系。工人系的开设和阶级选拔原则对促进高校学

---

① Е. Н. Геворкян, И. А. Правкина, Д. А. Усанов. Приём в вузы России. Как это было и что будет. Саратовский университет. 2008. С. 10.

② Об организации рабочих факультетов при университетах: Постановление НКП от 11 сентября 1919 г. // Основные узаконения и распоряжения по народному просвещению. М.; Л., 1929. С. 404-405.

③ Е. Н. Геворкян, И. А. Правкина, Д. А. Усанов. Приём в вузы России. Как это было и что будет. Саратовский университет. 2008. С. 11.

④ О мероприятиях по народному просвещению: Постановление 2-й сессии ВЦИК XI созыва. 15 октября 1924 г. // Основные узаконения и распоряжения по народному просвещению. М.; Л., 1929. С. 34.

生成分的无产阶级化起到了显著作用。①

免除学费和其他入学限制导致了大学生数量的急剧增长。由于国家的经济条件无法为所有想上大学的人提供学习机会，使得 1924 年的大学生数量开始减少。A. 卢那察尔斯基（А. Луначарский）指出，1924 年到 1925 年的大学处在严重的危机中，"我们现在为高等教育所承受的负担过重，我们应该合理分配好拥有的资源，这样至少能靠数量取胜"②。"高等学校几乎已经最大限度地节省开支，然而在建筑、设备、教学人员酬金、学生生活水平等方面，仍然处境非常艰难。没有什么能与我国人民的充沛精力相比，也没什么能与大学生的坚毅精神和无数科学教育工作者的献身精神相比，所有这些给了我们在极坏的物质条件下勉强维持的机会，因此，提高教师和学生的物质生活水平是必需的。"③ 于是，国家采取了一系列改善学生经济状况的措施，减少享受国家助学金的大学生数量，人数从 6.77 万人缩减到 4.7 万人，与此同时将助学金额度提高了 2 倍。提出物质保障不是面向所有大学生，而是最贫穷的无产阶级大学生；私营企业主、小资产阶级和部分职员（11% 的大学生）要缴纳学费。实际上 1918 年法令宣布的免费教育原则被部分取消了。④

二、部分取消名额分配，自由竞试入学（1926—1931 年）

苏联政府制定高校招生基本原则是从国民经济的需要出发，并充分考虑到社会和人口等各种因素。相关机构按部门和地区的实际需求和发展规划制订招生计划，并按计划分配所有名额，从而实现了高等学校在苏联境内的合理布局。

1925 年，苏联政府提出了实现社会主义工业化的目标，而现有的专家在数量和质量上都无法满足国家建设的需要。鉴于通过推荐制优先招收工农子弟已使高校学生的工农成分达到 61.5%，同时为了保证生源的基本文化

---

① О перестройке рабфаков: Постановление ЦК ВКП (б) от 16 мая 1930 г. // Основные узаконения и распоряжения по народному просвещению. М.; Л., 1929. С. 419.

② Г. Восканьян. О стипендиях и платности в 1924/25 учебном году. Красная молодежь. 1924. №3. С. 100.

③ Луначарский А. О положении высших учебных заведений в Республике. Красная молодежь. 1924. №1. С. 95.

④ Е. Н. Геворкян, И. А. Правкина, Д. А. Усанов. Приём в вузы России. Как это было и что будет. Саратовский университет. 2008. С. 12.

知识水平，1926 年首次实行了 60% 推荐、40% 自由报考的招生政策。① 规定除工人系毕业生外，所有年龄在 18 岁到 35 岁的申请者都必须参加招生考试，成绩合格者方能被录取。这种部分自由招生体制取代了之前按计划分配所有名额的方式，其中 60% 的计划名额主要分配给工人系毕业生、少数民族和加盟共和国代表、劳动知识分子、陆军和海军等，剩余的 40% 竞试名额供自由招生。② 提高申请者普通教育水平成了此时高校录取的主要特征。妇女在接受高等教育方面的不平等现象也有了根本改变，1926 年的高校学生中，妇女已占 28.1%。③

哈尔科夫国立经济大学的选拔方式是测试。测试时考生在自己认为正确的答案下面画线，这种方法的优点在于考试客观性强。④ 与口试相比，考生回答的问题更多，因此就更能准确地反映考生的知识水平，按照他们的成绩进行排名，实现了以少数老师评估大批学生的可能。同时采用统一的试题客观评估，可以使考生在同等条件下竞争，也使考生养成了简要准确的答题习惯。⑤

由于名额分配制影响了高校生源质量，进而影响到高校毕业生质量，因此，从 1927 年起，政府取消了招生名额分配制，但遵循区域划分原则和阶级原则，保留一定名额给工人系毕业生、加盟共和国以及极北和远东地区的少数民族代表。⑥ 同等条件下，工人、农民及其子女享有优先权。每个社会组织里，工会会员和拥有某行业工龄的人享有优先权。除此之外，还给知识分子保留一定名额，例如：公立高校招收 2.16 万名学生，其中给工人系毕业生保留 7805 个名额，给劳动知识分子及其子女保留 2382 个名额，剩下约

---

① 王义高：《苏俄教育》，吉林教育出版社，2000 年，第 266 页。

② Ходоровский И. Итоги приема в вузы и на рабфаки РСФСР в 1926 году. Красное студенчество. 1927. №4. С. 3-11.

③ В. П. 叶留金：《苏联高等学校》，张天恩、曲程、吴福生译，教育科学出版社，1983 年，第 302 页。

④ Соколин Я. А. К вопросу о новых формах приема в высшую школу. Научный работник. 1926. №11. С. 50-57.

⑤ Сушкевич А. К. Опыт применения тестов в высшей школе. Научный работник. 1928. №8-9. С. 32-40.

⑥ Абиндер А. И. К приему в вузы РСФСР в 1927 году. Красное студенчество. 1927. №10. С. 6-11.

40%的名额留给其他申请者。① 所有申请者均须参加俄语、数学、物理和社会学考试。莫斯科和列宁格勒的招生考试时间是 7 月 15 日到 8 月 5 日，而外省是 8 月 10 日到 25 日，这是为了那些在莫斯科和列宁格勒没有考上的青年有机会去考外省的大学。中等技术学校毕业生只要从技校毕业后满 3 年工龄，即可免试上大学。② 从这项政策可以看出，加强高校和技校的联系，使高校和技校的教学接近实际生产，使教育更符合国民经济各领域需求的原则趋向。③

1930—1931 学年确立了如下招生规则：高校招收所有年满 17 岁的公民，非劳动者子女和被剥夺选举权者子女除外。每所高校都要给工人系毕业生、培养工人上大学的训练班毕业生、中等技术学校毕业且至少工作 3 年的人、极北和远东地区的少数民族代表以及土库曼、乌兹别克、塔吉克等加盟共和国代表保留名额。(1) 免试申请者要满足以下条件：毕业于工人系、二级学校（严格遵循阶级选拔条件的九年制学校）和所有培养工人上大学的训练班（必须是在教育人民委员部注册的训练班）。(2) 只需参加社会学考试的申请者要满足以下条件：中等教育毕业且至少有 3 年教学工龄，愿意去学前教育、一级劳动小学和儿童教育部门工作。(3) 享有优先权的申请者要满足以下条件：工人和农民及其子女，科学工作者子女，在国家机关和国企工作的专家子女，以文艺工作薪资为唯一生活来源的文艺工作者、艺术家和雕塑家及其子女，工农红军官兵及国家政治保安局工作人员及其子女，在沙俄时期服苦役的政治犯和流放移民子女以及发明者等。④ 可以看出，报考大学时享受优惠政策的公民类别变得越来越广泛和具体。招生规则还规定，工程技术学院应招收不少于 75% 的工人，农业学院应招收 75% 的工人、长工和集体农庄庄员，还规定社会经济学院招收的工人应占 65%，医学院占 60%，艺术学院占 50%，师范学院占 40%，其中师范学院的长工和贫农数量应不

---

① Абиндер А. И. Основные положения приема в высшую школу РСФСР в 1926г. Научный работник. 1926. №4. С. 36-41.

② Жизнь высшей школы. Научный работник. 1929. №4. С. 115-118.

③ Янау В. К вопросу о проведении в жизнь решений правительства о реформе втузов. Красное студенчество. 1928-1929. №3-4. С. 2-4.

④ Новые правила наркомпроса о приеме в вузы РСФСР в 1930/31 учебном году. Красное студенчество. 1929-1930. №20. С. 16.

少于招生总数的25%。① 可见，招生规则按照不同的专业提前划分了学生的阶级成分。师范学院录取工农的比例较低与国家的需要密切相关。为了将来有更高专业水平的教师，师范学院需要招收最优秀的学生来培养。1930年中等和高等学校的工人、贫农、长工和集体农庄庄员的比例达到了80%~85%。②

三、全体公民自由报考、平等竞试入学（1932—1957年）

随着高校无产阶级化任务的实现，以及工农业的社会主义改造进一步加强，斯大林提出了"技术决定一切"的口号，要求加速培养高水平专家，赶超先进资本主义国家。要提高专家培养质量，就必须从高校和中等技术学校的招生开始抓起，因此，必须改变招生政策，以选拔最有学识素养和最有天赋的人为目标，以选拔、培养能够领悟和掌握国家政策，并为之努力奋斗的领导人才和工程技术人才为招生的重要原则。③ 1932年9月19日苏联中央执行委员会通过了《关于高等学校和中等技术学校的教学大纲和教学制度的决议》，规定凡报考高等学校的考生，不论其是否毕业于工人系和中等技术学校，均须参加高校入学考试，考试科目包括数学、物理、民族语和社会学。

1934年4月17日，苏联中央执行委员会颁布一项决议，要求苏联国家计划委员会在制订干部培养计划时，尤其要突出加盟共和国和各州在每个行业的干部需求。1935年12月30日，苏联中央执行委员会和人民委员会通过了《关于高等学校和中等技术学校招生的决议》，正式规定废除高校招生的阶级挑选原则，取消限制非劳动者子女和被剥夺选举权者子女进入高校和中等技术学校的规定，允许招收苏联全体公民。1936年6月23日，该招生条例被正式载入苏联人民委员会和联共（布）中央委员会的决议当中。这个决议保证了苏联全体公民享有免费高等教育的权利。高校招生工作在全体公民完全平等的原则下进行，不论性别、种族、民族、信仰、社会出身和财产状况，只要年龄在17岁到35岁，中等教育毕业并且通过入学考试的公民都

---

① Новые правила Наркомпроса о приеме в вузы РСФСР в 1930/31 учебном году. Красное студенчество. 1929-1930. №20. С. 17.
② Реформа высшей школы. Научный работник. 1930. №10. С. 87-94.
③ Шварц Г. Р. Навстречу учебному году. Красное студенчество. 1934. №7. С. 6.

可以上大学。① 决议同时确定了入学考试科目：俄语（书面作文）、语法、文学、外语、政治常识、数学、物理和化学。从1937年开始外语只能从英语、法语和德语中选一门。农业和经济学院还增加了地理考试，侧重人文专业（如历史、语文、法律）的大学增加了历史和地理考试，建筑和艺术学院增加了绘画和制图考试，音乐和戏剧学院也增加了相应的专业考试。在中学期间主要科目成绩优秀，同时其他科目（绘画、制图、歌唱、音乐、体育）都不低于"良"（五分制中得4分）的中学毕业生可以免试上大学。还规定了上大学必需的材料清单：申请书、中学毕业证书、身份证、战时服役证明（针对义务兵役人员）等。招生考试时间全国统一（7月20日到8月1日接收申请书，8月1日到20日招生考试，8月21日到25日录取学生）。高校校长负责招生准备、组织考试和录取新生的全过程，并成立招生委员会。招生委员会主席由校长担任，成员包括主管教学的副校长和两位教授。规定要求，校长和招生委员会的成员要熟悉每一位新生，并亲自检查他们的所有证明材料。

  从1939年的录取情况看，有些措施对招生工作非常有帮助，如与中学建立联系，召开中学应届毕业生座谈会，帮助他们了解大学的专业设置、教研室、科研室及实验室情况；请高校教师作报告；及时制作大学新生入学手册；等。在招生过程中，很多高校的名额数与新生数之比为1∶2.5，甚至1∶3，这是前期大量的宣传工作发挥了作用。② 这说明，应该从中学开始普及对专业的认识，使得每个考生都有机会了解任何一个专业，以减少新生因专业不理想而转学的情况。

  由于高等教育开支的不断增加以及人民物质生活水平的提高，1940年苏联政府决定，劳动者本人要承担部分学习费用，领取补助金的残疾人和领取抚恤金的人员及其子女可以免交大学学费。③ 收取的学费是对教育的投入，可以减轻国家财政负担，提高专家培养质量，促进教育事业的发展。

---

① Постановление СНК СССР и ЦКВКП（б）от 23 июля 1936 г. //Народное образование в СССР: Сб. документов 1917-1973. М., 1974. С. 427-433.

② Своевременно подготовиться к приему в вузы 1940 г., Вестн. высш. шк. 1940. №4. С. 1-4.

③ Постановление СНК СССР от 2 октября 1940 г. //Народное образование в СССР: Сб. документов 1917-1973. М., 1974. С. 176.

对于公立高校而言，卫国战争年代是最艰难的时期。很多高校疏散到东部地区，大量的青年被动员入伍，因此，1942年苏联政府决定暂时取消入学考试，1944年又重新恢复了入学选拔考试。尽管如此，录取人数仍超过战前水平。① 可见，战争年代为了扩大大学生数量，尤其是加大技术人才的培养，国家投入了大量资源。战后初期，苏联政府把恢复高校和中等技术学校的招生名额作为首要任务，1946年高校招生规划是19.5万人。招生考试结果显示，1946年新生的知识储备水平比前几年高出很多。②

1930年，苏联政府首次预测了国民经济对专家的长远需求，并制定了高等和中等教育发展规划。专家的需求决定了人才培养计划，不仅要选拔优秀青年上大学，还要根据已批准的计划补全所有专业的人才培养。1948年6月19日，高等教育部部长 С. В. 卡夫塔诺夫（С. В. Кафтанов）下达命令，高校招生数不准超过所制定的计划数。③ 50年代重新修订了高校和中等技术学校的人才培养计划，高校招生规模进一步扩大，1955—1956学年的大学生总数达到186.7万人，相比1914—1915学年增长了14倍，相比1927—1928学年增长了10倍。④

针对国民经济对各领域专家的需求，高校扩大了专业人才的培养范围，摒弃了强调专业性的教学方针，使大学生能够接受两个相关专业的培养。以前教学计划的主要缺点是：培养专业范围狭窄，没有充分考虑到大学生毕业后会在工业、农业、文化、教育等各个领域工作的实际情况。⑤ 1955年实行了教研组扩充，这不仅有助于节约经费，而且促进了科研力量的联合和制定统一的科研目标。高校还承担了为中学培养师资、提高中学教学质量的任务，派遣了至少80%的语文、历史、地理和生物系的大学毕业生以及60%的物理、数学和化学系的大学毕业生到中学当教师，在某些城市里师范学院和高校联合培养冷门专业的教师，师范学院培养5~10年级的教师，而高校

---

① Чуткерашвти Е В Длин А. М. Развитие советской высшей школы. Вестн. высш. шк. 1945. No 3. С. 41-46.

② Кафтанов С. В. Задачи высшей школы. Вестн. высш. шк. 1946. No 11-12. С. 1-10.

③ Во всеоружии встретить новый учебный год. Вестн. высш. шк. 1948. No 7. С. 1-3.

④ Лясников И. А. Некоторые соображения о потребностях СССР в специалистах. Вестн. высш. шк. 1948. No 4. С. 12-17.

⑤ Уроев М. Г. Новое в учебных планах университетов. Вестн. высш. шк. 1955. No 11. С. 28-33.

则优先培养高年级（8~10年级）的教师。① 这样就加强了高校和中学之间的联系，高校带头培养中学教师，解决了迫切的科学教育问题。

40年代初期，高校招生工作还有很多不足之处，如：大学生的培养与国民经济某些部门的专家需求相脱节；中学毕业证书上的分数与高校考试分数之间存在较大偏差；中学教学法和大学教学法之间存在脱节；中学对学生独立工作能力的培养不足；农村学校的教学质量差；等等。这些问题向高校工作者提出了一项任务，不仅要保证完成招生计划，还要巩固和培养学生的知识和能力。同时也说明，招生计划应该按照每个学校的整体情况以及每个系别和专业的具体情况来完成，新生第一学年的学习成绩成为招生成效的指标之一。高等学校招收中学成绩优秀的学生，在很大程度上减少了以后辍学的可能性，也是提高高等教育质量的重要前提条件。

1945年，高校招生章程规定获得金质和银质奖章的中学毕业生可以免试升入大学。50年代，中学的奖章获得者和优秀毕业生几乎占据了许多高校招生总数的四分之一。Н. Н. 纳扎罗夫（Н. Н. Назаров）指出，高校录取的最优秀的学生根本不是那些奖章获得者和优秀毕业生。他以格鲁吉亚工学院和莫斯科航空学院为例，格鲁吉亚工学院1956年招收的奖章获得者349人，其中有66人在一年级考试中成绩不合格。莫斯科航空学院第一学期结束后，15％的奖章获得者学习成绩不合格。② 换句话说，获得相同奖章数或者毕业证书上获得相同分数的中学毕业生，并不代表他们的知识水平是一样的。从1955年开始，金质奖章获得者可以免试升入大学，但对银质奖章获得者和优秀毕业生（占毕业生的5％）举行入学考试，对他们保留一门主要科目的口试和笔试，考试成绩良好以上可以升入大学。这不仅有助于选拔最优秀的学生，也有利于实现奖章获得者在各高校的平均分配。

50年代高校布局明显出现了比例失调的情况。在莫斯科、列宁格勒、基辅、第比利斯等大城市储备了相当数量的专家，比其他地区的专家数量要多得多，特别是中心地区的师范学院和外语学院过剩。将大量年轻专家从一个地区转移到另一个地区是当务之急，因此，政府缩减了中心城市的高校招

---

① Прокофьев М. А. Университет и школа. Вестн. высш. шк. 1958. №5. С. 11-15.

② Е. Н. Геворкян, И. А. Правкина, Д. А. Усанов. Приём в вузы России. Как это было и что будет. Саратовский университет. 2008. С. 29.

生数量，1956年缩减了15％，1957年缩减了20％。①

四、以招收有工龄青年为主，加强与生产的联系（1958—1963年）

随着苏联国民生产的快速发展，国家需要更多实践领域的专门人才，高等教育与生产相结合成为高校的主要任务，而且随着中等教育的逐渐普及，出现了中学毕业生升学与就业的矛盾。赫鲁晓夫执政后，苏联1958年开始了大规模的"教育走向生活"的运动，加强学校与生活的联系，促进普通教育与职业训练的结合，号召中学生毕业后先就业，同时改变高校招生政策，规定高校80％的新生，从具有2年以上实际工龄的青年中选拔，应届毕业生的招收比例不超过20％。②

新的招生制度在社会各界引起了广泛讨论，特别是在大学校长会议上进行了激烈讨论。有些人认为，只按照分数招生导致一些不知道自己能否胜任所选专业，不知道所选专业是否符合自己兴趣、性格和能力的人进入了大学。学生中学毕业后直接进入大学校门，等大学毕业再就业为时已晚。实践表明，有经验的专家都是那些拥有一定生产经验、检验过自己能力的人，他们完全知道自己要选择什么专业。Н. Н. 纳扎罗夫（Н. Н. Назаров）认为，这些人能更主动地掌握学习资料，大学毕业后能更轻松地完成所承担的工作。③ В. А. 萨莫赫瓦洛夫（В. А. Самохвалов）认为，从工作与报考专业相一致的生产者中补充大学生源更有可取性，高等教育应逐渐成为最后阶段的学习。④ 在谈到高等教育实施面授和函授教学形式时，他提出，首先进行面授，然后再进行函授的教育更具现实性。他还强调在中学体系中实施劳动教育。⑤

---

① Прокофьев М. А. Пути дальнейшего улучшения работы вузов. Вестн. высш. шк. 1957. №8. С. 3-10.

② Чшикин М. Г. Современной промышленности-инженера новатора. Вестн. высш. шк. 1958 №9. С. 5-11.

③ Назаров Н. Н. Широко открыть двери вузов для производственников. Вестн. высш. шк. 1957. №6. С. 3-6.

④ Самохвалов В. А. Втуз-завершающая ступень технического образования. Вестн. высш. шк. 1958. №11. С. 10-14.

⑤ Смирнов В. С. Речь идет о повышении теоретического уровня подготовки инженера. Вестн. высш. шк. 1958. №11. С. 14-16.

1955年，中学毕业后有2年以上工龄的生产者和完成了服役期限的复员军人，都享有上大学的优先权。1956年，在入学考试中专业科目取得良好以上成绩的生产者享有优先录取权，但这种保障还不够充分，乌拉尔工学院和斯维尔德洛夫斯克矿业学院招收生产者的比例仅为招生总数的6%。① 鉴于此，1957年的招生制度进行了更为彻底的改变，规定入学考试取得优秀成绩且至少有2年工作经验的人，可以不参加选拔直接进入大学脱产学习。参加过卫国战争的人、苏联陆军或海军部队的复员军人、父母在极北地区工作的人都享有这种权利。制度还规定高校招收生产者的数量应为招生总数的50%。招收生产者的优惠政策保证了大学生理论与实践的结合。

　　根据1958年12月24日《关于加强中学生与生活的联系以及进一步发展苏联教育体系的法令》规定，报考大学者必须提交由党派、工会及其他社会组织、工业企业领导人、集体农庄管理委员会出具的鉴定书，这是为了保证参加竞试选拔的是最优秀的、在生产方面最有能力的人。1959年9月18日苏联部长会议通过的《关于工业企业、国营农场和集体农庄参加高等学校和中等技术学校的招生以及为本企业培养专家工作的决议》规定，相同分数下，首先录取企业和团体选派的所需专业的先进生产者，并规定了这类人员的录取程序，他们可享受助学金，毕业后回原单位工作等，还规定了优先录取来自农村，报考农林、医学、师范等专业的考生。② 1960年高校招收的57.2%的学生都是在生产领域工作过2年以上的，他们分别来自工业、建筑业、集体农庄、国营农庄和集体农庄。③ 例如在乌克兰，他们几乎占到大学一年级学生总数的20%。招生委员会承担了一系列责任，如认真研究考生的申请材料，不仅要清楚他们的知识水平，还要了解他们对所选专业的兴趣度，在遵守招生规则的条件下选择最适合的、准备最充分的青年。④

---

　　① Е. Н. Геворкян, И. А. Правкина, Д. А. Усанов. Приём в вузы России. Как это было и что будет. Саратовский университет. 2008. С. 29.

　　② В. П. 叶留金：《苏联高等学校》，张天恩、曲程、吴福生译，教育科学出版社，1983年，第307页。

　　③ Готовиться к приему в вузы. Вестн. высш. шк. 1960. №3. С. 3-8.

　　④ Прокофьев М. А. Глубоко изучить изменения, происходящие в высшей школе. Вестн. высш. шк. 1961 №3. С. 3-6.

从这项改革中我们可以看出，苏联教育体系除了具有以工农为主的鲜明政治特点外，还有一个重要方面，即偏向于社会生产和社会实践。把理论教学与生产教学有机结合是苏联高等教育的原则，早在苏联初期就已经提出过要加强高校与生产联系的想法。在1925年1月12日出台的苏共中央委员会《关于高等学校的工作决议》中，《关于确立高等学校与生产联系的近期任务》指出："高等学校的主要任务是为生产实践储备人员，更广义的说法是为各个领域的生产提供人才。因此所有的教学建设和大学生活都应该尽可能与实践相联系，并且使这种联系逐年加强。理论知识、实践操作都在学校里进行，生产工作也应当与理论实践紧密结合。大学生的生产实践应该作为大学教学内容的一部分。"① 改革前的生产实践主要在大学基地进行，现在的实践活动直接在生产中完成。同时，大量青年参加生产劳动，经济任务也完成得更快更好。大学校长们面临的任务是与企业、集体农庄和国营农场建立联系，弄清楚哪些生产者将进入大学学习，并为这些生产者开设准备入学考试的预科班，预科设置的课程直接针对生产。②

加强高校与国民经济的联系，还有一项重要的改革成果，就是夜校和函授教育的发展。夜校和函授不仅是高等教育的一种形式，而且是提高劳动者业务水平的有力手段。工人和集体农庄庄员可以在不脱产的条件下，在工作以外的时间里获得提升职业技能的机会。1955—1956学年的不脱产学生总数为72万人，到1959—1960学年已增加到112万人。③

1961年3月21日苏联部长会议出台了《关于苏联高等教育的情况》，强调"不论种族、民族、性别、财产状况、社会地位、宗教信仰，以具有社会主义性质的苏联各民族文化发展为内容，以具有民族特点的形式，在保证高等学校与生活、生产紧密联系，保证学习知识与有益的社会劳动相结合的条件下，苏联高等教育实行免费政策"④。60年代初高校招生的又一特点是根据《关于大规模缩减苏联武装力量的新规定》，1960—1961学年和

---

① O работе высшей школы：Постановление ЦКРКП（б）от 12 января 1925 г.，Вестн. высш. шк. 1961. №10. С. 11.

② Столетов В. Н. Высшая школа РСФСР на подъеме. Вестн. высш. шк. 1960. №11. С. 3-12.

③ К новому подъему высшей школы. Вестн. высш. шк. 1961. №5. С. 3-8.

④ Новый важный документ. Вестн. высш. шк. 1961. №4. С. 6-7.

1961—1962 学年所有高校都免试招收复员军人，不论他们是否具有完整的军事或非军事教育，他们的实际招收数量远远超过了高校招生计划的规定。①

五、以招收应届毕业生为主，注重中学成绩和表现（1964—1991 年）

招收生产者的优惠政策保证了大学生理论与实践相结合，但由于生产者的知识水平低、基础差，大量学生中途辍学而使专家培养计划无法完成，高等教学质量严重下降，引起了社会的强烈不满。时任高等和中等教育部部长 В. П. 叶留金指出，高校招生时不仅要看学生的高考成绩，还要考虑其中学毕业证书上的评分。他认为，这样可以激励学生在中学学习时更加勤奋，并且可以更广泛地吸引有能力、爱劳动的青年进入大学。② 在此方针下，1964 年的高校招生政策做出重要调整，改为以招收中学应届毕业生为主，录取时不仅要注重考生的入学考试分数，还要考虑其中学获得的总评价，即中学（或中等技术学校）毕业证书上的平均分也计入总分数。毕业证书上全部科目的分数加在一起，除以科目数即得出平均分。例如，报考技术专业的总分数分别由普通科目（俄语、文学和外语）的高考得分、专业科目（数学、物理）的高考得分以及毕业证书上的平均分构成。新制度考虑到了考生在中学长期学习过程中的表现和品质，促进了中学生学习劳动的积极性，同时还减弱了入学考试中专业与非专业的差别，因为未来的专家应该是文化水平高、知识面广、学识渊博的知识分子。③

1965 年招生制度改革的重点放在考查学生对知识的掌握程度上。考试委员会的主要任务是考查考生是否做好充足准备，能否在大学学习期间掌握所有必需的知识而成为熟练专家。新的招生制度使得高校校长有权决定招收

---

① Готовиться к приему в вузы. Вестн. высш. шк. 1960. №3. С. 3-8.

② Елютин В. П. За новые успехи высшей школы. Вестн. высш. шк. 1963. №1. С. 3-7.

③ Немцов В. Ф. Вузам-новое, хорошее пополнение. Вестн. высш. шк. 1963. №4. С. 15-17.

多少中学毕业生、多少生产者。① 大部分系的入学考试科目是四门,其中两门是专业科目。获得金质和银质奖章的中学毕业生以及中等技术学校的优秀毕业生,只需参加一门专业科目的考试,成绩优秀(得5分)者,可以免试其他科目直接被高校录取;成绩良好(得4分)和合格(得3分)者,则仍需参加其他科目的考试。这样就把对优秀毕业生的优惠政策与测试其实际知识水平有机结合在一起。生产者和复员军人的选拔考试与中学生的选拔考试分开进行。

改革招生制度的目的主要是为了避免招收不合格的大学生和淘汰成绩差的低年级大学生。1965年第1期的《高等学校通报》指出,为生产者提供的特权不应该降低未来大学生的质量,不应该降低招生考试的要求。② 1959—1965年,斯维尔德洛夫斯克全日制大学被淘汰的大学生总数为8319人(平均每年淘汰率为7.5%),其中1958—1959学年淘汰率为4.6%,1962—1963学年已经达到7.4%。③ 鉴于这种趋势,М. Н. 鲁特科维奇(М. Н. Руткевич)提出有必要在高校实施国家监察以保证储备专家的质量,保证每所大学招收同样高水平的储备人才。作为减少淘汰率的方式之一,他认为入学者的知识水平应该成为选拔大学生的唯一标准。④

1969年苏共中央和苏联部长会议通过了《关于高等学校设立预科的决议》。决议规定预科学制分为两种:脱产学制为8个月,不脱产学制为10个月。教学采取全日制授课、夜间授课和函授等形式,全日制授课占主体。1970年的招生制度规定,对预科毕业考试的要求应等同于该高校入学考试,预科毕业生可免试升入该高校脱产学习。如果申请就读某专业的预科毕业生人数较多,那么应当为通过普通选拔考试的考生留出一定数量的名额,没有被录取的预科毕业生将被分配到其他专业。专业的选择不仅体现了考生的个人志向,也体现国家和社会对人才的需求。为生产者设置的预科在大学前准

---

① Прокофьев М. А. Вузам-хорошее пополнение. Вестн. высш. шк. 1965. №4. С. 16-17.

② Неустанно совершенствовать высшее образование. Вестн. высш. шк. 1965. №1. С. 3-6.

③ Руткевич М. Н. Почему студент не приходит к финишу. Вестн. высш. шк. 1965. №7. С. 22-30.

④ Руткевич М. Н. Почему студент не приходит к финишу. Вестн. высш. шк. 1965. №7. С. 22-30.

备教育中具有特殊意义。当然，60年代出现的预科虽然在一定程度上继承了苏联初期"预科—工人系"的经验和传统，但两者还是有很大区别的。苏联初期的预科是无产阶级的特权，它改变了大学生的阶级成分，成为由工农代表组成的知识分子队伍；而60年代的预科是为了加强高校与国民经济之间的联系，更有组织性地储备高水平实务人才。1970年苏联有191所高校为工人和农民开设了预科。这一时期预科共招收了2.05万人，其中全日制招收了1.59万人。①

制定招生计划是高校管理机构的一项既巨大又细致复杂的工作。70年代高校招生计划的目标是培养高技能专家，使之能够满足国民经济和科学文化领域的需求，在大学逐渐趋于专业化的情况下保证苏联拥有对口专家，优先发展全日制教学形式。执行高校招生计划和进行各类招生试验成了70年代的重点。

（一）进行各类招生试验

大学课程需要学生对事物本质有深刻直观的理解和认识，为了使中学生养成自我思考的习惯，60年代中期开设了物理学、数学专业的寄宿中学。寄宿中学的学生经过考试选拔，通过学习专业课程、参与专业课题小组、在现代实验室的实习等，使他们的专业知识得到加强。这类学校的教育过程是依靠学生的独立自主和自我觉悟，这种知识体系消除了中学与大学之间的障碍，从而提升了大学储备生源的质量。② 以 А. М. 高尔基（А. М. Горький）命名的基辅师范学院就是运用这种科学方法储备人才的典型。1974年，该学院的心理教研室采访调查了3178名新生，希望明确他们的专业方向、社会积极性、文化发展水平，以及入学考试成绩与中学学习成绩之间的联系。分析结果表明，入学考试取得最好成绩的是那些与学院建立了联系的中学毕业生。③

1974年以来，高校开始试行新的招生优惠办法。对中学阶段成绩优良、毕业证书上的平均分数不低于4.5分者，只需参加两门科目的入学考试。如

---

① Краснов Н. Ф. Важный этап в жизни вуза. Вестн. высш. шк. 1970. №6. С. 3-7.
② Колмогоров А. Н., Тропин Н. Т., Чернышев К. Б. Заботясь о достойном пополнении. Вестн. высш. шк. 1974. №6. С. 26-29.
③ Шашло Т. М., Левченко М. В. Главные аспекты связи. Вестн. высш. шк. 1974. С. 29-33.

果考试总分不低于9分，可以不用参加其他科目的考试，直接被高校录取；如果低于9分，则按规定继续参加其他科目的考试。① 1977年有274所高校参加了这个试验，在试验过程中出现了一些有趣的现象，例如在高尔基大学，选拔考试结果表明，超过60%的中学毕业生证书上的分数不可信，但考虑到已通过所有基础考试，参与试验的68.2%的考生都被录取了。另外，在241名奖章获得者中有163人，即将近70%的人只有一门考试取得优秀成绩，有17%的奖章获得者甚至没有通过基础考试。中学教师认为，这项试验很好地激励了9~10年级的学生，优秀的考生在第一场口试中就能脱颖而出。录取的新生都很顺利地通过了大学一年级考试，成绩要好于同年级的其他学生。这些指标表明试验是成功的。②

高校招生的计划名额，首先分配给取得优秀成绩的中学毕业生和在一门科目考试中取得5分者，其次是分配给两门科目考试总分不低于9分的试验参加者，其余名额由高校校长根据两大类考生所显示出来的知识水平和考生比例进行分配。两大类考生中的第一类是具有2年以上实际工龄者以及曾服役超过2年而退入预备役的军人；第二类是中等学校不久前的毕业生。分别组织竞试，充分保证那些在中学毕业后即参加创造物质财富和精神财富、巩固国防的青年享有接受高等教育的权利，因为他们没有在校中学生那样的优越条件来有目的地提高知识水平。③

（二）使用考试自动化系统

利用电子计算机，可以方便、快速地对考生的资料和成绩进行有效分析。每个考生在电脑上获得各自的题目，答案被保存在电脑里。考试分为两轮，第一轮是选拔性质的，考生需要依次解答20道相对简单的题目；第二轮则筛选出更优秀的考生，需要解答复杂的题目，体现出他们的逻辑思考习惯及知识的深度等。最后由招生委员会颁发考试通过证明，这份证明可以作为中学应届毕业生向各高校提交的入学申请材料。这种方式可以保证对中学

---

① Готовить специалистов, достойных нашей эпохи. Вестн. высш. шк. 1978. No 3. C. 7-11.

② Козлов В. И., Егоршин П. И. Что показал эксперимент на вступительных экзаменах. Вестн. высш. шк. 1978. No 7. C. 28-30.

③ В. П. 叶留金：《苏联高等学校》，张天恩、曲程、吴福生译，教育科学出版社，1983年，第306~307页。

应届毕业生的统一要求，排除主考官的主观因素，带来显著的经济效益。①80年代莫斯科经济统计学院继续完善入学考试的技术方法，虽然运用电子计算机从根本上加强了考试的客观性，但主观因素仍存在于口试考签中，消除主观因素被认为是最重要的任务，他们花了很大力气寻找制作口试考签的最优方式。②

相比1983年，1985年在数学科目使用自动化系统的高校数量从43所增加到96所，物理科目从16所增加到48所，化学科目从6所增加到22所。③几乎所有高校都采取了对中学应届毕业生的双重考查：一是借助电子计算机，二是传统的由教师考查。两种考查方式的结果显示：数学有89%的情况相吻合，物理有86%的情况相吻合，化学有88%的情况相吻合，两种考查都为不及格的情况为99%。招生委员会的工作人员指出，相比传统的招生考试形式，现在投诉数量平均减少了60%。同时他还指出，相比较而言，这种招生考试方式不能很好地体现考生的理论知识水平。④

1986年的计划是在一部分高校同时使用全国统一考试题目来组织入学考试。但统一考试中计算机技术的运用，并不能保证对考生有一个客观的评价。Н. Н. 帕霍莫夫（Н. Н. Пахомов）曾举过一个鲜明的例子：苏联国家监督委员会和苏联高等教育部的检查组指出，一方面进入全国任一所高校都要通过高水平的选拔考试，而另一方面却发现，一年级大学生的知识水平过低，两者之间存在着矛盾的现象。这说明在招生考试过程中仍然存在着舞弊和违规现象，只不过舞弊手段掩盖在技术操作的层面下。⑤

第一任苏联国家委员会教育副主席Ф. И. 佩列古多夫（Ф. И. Перегудов）指出，1987年国家监督局对63所高校的1.6万名一年级学生进行了知识水平调查。调查结果显示，有25%的学生不合格。伊万诺大农

---

① Венецкий Н. Г., Кремер Н. Ш., Лебедев Ю. А. С помощью подсистемы 《Абитуриент》. Вестн. высш. шк. 1975. No 7. С. 21-23.

② Татур Ю. Г. На повестке дня-вопросы приема. Вестн. высш. шк. 1985. No 6. С. 20-24.

③ Мирошникова Н. М., Никитин А. В. Внедряется подсистема 《Прием》. Вестн. высш. шк. 1986. No 6. С. 29-30.

④ Е. Н. Геворкян, И. А. Правкина, Д. А. Усанов. Приём в вузы России. Как это было и что будет. Саратовский университет. 2008. С. 47.

⑤ Пахомов Н. Н. Саморазрушение. Вестн. высш. шк. 1988. No 2. С. 84-90.

业与工程建设学院的学生数学测试不及格者占70%。他认为这与中学生被教会快速积累知识,而过不了几个月便忘光有关系,也说明招生委员会的工作不到位。① 数据证实,高校招生仍然存在走后门的现象,以及大学生没有个性特点的情况。

(三) 丰富招生对象和形式

1987年全国有30所高校进行了专业定向的招生试验。试验的目的是为了完善招生体制,吸引那些有清晰专业目标的、最有学识的青年进入大学。该试验以模拟考试的形式进行,对于有长期专业知识准备的中学应届毕业生,可以享有在入学考试前进行模拟考试的权利,特别是职业技术学校的毕业生也列入专业定向名额中。对于参与试验的学生而言,应获得三门科目考试总分不低于12分的成绩,即每门科目都要取得良好成绩。对于参与试验的多数高校来说,这一分数要低于该校的录取分数线。② 新的招生制度实行以后,相比1987年,1988年有2年以上实际工龄的入学者和复员军人的数量降低了9.9%,中学奖章获得者和优秀毕业生的数量则增长了9.7%。在莫斯科的中等技术学校和农业技术学校中有50.2%的奖章获得者和优秀毕业生通过了考试进入大学。③

1991年的高校招生章程进一步保障了民主性,强调以每个人的能力为依据,保障报考大学的全体公民的平等权利,原则上反对考生在高校录取中享有特权,强调首先应考虑的是考生的知识和能力。为此,高校应确定统一的录取分数线,贯彻普遍竞试的原则,保留中学金质(银质)奖章获得者、中等专业学校与职业技术学校优秀毕业生在录取中享有的优先权。新的招生规则对预科毕业生的录取作了重大修改,过去凡通过预科毕业考试者均可被高校免试录取,现在只有以"优秀"成绩通过毕业考试者才享有这种权利,其余人均应平等地参加高校入学考试,同时,取消全日制高校入学年龄在35岁以内的限制,允许已在高校就读的大学生根据自己的意愿报考第二所高校。规则还规定,各共和国的高等教育管理机关可根据地区的社会和经济

---

① Перегудов Ф. И. Успех зависит от каждого. Вестн, высш. шк. 1988. No6. C. 3-10.

② Чебышев Н. В., Фарбер Ф. Е. Как улучшить качество приема? Вестн, высш. шк. 1988. No9. C. 21-24.

③ Некоторые итоги приема в вузы. Вестн, высш. шк. 1988. No12. C. 15-16.

条件对示范性章程做出修改。①

六、苏联时期的高校招生制度特点

苏联作为世界上第一个社会主义国家,在政治、经济、文化、教育等领域都形成了独特的苏联模式。在社会主义政治和计划经济体制下,高校招生考试制度体现出明显的计划性和阶级性。政府主导,自上而下,根据国家需要和具体国情制定招生政策,并在实施过程中不断加以调整、修改和完善,既取得了丰硕的成果,也经历过一些失败。从上述五个发展阶段可以看出,苏联政府努力推进高校的社会主义改造,加强高等教育与国民生产的联系,解决生源数量与质量、个人利益与社会需要之间的矛盾,通过高校招生工作促进社会主义国家建设和科学文化的发展。苏联在国家统一管理与高校自主相结合、注重考生的中学成绩和综合能力、制定各类特殊政策和优惠政策、重视青年的职业定向以及大学前准备教育独具特色等方面积累了相当丰富的经验,形成自己鲜明的特色和风格。

(一)统一管理与高校自主相结合

苏联时期国家虽然不实行全国统一考试,但是实行全国统一的招生方针。高教部每年发布《高等学校招生章程》,对全国高校的招生事宜做出统一的具体规定,全国高校都必须遵照执行,实行统一集中管理。与此同时,高等学校拥有很大的自主权,享有独立自主的招生、考试和录取的权利。各高校都设立招生委员会,招生委员会成员由校长、分管教学的副校长、各系主任、教研室主任、教师代表以及党、团、工会组织的代表等人组成,每两年换届一次。招生委员会下设考试委员会和选拔委员会,根据教学大纲自行命题、自行主持考试、自行录取,并负责处理和解决与招生有关的一切事项。这种统一管理与高校自主相结合的方式不仅有利于加强国家的统一领导,还有效发挥了高校的积极性和主动性,有利于高校挑选合格的学生,形成自己的办学特色。

(二)注重考生的中学成绩、实践经验和综合能力

苏联高校录取新生的总原则是竞试选拔,大多数考生除了要参加入学考

---

① 邱洪昌、林启泗主编:《十国高等学校招生制度》,航空工业出版社,1994年,第111~112页。

试，还要参加竞试（通常在入学考试合格者中进行），主要依据入学考试成绩和中学学习成绩，同时参考德育、体育及实践等其他因素，综合选拔，择优录取。高校招生十分重视考生中学阶段的学习成绩，中学成绩与高校入学考试成绩同等重要，各占50％的比重。① 为了能够客观选拔最优秀的学生，招生章程规定在同等条件下优先录取：在相关专业有2年以上实际工龄者；部队退役人员和中小学教师；在中学毕业时获得金质（银质）奖章者；在相关知识领域表现出众者；参加奥林匹克竞赛和各类比赛的获奖者；先进生产者；发明创造者；等。这种不仅仅依据一次性的入学考试成绩，还非常注重考生中学阶段成绩及考生实践经验和综合能力的做法，不但有利于对考生做出客观公正的评价，而且可以激发中学生勤奋学习的热情，促进对技术创造感兴趣和有实践经验的人员进入高校学习，不断提升自己的专业能力和业务素养。

（三）制定各类特殊政策和优惠政策

为支持边远地区、少数民族地区和农村地区的发展，国家通过制定特殊政策和优惠政策，以及扩大招生来源和招生名额等办法，用以计划、统筹和调剂大学生的培养，满足社会经济和文化建设的需要，主要包括：（1）为发展少数民族地区的科学、文化和生产，培养少数民族干部，高校直接免试录取全国各地区的少数民族代表，以促进各民族文化的相互交流和统一的科学文化的传播及发展。（2）为解决农村地区和边远地区缺乏专业人才的问题，采取扩大农村青年招生名额的办法，优先录取报考农村大量需要的农业、林业、师范等专业的考生。把招生来源和毕业分配结合起来，实行定向招生、定向分配。这些青年从高校毕业后，便回到本地区从事与所学专业相关的工作。（3）对于国家急需的复杂、稀缺的新专业，实行免于竞试的录取制度，高校根据计划给这类考生留有一定名额。对于工作条件艰苦、报考人数少的短缺专业，如石油、天然气、冶金、采矿等专业，采取免试入学或免试部分科目的办法。

（四）重视青年的职业定向

苏联非常重视中学生的就业和升学指导工作，对中学生的职业指导是苏联高校招生工作的一大特色。高等学校的招生是全部社会关系再生产过程的

---

① 王秀卿编著：《高等学校招生考试理论研究》，航空工业出版社，1994年，第425页。

一个阶段性的环节。这是因为这种社会关系的基础是社会劳动分工制度，而高等学校则是形成一定的社会劳动分工的主要渠道。① 高校的招生工作正是从入学考试前的职业定向活动开始的，这是一种积极的、有明确目的性的系统活动，已经发展成为选择职业和进入高等学校前的准备活动，包括：向中学毕业生介绍职业信息，组织职业预选，做好进入高等学校学习的各种准备，培养学生的劳动态度和创造精神，等等。高校在招生时不仅把自己的工作放在挑选新生上，而且帮助青年了解所选择的职业内容和本人能力，并竭力帮助他们实现自己的理想。招生委员会成员必须亲自同每个考生进行谈话，了解其来该校求学的意向并对其未来专业的选择提出建议。师范学院的招生委员会必须在中学生中开始职业定向工作，以便吸引更多的优秀青年报考高等师范学院。

高校对青年的职业指导是采用长期的方式，一般会同教育部门、职业技术部门、企业和事业单位一起举办职业指导讲习班、学习小组等，以便使学生参加到职业活动或与之相近的活动中来。这些活动为学生提供了显示和发展兴趣、志向和才能的机会，帮助他们做好进入高校学习的各种准备，对学生产生了一定的教育作用，如阐明各种社会劳动的价值，指出这种劳动的复杂性，消除对职业的片面、错误认识，使中学生了解所选择的职业内容和本人能力，明确未来的职业方向和奋斗目标。

（五）大学前准备教育独具特色

为生产者设置的预科，在大学前准备教育中具有特殊意义。苏联有预科和升学预备班两类进入高等学校前的准备教育，它们相互补充，满足了考生进入高校学习的需要。预科的招生对象是具有中等教育程度的先进工人、集体农民和武装部队的复员军人，学员由组织推荐，高校择优录取。学员享有与大学生同样的权利。学制分为两种：脱产学习为8个月，不脱产学习为10个月。教学形式采取全日制授课、夜间授课和函授等三种形式，全日制形式占主导。给学员开设的课程基本是该高校规定的入学考试科目，预科结束时按教学计划的规定组织毕业考试，毕业生免试进入该高校学习。这样就

---

① 邱洪昌、林启泗主编：《十国高等学校招生制度》，航空工业出版社，1994年，第93页。

保持了"普通学校—生产单位—预科—高等学校的连续性",预科的主要价值、优点和功绩在于这种大学前教育形式所具有的选择性和明确目的性。①预科促进了工人和集体农民的社会流动,发挥了重要的社会职能作用。

升学预备班是一种灵活的大学前教育形式。凡志愿者都可以入学,没有人数限制,遍布于全国各地。预备班学习期限可长可短,通常为1~10个月,教学多采用夜间、假日授课形式和函授形式,充分考虑到学员的兴趣和需要,但预备班的毕业生在考大学时不享有任何特权和优待。

同时,苏联注重高等教育与中学教育的衔接,许多高校与中学建立了经常性的密切联系,目的是培养和挑选更好的生源。除了开设预科和升学预备班,一些高校还设立附属学校或小系,被称为"青少年学校",目的是在青少年中普及知识并对中学生进行职业定向培养,对其要报考的院系和专业进行针对性培训。高校还在中学组织"少年数学家""少年化学家""少年物理学家"等课外小组,组织教师和大学生到中学进行就业和升学指导。

还有一些高校采用发现、培养最有才华的青年与早期职业选择相结合的方式,举办奥林匹克竞赛和其他各类竞赛。奥林匹克竞赛的参加者有普通中学、职业技术学校、中等技术学校的学生及青年工人和农民,竞赛的获胜者和获奖者有可能被吸收到该大学附设的专门学校学习,毕业后通常能顺利进入该大学深造。②

(六) 社会各界广泛参与高校招生

苏联高校招生工作还有一个突出特点,就是在招生工作的各阶段广泛吸收社会各界参与。在报考时,考生需向高校提交一份由社会组织和有关领导出具的鉴定,帮助考生客观评价自己的才能,正确选择未来的专业。社会各界还广泛参与高校招生委员会的工作,不仅包括党、团、工会的代表,还有地方党组织、机关、社会团体的代表。录取工作是采取逐个研究、集体讨论做出决定的方式,社会各界代表发挥很大的作用。③

---

① В. П. 叶留金:《苏联高等学校》,张天恩、曲程、吴福生译,教育科学出版社,1983年,第319页。

② 邱洪昌、林启泗主编:《十国高等学校招生制度》航空工业出版社,1994年,第95页。

③ В. П. 叶留金:《苏联高等学校》,张天恩、曲程、吴福生译,教育科学出版社,1983年,第311页。

第三节　俄罗斯联邦初期的高校招生考试制度（1992—2000年）

1991年12月25日，苏联解体，俄罗斯联邦成为一个独立的主权国家，并且继承了苏联的大部分教育遗产。俄罗斯在政治、经济体制上进行了实质性变革，从议行合一的一党制政治转变为三权分立的总统集权制，从计划经济转变为市场经济，这对高等教育产生了深远影响。在社会动荡、经济滑坡、教育质量下滑的大背景下，为适应新的政治体制改革和市场经济的要求，俄罗斯进行了一系列的教育改革和探索。1992年颁布的《俄罗斯联邦教育法》、1996年颁布的《俄罗斯联邦高等及大学后职业教育法》以及其他相关法规，从法律上保障了教育改革的顺利进行。同时，非国立高等教育的复苏、兴起以及法律地位的确立，对俄罗斯高等教育的发展和社会经济建设都具有重要意义。俄罗斯公民可以通过两种方式获得高等教育：一种是在国立和市立高等学校享受免费高等教育；一种是在国立、市立和非国立高等学校接受付费高等教育。俄罗斯联邦的高校招生考试制度按照入学考试的组织形式和招生特点，可以分为高校自主招生考试和国家统一考试两个发展阶段。本节着重介绍第一阶段——高校自主招生考试，第二阶段——国家统一考试将在第三章做专题介绍。

一、高校自主招生考试

俄罗斯联邦独立初期，基本上承袭了苏联的招生考试制度。教育部每年发布全国统一的高等学校招生章程，规定国家政策、考试要求、录取条件等，并和其它部门共同确定公费生人数。各高校根据章程单独举行入学考试，自主录取。各校制定本校的年度招生计划和考试安排，公布本校的招生简章，明确招生专业、每个专业的公费生人数、定向培养人数、自费生人数，每个专业的考试科目、考试类型、申诉条件、宿舍情况等，还必须向考生展示学校的教育许可证、国家认证、颁发学历证书的资质等。

高校成立招生委员会，招生委员会主席由校长担任，下设考试委员会和选拔委员会。委员会的职责由高校自主决定，招生委员会主要负责总体领导和决策监督；考试委员会主要负责组织入学考试；选拔委员会主要负责选拔录取。

为举行入学考试，高校每年都要成立各相关科目的考试委员会。委员会由本校最有经验的教师组成，在特殊情况下也可聘请外校教师参加，长期从事补习工作的教师不得参加考试委员会的工作。委员会成员由校长以命令形式批准，成员每年应更新50％以上。考试委员会负责人应承担下列职责：（1）挑选造诣高深的主考人员；（2）指派成员对考生进行辅导；（3）为每一批考生编写必要数量的口试考签和拟定笔试考题；（4）拟定考试程序，根据考试大纲对考试结果的评定提出统一要求，并使所有主考人员熟悉这些要求；（5）指导和监督考试进程；（6）向招生委员会作总结报告，说明考生知识水平的优缺点。[①]

招生委员会主席批准考试大纲和专业考试目录，考试科目和形式要能够甄别出考生的优劣，可以多种考试形式兼用，以区分考生的知识水平。入学考试的科目、科目数量和考试形式，因专业和学习方式的不同而不同。考试科目主要有：俄语、文学、数学、物理、化学、生物、地理、俄罗斯历史、社会、外语等。俄语为每个专业必考科目，考生还要根据专业要求参加2～4门专业科目考试。所有科目（不包括艺术和体育专业）的考试范围不得超过国家规定的教学大纲。考试可以采用笔试、口试、面试、测试、观摩等形式，通常采用口试、笔试或同一科目口试加笔试的形式。考生有权利使用俄语或联邦主体的语言答题。

各科目考试多以口试为主。口试时，由考生自己抽签决定要回答的问题，除此之外，还要回答考官现场提出的问题。这不仅要求考生具备扎实的基础知识，还要有良好的临场反应能力，这是对考生表达能力、思维能力等综合素质的考核。考试成绩使用五分制：5分为最优，4分为良好，3分为及格，2分以下为不及格。[②] 部分考试科目必要时可采用"及格"与"不及格"二级评分制。为保证评分的公平公正，考试委员会负责人对评有5分和2分的全部考卷进行检查，其他考卷则抽查5％。入学考试口试或笔试的评分只有根据招生委员会的决定，并经考试委员会同意后才能更改，更改口试评分时须有考生在场。

---

① 邱洪昌、林启泗主编：《十国高等学校招生制度》，航空工业出版社，1994年，第106页。

② 丁昌利：《俄罗斯高校招生考试制度发展及趋势研究》，厦门大学硕士学位论文，2007年，第15页。

在继承了苏联招生考试制度的基础上，由于政治、经济体制的深刻转型所带来的新情况、新问题，俄罗斯的一些招生考试政策也相应发生了变化。

1) 招生对象内涵延展。《1995年俄罗斯联邦高校招生章程》中明确规定"高等学校可以用计划内名额在竞试基础上招收居住在前苏联各共和国境内的公民"。也就是说，前苏联各共和国境内的公民如被俄罗斯国立高等学校录取，则享受和俄罗斯公民同等的免费高等教育的权利。

2) 入学考试发生变化。(1) 突出重点、简化手续。入学考试的科目通常为 2~5 门，高校招生委员会可以将部分考试科目列为重点考试科目，只根据这些科目考试（通常为笔试）的总分录取，其他考试科目采用"及格"和"不及格"的二级评分制。(2) 考试对象范围扩大，招生要求更加严格。以前凡是与机关、企业、组织签订合同的定向生和自费生无须参加入学考试，只要顺利通过面谈就可录取；或者虽未通过入学考试，但只要愿意交更多的学费也可被录取。但从 1995 年起，包括自费生、免予竞试者和享受优惠者在内的各类考生，均须参加入学考试。(3) 入学考试的形式更加多样。以前入学考试的形式主要是笔试和口试，现在入学考试包括考试、谈话、测试、听、看（观察）等各种形式，可以综合考查考生的知识水平和思维能力。(4) 考试时间错开。重点大学的入学考试时间从 6 月开始，而普通高校的入学考试时间从 7 月开始，这样方便考生做出选择和安排。①

3) 招生类别放宽。根据规定，公立高校可以在预算拨款的计划名额内划分公费生和定向生，并在计划外招收一定数量的自费生，自费生的招生数由各高校根据本校的接收能力而定。随着高校中自费生数量的迅速增加，高校在招生中的自主权进一步扩大。

二、录取方式多样化

在俄罗斯，学生进入大学一年级学习，必须具有中等（完全）普通教育或者中等职业教育毕业证书。大学一年级和之后的年级还接收具有高等或者非全日制高等职业教育毕业证书的人员，以及具有未完成高等职业教育的高等学校证明的人员。高校采用多种录取方式：普通竞试录取、面试录取、通过入学考试而免于竞争选拔的录取、免试录取、单独竞试录取、缩短学习期

---

① 何锋：《俄罗斯高校招生考试制度：承袭与改革》，《国际观察》1999 年第 2 期，第 55~56 页。

限的录取、集中测试录取等。

（一）普通竞试录取

按照国立和市立高等学校的招生规则，报考者必须具有中等（完全）普通教育或者中等职业教育毕业证书。高校根据报考申请在竞试选拔的基础上录取新生。选拔的条件应当保证遵守公民的教育权，保证录取按照相应等级大纲准备更充分、更有能力的公民。国立高校的公费生比例占54%～67%。在竞试选拔的基础上，军队退役人员享有录取的优先权。[①]

（二）面试录取

中学和初等、中等职业学校的奖章获得者有专门的高校入学考试程序。他们根据面试成绩升入大学（除高校规定的职业方向的入学测试外）。通常，面试按照一次通过的方式进行，如果没有通过面试（没有得到优秀评价），有权参加普通竞试录取。奖章获得者占国立高校公费生名额的10%。

为了保证奖章授予环节的公平公正，教育管理机关规定，对申请奖章者进行单独的中学毕业考试，需和同班同学分开，有时要到其他城市参加考试。在毕业考试的过程中，对申请奖章者进行特别监督。这样既能证明奖章获得者的实力、享有录取优先权的说服力，还可以提高奖章获得者的地位，甚至在高校中的地位。但随着奖章获得者的数量不断增加，其知识水平也不断下降，在教学过程中有大约80%的学生被归为"奖章获得者"，但只有30%～50%的奖章获得者被证实名副其实，这说明奖章授予机制产生了腐败。

（三）通过入学考试，免于竞争选拔的录取

在顺利通过国立和市立高校入学考试的条件下，以下人员可以免于竞争选拔而被直接录取，享受相应的国家财政教育拨款：

（1）年龄在23岁以下的孤儿和没有父母照顾的留守孩子；

（2）根据国家医学鉴定机构的鉴定，不影响在相应教育机构接受教育的Ⅰ类和Ⅱ类残疾人；

（3）一方父母是Ⅰ类残疾，家庭平均收入低于其所在联邦主体规定的最

[①] А. С. Заборовская, Т. Л. Клячко, И. Б. Королев, В. А. Чернец, А. Е. Чирикова, Л. С. Шилова, С. В. Шишкин. Высшее образование в России: правила и реальность. М.: Независимый институт социальной политики, 2004:38.

低生活保障的、未满 20 周岁的公民；

（4）经部队领导推荐，参加过军事行动和在军事行动中伤残的部队退役人员。

此外，法律还赋予一些受到辐射伤害的公民免于竞争选拔而进入大学学习的权利，主要指参加切尔诺贝利核电站事故清理工作的人员、在"灯塔"联合企业工作的人员及其他类型的人员。

免于竞争选拔享受国家财政拨款的人员约占 5%，其中残疾人约占 0.8%。在一些专门化培养的学校里，例如培养残疾人或居住在受辐射污染地区的公民，其免于竞争选拔的录取比例还要高出几倍。这些人员常常进入最好的专业，有时导致没有公费名额提供给通过普通竞试的申请者。①

（四）免试录取

某些规定类型的军职人员和中学生奥林匹克学科竞赛（简称"奥赛"）的获胜者享有免试录取的权利。

《俄罗斯联邦军职人员地位法》规定，按合同服完兵役的退役军职人员、总服役期达到 15 年及以上的军职人员、在车臣共和国及周边属于武装冲突区域的北高加索地区完成任务的军职人员等，有权免试进入大学，享受预算内的公费教育。

全俄中学生奥赛获胜者和获奖者、参加国际奥赛的俄罗斯国家队成员可以免试直接进入国立和市立高校，按照与奥赛科目一致的专业接受定向培养（专业化培养），这样的人员数量不多，约占 1%。教育管理机关和地区校长联合会共同建议举办市级、地区级、区域级和联邦级的中学生奥赛和专业竞赛，扩大免试直接进入国立和市立高校的范围。

一段时间，俄罗斯曾广泛开展了每所高校单独举办本地区内的奥赛活动，获胜者有权进入该高校学习。很显然，这对于那些居住在奥赛地区以外的中学生不公平，破坏了公民上大学的平等权利。因此，只有与联邦主体教育管理机关签署协议的、由校长联合会主办的地区中学生奥赛成绩（针对获胜者）方可作为高校入学考试成绩。由于高校用于奥赛的经费有限，并不是所有地区都举办这种奥赛。

---

① А. С. Заборовская, Т. Л. Клячко, И. Б. Королев, В. А. Чернец, А. Е. Чирикова, Л. С. Шилова, С. В. Шишкин. Высшее образование в России: правила и реальность. М.: Независимый институт социальной политики, 2004：41.

另外，作为对规定招生计划的补充，以下两种情况的招生录取工作在整个教学年度都可以进行：（1）具有不完全高等教育或高等军事教育的人员进入国立高校的一年级和之后的年级学习；（2）具有中等（完全）普通教育或中等职业教育的人员进入国立高校的预科部学习。

（五）单独竞试录取

1. 定向招生

定向招生指的是根据单独的考试和专门划分的名额来录取学生。高校可以在预算拨款的范围内，划分出定向招生的名额，并且为此组织专门的考试。高校同国家权力机关、地方自治机关签署在定向招生框架下的人员培养协议，由这些机关确定定向招生的名单。定向招生用以满足地方政府的人才需求，以及平衡农村和城市中学毕业生培养水平的差异，保证培养某些领域内的专业人才，首先是教师、医务人员等。

2001年定向招生名额大约占计划内名额的9.13%。通常，定向培养的支出由联邦预算资金拨款。在有些情况下，定向培养的支出全部或部分依靠联邦主体的财政预算和地方财政预算。[①] 每个专业的定向招生名额是预先确定的，确定时间不迟于录取前一个月，定向名额不能在考试或录取过程中增加。定向招生是在申请定向培养的人员中进行竞试选拔。如果不能保证选拔的范围和人数，招生委员会必须减少划分出来的定向名额，并且将减少的名额和录取的人员告知相应的国家和市政权力机关。没有通过定向选拔的人员，可以参加任何类型的普通竞试选拔，而空余的定向名额，可以提供给通过了普通竞试选拔的人员。

在高校里接受定向培养的大学生，通常在入学后须同派遣其定向培养的权力机关签署协议，并且按照该协议工作一定年限，通常为3年左右。但是，90年代这项规定成为了一种形式，表现在定向生即使拒绝分配就业，也不会受到任何制裁，定向学生有了自由就业的权利。

2. 定向委托培养

定向委托培养的主要任务是满足企业、单位和机构对高技能人才的需求，其财政拨款首先是依靠指定的预算资金。接受定向委托培养的人来自联

---

① A. C. Заборовская, Т. Л. Клячко, И. Б. Королев, В. А. Чернец, А. Е. Чирикова, Л. С. Шилова, С. В. Шишкин. Высшее образование в России: правила и реальность. М.: Независимый институт социальной политики, 2004：45.

邦预算和俄联邦主体预算的公费生。定向委托培养协议在考生录取到预算内名额之后签署。因此，定向委托培养的人员不像定向招生那样单独选拔，而是在普通竞试基础上录取。进入大学以后，定向委托培养人员同高校和未来的用人单位签署协议，按照该协议在符合其教育水平和专业的岗位上工作一定年限。在大学学习期间，高校和用人单位按照协议提供津贴、住宿优惠、支付补充奖学金等。对于毕业后未履行协议的人员，要向高校和用人单位赔偿其按协议获得的各项有关费用和开支，但是有相当多的人被免于赔偿上述费用。

对于各单位需求的专业人才，法律有相关规定：用人单位根据协议向高校输送人员，这些人员在毕业后到该单位指定的企业工作，完成协议规定的工作年限（一般不少于3年），经与劳动集体委员会和社会组织协商，由企业领导完成人员的选拔和派遣。企业可以同高校大学生、高校预科生签署单独的定向培养协议。

由于各种原因，定向招生和定向委托培养机制并不能解决用人单位的人才保障问题和各地区的社会经济问题。定向委托培养机制已逐步取消，因为考入预算内名额的大学生，通常不愿意同高校和用人单位签署协议。为了解决专业人才的保障问题，俄教育部采用改良后的定向招生机制。根据该机制，定向生应当同高校和拟录用他的权力机关签署三方协议。为此，俄政府通过了《关于采用定向奖学金和组织高校定向招生的决议》，一方面，可以建立为有需求的大学生提供财政支持的补充机制，另一方面可以在"需要的时间获得需要岗位的专业人才"。如果定向生违反协议，应将自己在大学学习的费用全额返还给国家。

（六）缩短学习期限的录取

在国立和非国立高校还可以缩短学习期限，按照简化和速成大纲培养学生。简化大纲针对的是具有相关专业中等或高等职业教育程度的人员，速成大纲是针对能够在较短期限内完全掌握高等职业教育基础教学大纲的大学生。在某些情况下，也称作简化速成大纲。

1996年的《俄罗斯联邦教育法》没有对简化、速成和简化速成大纲做出明确的区分，只是在第24条第3～4款中强调"具备对口专业的初等和中等职业教育程度的人员，可按简化速成大纲接受高等职业教育"。

在高校的招生录取中，划分出按照简化教学大纲培养的具有相关专业中等或高等职业教育程度者，并对他们进行单独的选拔，录取后分到专门成立的按照简化教学大纲培养的班级。这类人员占预算名额的 12%～20%。同完整学习期限的录取相比,高校有权改变这种缩短期限录取的人数、名单和入学考试的形式,这常常导致入学考试被简化。许多高校有意识地支持这种情况,这促使许多出身低收入家庭、想要获得高等教育的青年首先选择了中等职业教育。

(七) 集中测试录取

集中测试是俄联邦集中测试中心负责研发测试题库、学生自愿参加、客观评价知识的方式。考试题型分为基础题和提高题,分为笔试和机试两种形式。集中测试成绩可以作为中学的毕业成绩,也可以作为高校招生录取时的依据。从 1995 年开始,集中测试实行商业运作,以学生付费为原则。1996 年 12 月,教育部颁布《俄罗斯普通与职业教育第 537 号条例》,建议高校采用集中测试成绩作为录取依据之一。2003 年颁布的《俄罗斯联邦国立高等职业教育机构(高等教育)招生条例》中,明确规定高校可以依据集中测试成绩录取新生。1997 年有 1 万人,1998 年有 2.44 万人,1999 年有 4 万人根据集中测试成绩被高校录取。之后因使用面较窄,参加集中测试的人数连年下降。不过,集中测试实行了 10 余年,在考试方法、考试技术和社会对标准化测试的接受程度等方面为国家统一考试的实施奠定了一定基础。①

除上面介绍的录取方式外,俄罗斯的部分高校还存在着以下几种招生考试办法:②

1. 单独招生

一些著名高校,特别是一些热门系科(如金融、经济、外交、外语、艺术专业等)向社会单独招生。高校自定考试科目、范围和要求,自主命题,考试形式为笔试和口试,考试内容要求较高。这些学校和系科的升学竞争激烈,入学考试要求高、难度大。

2. 部分高校联合招生

一些生源不足的高校或系科,在与地区教育管理机关商定后于每年四月

---

① 杨广云、高燕:《俄罗斯国立高校三种入学考试制度之博弈》,《教育与考试》2009 年第 2 期,第 51 页。
② 张男星:《俄罗斯高等教育体制变革》,吉林教育出版社,2002 年,第 57～59 页。

提前联合招生。因各高校或系科要求的科目不同，所以联合招生设置的考试科目较多。考生可报考一所高校，也可同时报考多所高校。联合招生考试内容以中学教学大纲的要求为准，考题相对容易。参加联合招生的高校多属工科院校或综合大学的非热门系科（如数学、物理专业等）。联合招生的办法对高校来说比较简便。

3. 高校与中学协议招生

部分高校或系科根据自己对生源的要求，与一些重点中学或普通中学的重点班协议招生。这些高校与中学联系密切，参与中学的教学，与中学共同商定教学计划，派高校教师到中学讲授有关课程。这类中学或班级的学生，其毕业考试与升学考试合二为一，通过考试可对口升入协议合作的高校。考试科目、内容和考题由中学与高校联合确定，考试内容要高于中学教育大纲的要求，以适应这些高校或系科的需要。

4. 自主招收自费生

除了公立高校可以招收一定数量的自费生外，《俄罗斯联邦教育法》允许利用社会力量办学，一批非国立高校应运而生并迅速发展壮大。非国立高校所设专业多为热门专业，对中学毕业生具有一定吸引力。这些学校均具有独立自主招收自费学生的权利，一般情况下，只要向高校提供中学毕业证书和各科学习成绩，经该校审查合格后便可被录取。有些高校根据专业要求还需对考生进行简单的笔试或口试，再进行录取。2000 年，国立和市立高等学校录取的学士、文凭专家和硕士人数为 114.03 万人，其中自费生 55.35 万人，自费生比例占到 48.5%；非国立高等学校的录取人数为 15.22 万人。[1]

---

[1] Российский статистический ежегодник. 2014：Стат. сб. Госкомстат России. М.，2014：200.

第三章 国家统一考试的产生和发展

在苏联解体后的十余年间,俄罗斯一直处于社会动荡、经济不稳定的状态之中。高等教育受政治、经济、社会因素的影响,出现了教育质量下滑、教育公平问题凸显、国际竞争力下降等情况。俄政府积极寻求高等教育领域的改革,在办学体制、管理体制、人才培养体制、招生和就业体制等方面进行了一系列的调整和变革,旨在推动高等教育的现代化和国际化。21世纪初,俄罗斯的高校招生考试制度发生了根本性变革,由高校自主招生考试向国家统一考试转变。本章将详细介绍国家统一考试产生的背景动因、发展进程、实施效果、社会评价及问题阻碍等。

第一节 国家统一考试产生的背景和动因

作为高校选拔合格新生的有效手段和公平尺度,高考不仅是一种大规模教育考试制度,而且是一项具有广泛影响的社会制度。高考从其诞生之日起就与社会政治、经济制度有着千丝万缕的联系,它既受政治、经济、教育、文化等方方面面的制约,又能动地促进和推动社会的发展。[①] 俄罗斯在21世纪之初的高校招生考试制度变革就是受到当时的政治经济环境、国际趋势以及教育自身因素的影响,换句话说,是由俄罗斯的政治经济体制改革和教育市场化决定的。

一、政治因素

俄罗斯地跨欧、亚两大洲,疆域辽阔,国土面积为1709.82万平方公

---

① 刘海峰、李立峰:《高考改革与政治经济的关系》,《教育发展研究》2002年第6期,第34页。

里，是世界上面积最大的国家，总人口约 1.44 亿，是以俄罗斯人为主体，由 193 个民族组成的统一的多民族国家。俄罗斯联邦实行三权分立、半总统制的联邦国家体制。俄罗斯独立初期，政治经济动荡，社会不稳定，民族矛盾激化。总统普京实行的"铁腕民主"和一系列改革措施使国家走出混乱局面，政治生活和经济发展逐步走上正轨。平定车臣叛乱，进一步维护了国家的统一。

加强中央领导权力、强化统一民族空间、振兴俄罗斯民族精神以恢复其大国地位是总统普京的治国理念和方略。在教育领域，则表现为突出国家宏观调控，强调全俄教育空间的统一。《俄罗斯联邦教育法》将国家教育标准和国家教育大纲列为教育体系的首要部分。1999 年出台的《俄罗斯联邦民族教育方针》强调国家对教育应负有的责任和义务，以及优先发展教育的重大战略意义。2000 年 10 月经俄政府批准生效的《俄罗斯联邦国民教育要义》被认为是普京政府在新世纪之初关于国家教育政策的权威阐释。该要义强调了实现教育的战略目标对俄罗斯国家发展的重要性：首先，教育要为俄罗斯社会经济和精神的平稳发展奠定基础，要有助于保证人民的高质量生活和国家的安全；其次，对巩固民主法制国家和发展公民社会起促进作用；再次，为与全球经济接轨的市场经济提供人才保障；最后，为俄罗斯在国际交往中成为教育、文化、艺术、科学、高新技术和经济诸领域的强国而服务。[①] 2002 年，俄政府通过了《2010 年前俄罗斯实现教育现代化的构想》，这一构想批评和摒弃了两种极端的教育发展思想，即自我满足、封闭保守、拒绝改革的思想和全面市场化、学校自治化、禁止政府干涉学校事务的思想。[②] 这基本反映了普京的治国理念。在这一理念的引领下，实行国家统一考试有利于加强国家对教育系统的领导和控制。

俄罗斯的少数民族多分布在山区、林区、牧区和边远地区，经济不发达，文化教育落后。实行统一的国家教育标准和统一的国家考试制度，有利于促进少数民族地区的文化发展，缓和民族矛盾，加强民族团结，维护国家统一。

---

① 刘省非：《教育市场化——转型期俄罗斯高等教育改革研究》，人民出版社，2013 年，第 92～93 页。

② 丁昌利：《俄罗斯高校招生考试制度发展及趋势研究》，厦门大学硕士学位论文，2007 年，第 27 页。

二、经济因素

苏联解体后,俄罗斯经济一度严重衰退、持续下滑,教育经费短缺,高校教师的工资水平一直低于全国平均水平。2001年大学教授的月工资还不足200美元。在国立高校工作的教师,几乎没有不兼职或另辟渠道挣钱的,因为仅靠工资根本无法养家糊口。① 这客观上促进了高校招生考试辅导业的繁荣,并为招生腐败、作弊贿赂提供了土壤。从表3-1-1的高考补习价格可以看出,对薪金微薄的大学教师来说,从事高考辅导可以获得一笔固定而可观的收入,具有相当的吸引力。

表3-1-1 莫斯科2002年高考补习价格一览表 （美元）

科目	大学生、研究生	有经验的教师	考试委员会成员
数学	7.5～12	15～30	25～50
英语	10～15	20～40	30～100
语文	15	25～30	30～100
历史	8～10	20	30～50
物理	10	20～30	20～50
信息学	5～10	10～15	
化学	10	10～20	20～30
生物	8～12	15～25	25～30

资料来源:肖甦:《俄罗斯高考辅导业消费透视》,《教育与经济》2003年第3期,第62页。

传统的高校自主命题、单独招考在多个环节上容易滋生腐败。由于中学毕业考试的结果由中学教师决定,而考大学的知识要求由大学决定,中学知识水平与大学入学考试要求之间存在明显差距。为了能顺利考上大学,一大

---

① 肖甦:《俄罗斯高考辅导业消费透视》,《教育与经济》2003年第3期,第61页。

批中学毕业生涌进了大学预科和各类辅导班，家教行业盛行，所谓的"知识影子交易"便产生并繁荣起来。这大大加重了考生家庭的经济负担，除了大学的学习费用，还要有一笔可观的支出用于上辅导班、请家教，以及托关系、走后门的行贿费用。高校招生腐败现象层出不穷，甚至某些高校或专业出现明码标价的情况。根据社会学研究和专家评估，为此花费的相关费用一年近45亿卢布。一些考生家庭原本为高等教育需要定期支付约25%的家庭费用，现在已经被迫支付超过40%。打击腐败，促进教育公平是实行国家统一考试的一个主要原因。

此外，俄罗斯各联邦区的经济状况和教育水平严重不平衡，经济比较富裕的地区，如中央区，以及莫斯科、圣彼得堡等经济发达的城市，高校林立，名牌大学集中，高等教育资源相当丰富；而经济贫困的地区，如远东区和一些偏远地区、少数民族地区，往往缺乏高等教育资源，教育水平和教育质量较低。一些优秀学生无力支付到大城市参加高考补习班的费用、报名考试的费用以及考上大学后的学习生活费用，从而失去了接受高等教育和改变命运的机会。很多中学生，特别是那些远离大城市和文化发达地区的毕业生，处于与高等教育绝缘的境况。而国家统一考试将中学毕业考试和高校招生考试的知识评估标准统一起来，减少腐败现象，使全国各地的考生，特别是偏远、贫困地区的考生都有机会报考理想的大学，促进了高等教育入学机会的公平。统一考试可以将原先各校单独考试中共性的东西集中起来，在经济方面，可节约大量的人力、财力和物力，具有一定的规模效应。①

2000年普京执政以后，国力和经济处于稳中有升的恢复发展时期。2004年俄罗斯人均月收入6296卢布（约218美元），教师收入也明显提高。1999—2007年俄罗斯GDP年均增长6.9%，2000—2007年居民实际收入增长1.5倍。② 1994—2003年高等职业教育预算支出占联邦预算支出的2.0%～2.4%，政府用于教育的财政拨款规模持续增加，教育改革拥有了经济增长的物质基础。

---

① 刘海峰、李立峰：《高考改革与政治经济的关系》，《教育发展研究》2002年第6期，第38页。

② 李莉：《大学与政府——俄罗斯高等教育与国家崛起》，社会科学文献出版社，2012年，第160页。

三、教育因素

（一）高等教育亟待改革

苏联时期追求经济的快速发展和工业化的发展目标，高等教育强调培养与工业部门的技术岗位对口的专家，这种单一知识结构的高等教育曾满足了工业化时期对专门人才的迫切需求。然而，随着市场经济的发展，这种单一知识结构的高等教育已经不能满足国家对多种规格专门人才的需求，在高科技人才、新领域人才严重缺乏的情况下，将竞争机制引入高等学校，尽快为国家培养转型时期急需的人才，是俄罗斯教育改革首先要解决的问题。

（二）缺少统一的教育质量评价标准

俄罗斯传统上由中学和大学自行组织毕业考试和招生考试，因为没有统一的标准，差异性和随意性很大，难以保证教育质量。各联邦区由于地理条件、经济状况和发展水平不同，中等学校的教学质量参差不齐。即使在同一区域，中心城市和农村中学的教育水平也有高有低，这就需要一个工具，它既不属于中学，也不属于大学，独立地进行中学毕业生的知识水平鉴定，并对各地区和各学校的教育质量进行有效评估。另外，教育领域的一系列改革使教育模式不再单一，在贯彻发展教学、职业定向、个性化培养理念，运用多种教学大纲、教科书和参考书，以及学习工具、方法和内容日益多样化的情况下，迫切需要保证中等普通教育的核心内容和知识水平的同一性。

（三）传统自主考试的弊端凸显

传统的高校自主招生考试一般以口试为主，抽签答题。这样一方面可能会产生个别学生由于运气差抽到一个"不幸的签"而导致考试失败，另一方面由于口试过程评价较为主观，容易滋生腐败和评价不公正。[1] 另外，传统考试原有的五分制难以对学生的知识水平进行细致区分，区分度不强。而统一考试采用笔试形式和百分制，可以在试题内容和评价标准方面保证客观性和统一性，考题难度和区分度更加科学，成绩在全俄范围内具有可比性。统一考试的成绩评定采取计算机和独立专家评定相结合，尽可能减少人为干扰，降低了招生考试过程中的贿赂行为。

---

[1] 李莉：《大学与政府——俄罗斯高等教育与国家崛起》，社会科学文献出版社，2012年，第162页。

四、国际趋势

在经济全球化的大背景下，各国和各民族之间的关系日益密切，教育领域的交流与合作愈加频繁。有超过80%的国家实行统一或集中测试，中国、美国、英国、日本等国家都采用不同形式的统一测试。这一体系与信息网络的使用相联系，未来将得到广泛发展。苏联解体后，随着俄罗斯政治、经济体制的转型，俄罗斯政府积极寻求高等教育的全球化和国际化。1995年，俄罗斯教育部长弗·金涅列夫指出，在向21世纪的过渡中，俄罗斯高等教育面临着三项任务：一是满足当前俄罗斯政治、经济和社会状况的需要；二是提供高质量的教育；三是达到国际化。[1]

为了加快国际化的步伐，提升在世界教育市场的地位和竞争力，俄罗斯在1996年的《俄罗斯联邦高等和大学后职业教育法》中，承认外国高等和大学后职业教育学历和学位证书在俄罗斯的法律效力，持有者与本土同一级别证书持有者享有同样的学习和就业权利。为与国际高等教育体系接轨，俄罗斯积极调整本国的教育政策，改革高等教育的学制和学位制度，构建多层次高等教育结构体系。2003年9月，俄罗斯签署了《博洛尼亚宣言》，正式加入创建欧洲统一高等教育区的进程。加入博洛尼亚进程，融入欧洲教育一体化空间，是俄罗斯高等教育国际化的客观需要和提高高等教育国际竞争力的现实需要。"到2010年，俄罗斯国内高校的毕业证书将会得到欧洲的承认，并将按照全欧洲的等级标准实施评价体系，这样，教育质量也会在欧洲范围内得以评估。"[2] 这一系列举措提高了俄罗斯高等教育的吸引力，拓宽了俄罗斯大学生的就业市场，提升了俄罗斯国际教育服务市场的竞争力。由于整个欧洲实行统一的教育标准，作为全面参与博洛尼亚进程的成员国，俄罗斯必须使其教育立法依据与欧洲教育改革要求相适应，制定统一的国家教育标准、实行国家统一考试制度、建立客观评价教育质量的系统等。为俄罗斯与欧洲国家的高等教育一体化奠定坚实基础，这是实行国家统一考试的重要外因。

---

[1] 周岳峰：《俄罗斯联邦发展高等教育和信息技术的国家政策》，《世界教育信息》2000年第3期，第20页。

[2] 刘省非：《教育市场化——转型期俄罗斯高等教育改革研究》，人民出版社，2013年，第70页。

第二节　国家统一考试的试行（2001—2008 年）

　　1998 年至 2004 年期间担任俄联邦教育部长的弗拉基米尔·菲利波夫在政府的支持下针对国内教育领域的腐败现象、与国际教育体系的脱轨问题以及教育质量评估难题等展开了大刀阔斧的教育改革。他积极推动俄罗斯加入博洛尼亚进程，并制定了新的国家教育标准，提出建立国家统一考试制度的构想并付诸实现。1999 年教育部设立了联邦测试中心。中心的任务是在国内发展测试系统，对俄罗斯教育机构学生的知识水平实施监控。在中心负责人弗拉基米尔·赫列布尼科夫的领导下，制定进行国家统一考试的理念、原则、技术和方法，以及编写标准试题的依据、成绩评定的标准等，解决考试信息技术设备的调配问题。联邦测试中心成为国家统一考试的技术保证机构。

　　"国家统一考试"一词最早出现在 2000 年 7 月 26 日俄联邦政府第 1072 号令《2000—2001 年社会政策与经济现代化的行动纲要》中，在关于教育现代化的基本方针中提出"实施国家统一考试"的构想。2000 年 10 月 23—24 日全俄第二届科技实践大会"俄罗斯考试制度的发展"在莫斯科举行，与会人员集中讨论了编制测试材料的依据、制定测试结果的评分标准、建立新考试体系等相关问题。

　　实行国家统一考试是俄罗斯教育现代化改革的重大举措。国家统一考试的主要任务是：（1）通过实行统一类型、统一标准的考试，为所有的中等普通教育毕业生提供更多接受高等教育的机会，同时为他们提供参加多所高校函授学习的机会；（2）在高等学校之间为招收优质生源而展开竞争的条件下，完善高等学校的财务系统及其实际应用；（3）把普通教育的国家总结性评价与高校、中等职业学校的入学考试结合起来，取消各高校招生考试的办法减轻了中学毕业生的负担和压力；（4）保证普通教育与职业教育的承接性，减少毕业考试与入学考试要求之间的差异，对普通教育的培养要求客观化和统一化；（5）通过客观和独立地对比鉴定中学毕业生的培养结果，鼓励普通中学的教师集体改善教学质量。

　　制度的变革是一项系统工程，需要一系列的配套政策和支持措施。在国家统一考试（Единый Государственный Экзамен，ЕГЭ）（简称"统考"）试行前，政府开展了大规模的宣传支持活动，通过大众媒体向民众宣传试行统考的信息，组织教师开会并进行相关的培训，中学还为此开设了专门课程，同时，在整个教育系统开展了大力度的反腐运动。

一、国家统一考试的范围与规模

2001年2月16日，俄联邦政府采纳了教育部关于试行国家统一考试的建议，时任俄联邦总理卡西亚诺夫签署了第119号令《关于试行国家统一考试的决定》。2月27日，教育部第645号令发布了《国家统一考试实施条例》。规定国家统一考试的试行期为5~7年，以便更好地积累经验，完善方案。

国家统一考试是运用标准化试题（КИМ），客观评定掌握中等（完全）普通教育大纲学生的培养质量的形式。通过国家统一考试能够确定学生对中等（完全）普通教育国家教育标准的掌握程度。国家统一考试取代了中学毕业考试和高校入学考试，即国家统一考试取代中学11（12）年级毕业生的国家总结性评价和高等学校、中等专业学校的入学考试。中学采用国家统一考试成绩作为国家总结性评价的结果，高等学校和中等专业学校采用国家统一考试成绩作为入学考试的结果。

2001年，国家统一考试首次在楚瓦什共和国、马里埃尔共和国、萨哈（雅库特）共和国、罗斯托夫州和萨马拉州5个试验区进行试点，在8个科目进行试验，共有3.3万人参加，16所高校依据统考成绩招生。试验结果表明，每个科目的优秀生比例在6%~8%，学生以良好或及格的成绩就能够成为普通高校的公费生。名牌大学有权提高录取分数线，有权挑选最出色的学生。[①]

俄罗斯联邦政府成立了具有联邦主体性质的国家考试委员会。国家统一考试的组织工作由俄联邦教育科学督察署、各联邦主体的教育管理机关以及设立的国家考试委员会、学科委员会和冲突调解委员会共同实施。[②] 俄联邦政府大力推行国家统一考试，各联邦主体自愿参与，一些地区是国家统一考试与传统的自主招生考试同时进行。参加统考的具体科目清单，由各地区自行确定。试行的范围和规模逐年扩大，2002年4月，中等专业学校也被列

[①] К. Василенко, Опыты на детях. Саратовские вести. 2001. №115（2691）. 8 авг. С. 3.

[②] См. п. 1.4 Положения 《О проведении единого государственного экзамена》, утвержденного Приказом Министерства образования России от 9 апреля 2002 г. № 1306.

入统考的试行范围。

2002年的高校招生章程中规定，各类国际奥赛获奖者可以免试直接录取。同时，高校录取公费生可以参考预科毕业考试成绩、国家统一考试成绩、集中测试成绩，还可以参考全俄奥赛获奖结果、各联邦主体在各地区举办的奥赛获奖结果或校长据此提出的建议，特别强调不允许以作为录取标准的毕业考试成绩来划分公费生和自费生。

2003年，参加统考试验地区的高校，甚至一些非试验地区的高校，采用统考成绩录取的新生比例不小于50%。对于那些已经考入大学但没有参加统考的往届和应届中学毕业生，要在该校按照统考的形式和标准化试题进行考试。在联邦主体内有些科目没有实行统考的，则该地区的高校有权自主进行该科目的入学考试。

2003年一些医学院和文化、体育学院加入试验行列。从2004年起，俄联邦国防部开始根据统考成绩进行军事大学新学员的招生工作。2005年对苏沃洛夫军事学校、纳西莫夫海军学校和士官武备学校也实行了这种新形式的国家总结性评价。[①]

国家统一考试在全俄范围内逐渐普及推广。2002年有16个联邦主体29.9万人，2003年有47个联邦主体65.4万人，2004年有64个联邦主体82万人，2005年有78个联邦主体85.3万人，2006年有79个联邦主体83万人，2007年有83个联邦主体97.9万人参加统考，2008年更有83个联邦主体109万人参加统考，有1850所高等学校和2010所中等专业学校根据统考成绩招生，详见表3-2-1。

表3-2-1　2001—2008年参加国家统一考试的情况

年份 参加数量	2001	2002	2003	2004	2005	2006	2007	2008
联邦主体（个）	5	16	47	64	78	79	83	83
高等学校（所）	16	123	464	946	1543	1650	1800	1850
中等专业学校（所）		79	928	1525	1765	1889	2000	2010

---

① Единый государственный экзамен в системе образования Российской Федерации. http://www.bibliofond.ru/detail.aspx? id=521306.

续表

年份 参加数量	2001	2002	2003	2004	2005	2006	2007	2008
参加统考的毕业生数（万人）	3.3	29.9	65.4	82.0	85.3	83.0	97.9	109.0
占当年毕业生的比例（%）	2.3	22.8	49.5	60.3	61.6	63.5	85.5	90.0
考试科目（门）	8	9	12	13	13	13	13	13

资料来源：根据俄罗斯国家统一考试网站（http://www.ege.edu.rn）数据整理。

二、国家统一考试的科目与分数

国家统一考试科目中，俄语和数学是必考科目，必考科目的成绩达到最低分数线可以获得中学毕业证书。选考科目有文学、物理、化学、生物、历史、地理、社会学、信息学、外语（英语、德语、法语、西班牙语）等，考生根据报考的院校和专业要求选择相应的考试科目。俄语对于高校所有专业的招生都是必考科目。

国家统一考试的标准化试题被称为测试材料（КИМ），由联邦教育测试研究院研制。大多数科目的考题都分为 A、B、C 三个部分：A 部分是选择题，每道题里必须从四个选项中选择一个正确答案。B 部分是简答题，每道题都是由一个或数个单词、字母或数字组成的简短答案。A 和 B 部分的答案写在专门的表格里，并由电脑进行评定。C 部分是扩展题，由一个或数个扩展性的问题组成（如论述题、写作文或按规定题目解题），主要考查运用原理、定义来解决实际问题的能力，要获得高分必须完成 C 部分。C 部分由地区考试委员会的两个独立专家进行评定，必要时由三个独立专家评定，这些工作都是严格保密的，排除了评分时的舞弊现象和被收买的可能性。测试材料包括为专家提供的 C 部分的评定标准。

俄联邦教育科学督察署规定了考题的编制者、考试特点和考试的演示方案，考题的样本结构、形式和内容被提前确定，就不会被任意更改了。[①] 个别科目的考题可以有自己的特点，比如，外语考试由两部分构成，第一部分

---

① Спецификации и демоверсии КИМ 2009 г. Демонстрационные варианты ЕГЭ всех лет.

是笔试，内容分为听力、阅读和写作；第二部分是口试，内容为口语交谈。

考生必须根据报考的院校和专业要求选择相应的考试科目。入学考试科目清单由联邦教育科学部批准。按照惯例，每个专业要进行3～4门科目的考试，其中有1门专业科目考试（清单中专业科目考试单列）。

国家统一考试分为两个阶段进行：第一阶段是中学毕业后立即进行（每年5月—6月）；第二阶段是一个月后（每年7月）。这是为了使考生有足够的时间和精力准备考试，有时间向不同的高校发送成绩。考试时，为防止作弊，考场设于其他中学，考场的监考人员是专业与考试科目不符的教师。考试完成后，统考结果采用统一计分标准，由电脑和独立专家进行评分。所有考生将获得统考成绩证明，证明上列出考生参加的各科目的考试成绩。

国家统一考试成绩按百分制评定，每道题满分为1分，分数汇总后组成考生的第一次总分数。统考成绩有效期到第二年的12月31日截止。① 获得统考成绩证明并在当年应征到俄联邦武装部队的考生，有权从退伍时起一年内使用统考成绩。② 俄联邦教育科学督察署把百分制转换为传统的五分制，详见表3-2-2，并写入国家总结性评价。因此，通过统考的毕业生将获得传统五分制的中等（完全）普通教育毕业证书和百分制的国家统一考试证书。毕业证书由所在学校发放，统考证书由各联邦主体的教育管理机关发放。

毕业证书中要列出总分，如果学年分数和统考分数相差1分，则取较高的分数；如果学年分数和统考分数相差超过1分，则取平均分。统考证书中要列出每一门科目的分数。如果是俄联邦奥赛国家队队员、国际奥赛获胜者和获奖者、全俄中学生奥赛决赛阶段获胜者，可以不用参加与竞赛相同科目的考试，而在证书中直接记最高分数"100分"。中学或初等职业学校的奖章获得者，以及中等专业学校的优秀毕业生，只需通过职业定向的专业科目考试，统考（或选拔考试）的成绩只按照专业科目确定。

表3-2-2 2006年百分制与五分制转换表

科目 \ 五分制	二分	三分	四分	五分
俄语	0～30	31～49	50～66	67～100
数学	0～37	38～53	54～71	72以上

---

① Основные сведения о ЕГЭ. http：//www.ege.edu.ru.
② Федеральный закон № 17-ФЗ от 09.02.2007. О введении ЕГЭ.

续表

五分制 科目	二分	三分	四分	五分
文学	0~36	37~51	52~66	67以上
物理	0~34	35~51	52~69	70以上
化学	0~30	31~49	50~66	67以上
生物	0~31	32~49	50~66	67以上
历史	0~32	33~49	50~65	66以上
地理	0~35	36~51	52~67	68以上
社会学	0~33	34~47	48~60	61以上
外语	0~30	31~58	59~83	84~100

资料来源：http：//www.ege.edu.ru.

对于那些前苏联成员国的青年来说，考入俄罗斯的大学存在某些限制。吉尔吉斯斯坦、白俄罗斯、哈萨克斯坦公民根据签署的协议能够进入俄罗斯大学学习，跟俄罗斯公民享受同等待遇。而独联体其他国家的青年进入俄罗斯学习需要有担保金，但享有优惠特权的学生除外。

三、国家统一考试的问题与阻碍

尽管国家统一考试成就显著，但不满的声音一直没有停止，围绕国家统一考试制度在全俄范围内展开了激烈的争论。的确，在试行过程中，由于缺乏经验，在考试的组织程序、考试成绩的送达和处理、递交诉求、高校招生方面出现了很多问题，出现最多的是关于统考测试材料的科学性与考试过程监管的问题。

俄联邦教育科学部公布了一些违反现行高校招生政策的行为，其中有：违反报考材料的递交期限；拒收报考材料的复印件；提早进行招生录取工作；要求递交附加材料（体检表、劳动手册上的评价、户籍信息或注册时间）；拒绝接收法律规定的享有优惠政策的考生；破坏宪法规定的俄罗斯公民以及在俄境内居住者的受教育权；征收录取费；录取的新生数量以及国家公费名额和自费名额的数量模糊；录取第二及以下等级的高校附属中学学生和自费预科生；等。① 政府要求大力改进和规范相应的法律基础，其中一项重要的措施是毕业生可以同时报考多个高校的函授部，可以不限数量地向不同高校发送报考材料。俄联邦教育科学部制定高校招生章程及法律细则来提高招生的客观性，排除其他冲突因素的做法具有现实意义。② 同时，随着政府拨款的增多，统考实施过程的各个环节也得到了极大的改进。

在阿斯特拉罕国立技术大学和乌里扬诺夫斯克国立技术大学的试点结果表明，实施统考以后，高校招生录取的工作量实质性减少，同时对考题不符合普通教育大纲要求的抱怨也减少了，对分数主观性和教师个人喜恶的抱怨也减少了。③ 俄联邦主体中只有下诺夫哥罗德州坚决拒绝参加统考试验。下诺夫哥罗德州相关人员解释说，统考实质上是不正确的，只有国家正式下达相关法律后，统考才合法，那时才可以依法进行考试。④

国家统一考试在某些重点大学里受到批评。莫斯科国立大学校长 В. А. 萨多夫尼奇（В. А. Садовничий）是统考的主要反对者，2003 年他在俄罗斯教育开放论坛上公开质疑统考的必要性和合理性。他认为"不能采取一刀切的方式，每所高校都应该有自己的选才标准和对学生的不同要求"，"高校必须考虑学生其他方面的能力，国家统一考试只是片面强调学生的学习而已"。部分高校校长对他的观点表示赞同。因此，莫斯科国立大学、圣彼得堡国立大学等部分俄罗斯著名高校没有参加统考试验。

国家统一考试在艺术和创造类高校里也遇到了障碍，几所著名高校的校长坚决反对实行统考。于是，大多数艺术和创造类高校的考生仍然按照原来的规定进行艺术和创造类科目的考试，而基础科目（俄语、文学、数学）则

---

① Письмо Минобразования России от 21.12.2000 №14-51-751 ин/12. Вестник образования，2001（6）：53.

② Петров В. Л.，Петров И. В.，Правкина И. А. и др. Сборник нормативнометодических документов по вопросам приема в вузы. М.，2001：104.

③ Справка к рассмотрению на коллегии Минобразования России вопроса，Об итогах приема молодежи в 2000 году и задачах по организации приема в учебные заведения профессионального образования Российской Федерации в 2001 году，Письмо Минобразования России от 5.01.2001 №14-51-11 ин/12. Вестник образования，2001（6）：53.

④ Единый государственный экзамен в системе образования Российской Федерации. http://www.bibliofond.ru/detail.aspx?id=521306.

按照统考成绩计算分数。莫斯科教育局命令与艺术相关的所有高校拨出50%的专业名额给按统考成绩入学的考生，只有几所大学可以例外。

2005年之前没能结束统考试验，俄政府决定到2008年使国家统一考试成为正式制度，并出台了命令，在最短时间内完成"在俄罗斯境内逐步实行国家统一考试"的计划，确定建立全国教育质量评定系统的方法。

四、国家统一考试的法律与规定

为保障国家统一考试的顺利试行，俄联邦政府发布了一系列决定和通知，详细规定了国家统一考试的组织程序和规范。如2002年4月发布《关于国家统一考试试行现状的决定》，成立国家统一考试的管理机构——俄联邦主体国家考试委员会，以领导和协调国家统一考试实施过程中的各项事务。[①] 2003年3月，时任俄联邦教育部部长 B. M. 菲利波夫签署了第1287号命令，规定了国家统一考试证书的格式和内容。[②] 2007年2月9日，俄国家杜马通过了第17-ФЗ号《对〈俄罗斯联邦教育法〉和〈俄罗斯联邦高等和大学后职业教育法〉的修正法案》（简称《修正法案》），规定到2009年在全俄范围内实行国家统一考试，国立、市立高校和中等专业学校依据统考成绩择优录取新生，这为国家统一考试提供了相应的法律依据。《修正法案》指出："国家统一考试是利用标准化试题，客观评定掌握中等（完全）普通教育大纲学生的培养质量的形式，完成这些试题可以确定学生掌握中等（完全）普通教育国家教育标准的程度。"[③] 高等学校依据统考成绩进行招生，但不能低于俄联邦教育科学督察署所规定的各科目统考成绩的最低分数。[④] 同时，《修正法案》赋予高校的文化、体育、艺术等专业在统考基础上举行创造力附加考试的权力，以及每年批准部分高校在某些专业举行附加考

---

① Положение о проведении единого государственного экзамена. Рос. газ. 2002. №86(2954). 17 мая. С. 10.

② 齐丽娜：《俄罗斯高招制度公平性研究》，首都师范大学硕士学位论文，2008年第54页。

③ Федеральный Закон №17-ФЗ 《О внесении изменений в Закон Российской Федерации《Об образовании》и Федеральный Закон 《О высшем и послевузовском профессиональном образовании》.

④ Проект федерального закона 《Об образовании в Российской Федерации》. http://www.lexed.ru/obr/?proekt.html.

试的权力。《修正法案》扩大了中学生奥赛的科目清单，增加了奥赛的受惠人数。奥赛获胜者可以免试升入大学，奥赛获奖者只要超过统考的最低分数线即可升入大学，名单每年由俄联邦教育科学部确认。莫斯科国立大学校长萨多夫尼奇指出，2009年每10个中学应届毕业生中就有1个奥赛获奖者，也就是说奥赛获奖者将会占去10万个高校计划内名额。① 这些措施在很大程度上消除了人们对于统考不能选拔出有特长的学生、不能评估考生的创造能力、思维能力及表达能力的担心，使统考的反对者大大减少。

《修正法案》还规定，中学生奖章失效，奖章获得者失去了原来的优惠待遇，须参加正常统考。但是，受惠总人数却大大增加了：23岁以下的孤儿和无父母监管的孩子、在执行军事任务中或者反恐战役中牺牲的军人子女只要考试通过，不论排名先后，都可以进入高校学习。此外，奥运会、残奥会冠军均可免试进入高校相关专业学习。

2007年俄联邦教育科学部与联邦教育科学督察署一起加紧制定协调有关毕业生进行统考和国家总结性评价的增补法规，规定了具体程序：2月1日前所有高校和中等专业学校都应公布根据统考成绩招生的专业、教学形式和入学考试科目清单，5月1日全面公布招生条例。②

五、国家实名制财政教育券

为了支持配合国家统一考试的试行，推动高等教育的市场化，促进教育公平，俄罗斯在高等教育领域开展了一场"国家实名制财政教育券"（Государственные Именные Финансовые Обязательства，ГИФО）制度的改革试验。2000年，俄联邦政府在《2000—2001年社会政策与经济现代化行动纲要》中，决定试行以国家实名制财政教育券为依据向高校拨款的财政制度。2002年，俄联邦政府通过了《关于2002—2003年试点以国家实名制财政教育券形式向某些高校拨款的决议》和《以国家实名制财政教育券向试点高校拨发财政预算的规划与方法》，选取了马里埃尔共和国、楚瓦什共和国

---

① Е. Н. Геворкян, И. А. Правкина, Д. А. Усанов. Приём в вузы России. Как это было и что будет. Саратов: Изд-во Сарат. ун-та, 2008:60.

② Единый государственный экзамен в системе образования Российской Федерации. http://www.bibliofond.ru/detail.aspx?id=521306.

和萨哈（雅库特）共和国3个联邦主体的6所高校——马里埃尔国立大学、马里埃尔技术大学、马里埃尔克鲁普斯卡娅师范学院、楚瓦什乌里扬诺夫国立大学、楚瓦什雅科夫列夫师范大学、雅库茨克国立大学进行试点。

国家实名制财政教育券（简称"实名券"）是根据考生在国家统一考试中取得的分数来计算实名券金额，划分实名券等级，并随考生一起带入录取他的大学。实名券与普通奖学金和助学金不同，它不发给学生个人，也不能兑换成现金，而是由国家财政部门根据学校累积的实名券数额，通过专门的账户将款项划拨到学校的账面上。因此，可以说，国家实名制财政教育券是高等教育资助学生的一种特殊表达方式。[①] 试验期间，考生按照统考的分数获得面值不等的实名券，并根据各院校对专业的分数要求、对实名券的等级要求和学费要求来选择适合自己的院校。实名券不是一张独立的证明，而是标注在统考证书上，同申请材料一起递交到大学，在进入大学以后使用。新生以自己手中的实名券来支付全部或部分的学习费用。国家财政根据每个高校收获的实名券数量和等级来划拨教育经费。

实名券的金额根据统考成绩确定，分为五个等级：各科平均成绩在80～100分为Ⅰ级，68～80分为Ⅱ级，52～68分为Ⅲ级，43～52分为Ⅳ级，35～43分为Ⅴ级。实名券的金额相应为：Ⅰ级14500卢布，Ⅱ级7500卢布，Ⅲ级3900卢布，Ⅳ级2800卢布，Ⅴ级1200卢布，详见表3-2-3。

表3-2-3 国家实名制财政教育券的等级和金额

实名券等级	Ⅰ级	Ⅱ级	Ⅲ级	Ⅳ级	Ⅴ级
统考成绩（分）	80～100	68～80	52～68	43～52	35～43
实名券金额（卢布）	14500	7500	3900	2800	1200

资料来源：Татьяна Львовна Клячко. Государственные именные финансовые обязательства (ГИФО). Университетское управление，2002（4）：72.

对于那些统考成绩差的考生，政府对其在大学的学习承担最小的义务，如Ⅴ级一年只有1200卢布。还有虽然通过统考，但成绩低于35分的考生则

[①] 刘省非：《教育市场化——转型期俄罗斯高等教育改革研究》，人民出版社，2013年，第134页。

不能享受实名券。如果考生对自己的统考成绩不满意，可以在下一年重新免费参加统考，取得新的统考成绩，得到新的相应等级的实名券。

2000—2001学年，国家给每个大学生的财政拨款为8000~11000卢布/年。如果以实名券形式支付大学生在整个大学学习期间的费用，如2002年Ⅰ级实名券为1.45万卢布，假定2003年Ⅰ级实名券升为1.7万卢布，2004年为2万卢布，2005年为2.4万卢布，2006年为2.75万卢布，2007年为3万卢布，按学习时间为5年（文凭专家）来计算，国家将预算支付实名券10.3万卢布；如果学制为6年（学士和硕士），则国家将预算支付实名券13.3万卢布。①

在国家实名制财政教育券制度下，高校可以自行规定每个专业（培养方向）的学费，以及对专业科目成绩的要求。例如，某高校物理系的学费每年2万卢布，并对相关科目的要求如下：数学不低于80分；物理不低于85分；化学不低于70分。或者要求：物理不低于70分和实名券等级不低于Ⅲ级。通过统考的考生获得带有成绩和实名券等级的证书，在了解高校的要求和学费后，根据自己的实名券等级和能够承担的学费情况来决定申请的院校和专业。例如，考生有Ⅱ级实名券（0.75万卢布），他将自己的申请材料寄往3所高校：第一所是综合大学，学费2万卢布，那么他每年要自费支付1.25万卢布，这对他的家庭将造成一定的经济困难；第二所是专业大学，学费为1.5万卢布，他每年要自费0.75万卢布，他的家庭可以负担得起；第三所是专业学院，学费为1万卢布，他每年要自费0.25万卢布，这对他的家庭来说比较轻松。经过综合考虑后，他最终选择了第二所专业大学，是他的家庭能够负担得起的最好学校。

需要指出的是，实名券拨款不是国家给予高校的全部预算资金，而只是支付教职工工资（含统一社会税）和其他的日常开支，只占高等教育预算拨款的48%。高校还将获得预算资金，用于教学和实验室设备更新、信息化教学、购置图书、科学研究、基本维修和公用事业服务等。

实名券试验规定取消对招生预算名额的控制，而采用确定名额的方式，相应的标准为：以实名券提供的资金完成教育的大学生比例占总数的50%，这不会导致参与试验录取的大学生的经济结构发生本质变化。换言之，"只

---

① Татьяна Львовна Клячко. Государственные именные финансовые обязательства (ГИФО) . Университетское управление, 2002（4）：72.

依靠实名券资金"录取的人数和"需要支付超出实名券金额部分"录取的人数之间的比例，在参与试验的高校中变化不大，并且朝着预算比例增加的方向发展。2002年和2003年，只依靠预算拨款的大学生录取比例分别为59%和60%，而2001年的比例为58%。① 这个比例保障了俄联邦教育法定额的完成，即在1万人口中有170人在国立高校的预算基础上学习。

试验规定"只依靠实名券资金"的学生数占每个专业学生总数的25%。试验的最初两年，这个定额常常被高校突破，特别是招收函授学生。为此，高校开始采用"合并专业"招生的办法，然后按照"合并专业"的比例关系实现这一定额。但是，在这种情况下，考入合并专业的学生并不能确切知道自己的具体专业，同时考取好专业的可能性大大提高了，因为高校增加了免费名额。

2003年5月—10月有关部门进行的社会研究，没有显示出参与试验的大学生的社会结构有任何明显的变化。特别是，调查证明，低收入家庭学生（25%）、小城市学生（11%）和农村地区学生（44%～45%）的比例没有太大变化。在所有参加统考的地区里，2002年农村地区考生考入大学的比例比2001年增加了约3%。在参加"国家实名制财政教育券"试验的高校里，依靠实名券的农村考生在一年级新生中所占的比例，2002年比2001年增加了6%。② 如果按照实施实名券试验的最初两年的结果来评价，可以得出结论：在整体上，获得高等教育的机会至少没有降低。

实行国家实名制财政教育券制度的目的是保证国家投入教育领域的财政资金可以被有效利用；将竞争机制引进高校，激励高校提高教育质量，提高学生学习的积极性；扩大学生的入学机会，减轻学生家庭的经济负担，促进教育公平。但实名券制度也会导致那些弱势的和需要国家扶持的院校和专业出现生存危机，违反了教育资源应对所有人平均分配的原则，国家必须考虑其他的合理有效的支持和补助措施；而且实名券的金额取决于统考成绩而不是大学生在高校里的学习成绩，这会导致一些获得高级别实名券的免费大学生学习不努力，而自费大学生虽获得了较高评价，却往

---

① Татьяна Львовна Клячко. Государственные именные финансовые обязательства (ГИФО). Университетское управление，2002（4）：73.

② Татьяна Львовна Клячко. Государственные именные финансовые обязательства (ГИФО). Университетское управление，2002（4）：72.

99

往不能获得学费的减免（这主要取决于高校的政策），影响了低级别实名券学生学习的积极性。

国家实名制财政教育券试验进行了三年（2002—2004年），期间为确保试验能更好地达到预期效果而不断调整政策，但终因社会各界担心其成为应试教育的推手，形成马太效应而导致高等教育两极分化，加之实名券等级设置本身存在缺陷以及俄政府对大规模推行这一新政的成本无法准确预见等诸多问题①，2005年中期，俄联邦教育科学部承认国家实名制财政教育券的改革试验不是很成功，须做进一步调整。但这次有益的尝试，为俄罗斯高等教育拨款制度改革提供了宝贵的经验和教训。

第三节 国家统一考试的正式实行（2009年至今）

2009年2月，俄联邦教育科学部颁布《关于国家统一考试的实施办法》，标志着国家统一考试在全俄范围内正式实行。该办法规定所有中等教育机构的毕业生，无论其是否准备进入高等学校和中等专业学校学习，都必须参加国家统一考试，包括在俄罗斯中学就读的外国公民、无国籍人士和被迫迁居人员。统考覆盖俄罗斯所有地区，涉及所有学科。要求各高校招生委员会按照统考成绩录取新生，高校有权规定招生专业的最低分数线和其他所有科目的最低分数线，但不能低于俄联邦教育科学督察署所规定的各科目统考成绩的最低分数。

虽然国家统一考试已经在俄罗斯试行了八年，政府和各相关部门积累了一定的方法和经验，做好了充分的准备，但毕竟2009年的国家统一考试是第一次在全俄范围内正式实行，涉及面广人众、情况复杂，实施过程中还是出现了一些意想不到的情况和问题。因此，2010年的国家统一考试充分吸取了2009年的经验和教训，积极修正、调整和完善，奠定了俄罗斯现行国家统一考试制度的基本框架和内容。与其他年份相比，2009年和2010年的国家统一考试比较有代表性和典型性，因此本节将重点介绍这两年的国家统一考试情况。

---

① 许适琳、段会青：《从经济学视角解读俄实名制国家财政券试验改革的原因》，《西伯利亚研究》2011年第6期，第46页。

一、2009年的高校招生考试情况

2009年4月、5月和6月，全俄有99.53万应届毕业生和往届毕业生参加了国家统一考试，应届毕业生人数占参加统考总人数的93.9%。7月有13.76万考生参加了国家统一考试，其中91.3%的考生是各种类型学校的毕业生，4.2%是夜校（轮班制）的毕业生，3.5%是初等和中等职业学校的毕业生，1%是网络中学和其他学校的毕业生。①

98.4%的考生都认可自己的各科目成绩，只有1.6%的考生向地区冲突调解委员会递交了成绩申诉，30.7%的申诉获得满意解决。② 2009年有2336名考生获得各科目的满分，占参加统考总人数的0.2%。③

经政府批准，2009年有24所高校获得了在统考基础上对某些专业举行自主附加考试的资格。同时具有特殊创造才能、体能或者心理素质的艺术和创造类培养方向（专业）可以举行附加考试。

2009年，对在某些地区没有考过的科目设立了地区学科委员会，有14个地区第一次进行物理科目的统考。在考试过程中发现，无论是学生应试的准备，还是专家的专业技能准备，都缺乏独立标准化考试的经验，专家们也缺少按统一标准和程序评定扩展考题的经验。④ 2009年统考编制的所有科目的测试材料有484个独创题型和20万道独创考题。⑤ 在编制测试材料时考虑不同的教学大纲，考查在各种情况下运用知识和技能的能力，比如，解释自然现象或社会现象、解答问题、判断解题是否正确及不同方法的依据。

艺术和创造类学科的高校仍然坚持自己的权利，暂时还没有取消传统的入学考试，但大多数艺术和创造类学科的高校至少一门科目考试使用统考成绩。П. И. 柴可夫斯基音乐学院、葛妮欣国家音乐学院、俄罗斯戏剧艺术学院、高尔基艺术学院不根据统考成绩招生，而是自主考试招生。谢普金高等戏剧学院和史楚金高等戏剧学院只计入统考的作文分，还只针对独联体国家

---

① Общие сведения о результатах ЕГЭ в 2010 году. http://window.edu.ru〉Новости〉? p_news_id=38082.
② Итоги проведения ЕГЭ 2009. http://www.ctege.org/content/view/853/.
③ Итоги проведения ЕГЭ 2009. http://www.ctege.org/content/view/853/.
④ Общие результаты ЕГЭ-2009. http://www.fipi.org.ru.
⑤ Общие результаты ЕГЭ-2009. http://www.fipi.org.ru.

的考生，奖章获得者可以选择提交统考成绩或者在考试时直接写作文。

2009年开始实行一项新举措，即取消中学毕业金质奖章和银质奖章的优惠政策，奖章几乎失去了实际意义。但是，根据教育科学部的意见，在统考成绩相同的情况下进行招生选拔时，高校有权优先录取获得过奖章的考生。2009年1月1日前的中学毕业生有选择权，可以不通过统考，而是通过传统形式的考试报考高校的全日制班，以前只允许报考高校的函授和夜校班。

为了避免因信息不及时而造成混乱，俄政府规定，2月1日前所有高校都要在网站上公布自己的招生条例、培养方向和入学考试清单。毕业生能根据自己的成绩更轻松地选择院校，可以不用离开家门直接通过邮局邮寄报考材料或通过电子邮件将统考成绩证明发送到几所高校，这大大减轻了毕业生的考学负担。

2009年的招生工作在新学年开始前才结束，主要是因为没有限制报考学校的数量和出现了三个批次的招生高峰，考生不能拿回自己的报考材料原件而另投其他高校，因此出现了混乱局面。还有引起民众不满的主要原因是享受优惠政策的考生"大量云集"，列入第一批公费生名单的几乎全是特权考生，而统考的高分考生往往出于必要考虑，或者等着第二批招录，或者去报考其他高校，因此，统考成绩优秀的考生常常未能进入理想的大学。还有一个问题就是考生对自己选择的不确定性，由于没有确定的专业目标，而是盲目地向不同高校递交报考申请，这不仅给招生机构增加了工作量，而且给自己今后的学习带来了困难。

2009年12月21日时任俄联邦总统德米特里·梅德韦杰夫召开会议，评价了国家统一考试的实施效果。① 根据2009年对统考总结的审议结果，会议委员会得出以下结论：

1) 中学毕业生、家长和教师对全面实行作为中学学习成绩鉴定方法的国家统一考试有足够的准备。

2) 以统考形式鉴定中学学习成绩，并在报考高等学校或中等专业学校时加以运用具有很大的正面意义：

（1）分两个阶段（中学毕业后和报考高校或中等专业学校时）进行考

---

① Доклад по совершенствованию проведения ЕГЭ. 22 декабря 2009. года. http://news.kremlin.ru/media/events/photos/big/41d2cc30f1a10d5f1cac.jpg.

试，大大减轻了毕业生负担；

（2）不受居住地限制，统考为每个毕业生提供了报考任何高校的可能性。农村考生数量增多，以及莫斯科和圣彼得堡的高校中来自两个首都①以外地区的大学生数量增多都证明了这一点；

（3）可以把对统考的总结分析运用到检查个别学科、教学大纲和教科书中，用以检查教师的教学质量，以及俄罗斯个别地区和整个国家教育系统的教学质量；

（4）由于实行统考，开始组建检查和鉴定毕业生学习成绩的的专家团队；

（5）统考是对教育质量体系形成的社会监督催化剂，包括组建社会监督团体，用以检查统考程序的遵守情况；

（6）统考向规范化电子教学及记录教学鉴定结果迈出了第一步。

3）统考制度为俄罗斯及其个别地区向信息化社会发展做出了贡献。统考的目的、技术和基本结构为每个毕业生和全体社会提供了新的鉴定模式（专业技能考试）。在这个模式下，希望走向一定岗位的专业人才，可以通过考试展示自己的知识和能力。

4）在社会上涌现出数量众多的统考拥护者。

5）委员会指出把统考形式作为反映中学教育的所有成果及整体质量的看法是不正确的。统考成绩，包括"平均分"、"优秀生"和"二分生"人数，被错误地认为是教师、中学、地区的主要评估指标。统考只是评价中学生、教师和中学的工具之一，是考上大学的依据，不是教学目标。

按照委员会的观点，统考只是国家独立鉴定中学教育中一些学科成绩的第一次检验，只是对一种科学知识的鉴定工具。评价其他成绩需要其他形式的鉴定，如奥林匹克竞赛、知识竞赛、创造性试验、教科书以外的成果统计等。

6）2009年的统考没能避免违纪和欺骗行为，其中包括考场内的作弊行为。委员会还针对考题的性质、内容和评定标准等进行了充分讨论。大部分建议是必须保证组成测试材料的练习题最大范围的公开化。

7）委员会还指出统考的一系列技术问题给毕业生带来了不必要的紧张和负担，包括长时间等待发布成绩，以及报考某高校需要进行哪种考试的信息等。委员会面临着制定措施完善统考的任务。2009年10月21日第442

---

① 俄罗斯人习惯称莫斯科和圣彼得堡为两个首都。

号令颁布了高等学校的招生程序①，其条款成为2010年招生章程变更的基础。该招生程序共分为八个部分：（1）总则；（2）组织高校招生；（3）安排通知考生；（4）接收报考材料；（5）入学考试；（6）健康状况异常的公民的入学考试；（7）递交和审议诉求；（8）高校录取定向生。

二、2010年的高校招生考试情况

在2009年12月24日举行的俄联邦教育科学部的会议上确认了2010年的招生计划，其中公费生49.8万人，学士和文凭专家44.8万人，全日制生34.4万人。研究生招生数从2009年的3.4万人增加到5万人。同时，定向招生比例从30％减少到20％。② 教育科学部认为，这些招生数字完全考虑到了国家的人口趋势，主要是为毕业生提供社会保障。时任国家教育政策局局长伊戈尔·莱蒙林科说："2010年有超过一半的毕业生得到了高等学校的免费学习机会。全日制公费生人数保持在2009年水平，1000人中有418个名额。"③

经过长时间的讨论，俄联邦教育科学部、俄联邦教育科学督察署和俄罗斯校长联合会最终达成一致意见，制定出新的高等学校招生章程④，主要变化是招生的组织程序。

2010年的招生工作具体有以下程序：

（1）规定考生最多只能申请5所高校及该校的3个专业（共15个专业）。限制高校申请数量，可以使考生更负责任地对待将来的职业选择。有的考生同时向完全不同的专业递交申请，这说明针对职业定向的指导工作不到位。比如，2009年某考生向莫斯科国立人文大学的33个专业递交了申

---

① Порядок приема граждан в имеющие государственную аккредитацию образовательные учреждения высшего профессионального образования от 21 октября 2009 г. N 442.

② В Минобрнауки утвержден план приема в вузы на 2010 год. Российская газета. 24.12.2009.

③ В Минобрнауки утвержден план приема в вузы на 2010 год. Российская газета. 24.12.2009.

④ Изменения в правилах приема в ВУЗы в 2010 году. http://www.egemetr.ru/rules/vuz.php.

请，其中的22个专业录取了他，最终该考生却选择了其他高校。俄罗斯校长联合会建议减少报考的高校数量，最多3所，但没有被教育科学部采纳。

(2) 高校接收申请材料的时间：用统考成绩申请的，到7月25日截止；有创造性经验的专业人才，到7月5日截止；需要进行专业附加考试的，或者不用统考成绩申请的，到7月15日截止。

(3) 考生无须进行材料副本公证，录取时也没有必要提交统考成绩证明原件，因为所有资料都备案在联邦高校统一信息库。招生委员会可以在信息库查到考生本人的任何资料信息，包括统考的成绩和该考生递交申请材料的高校数量。所有高校均需与联邦高校统一信息库联网，并按照信息库核对考生的资料信息。考生可以通过普通邮寄或者电子邮寄的方式递交申请材料，各高校都应及时地在学校的网页和信息平台上公布收到的申请信息。为了确认考生所递交材料的真实性，高校可以请这些材料的下发机构进行确认，特别是享受优惠政策的相关证明或者奥赛的获奖证明。

(4) 高校必须把第一批和第二批录取的新生名单挂到学校的网站和信息平台上。录取信息发布后，应及时把材料返还给考生。

(5) 录取批次从三批改为两批，缩短录取批次间的期限，以使考生能够及时确定自己的分数是否达到所报考学校的要求。考生有权在一天内从一所高校的招生委员会取走自己的报考材料，转而递交到其他高校。通常，7月27日，公布预录取的公费生名单，7月27日—8月4日接收预录取的新生材料，8月5日发布第一批录取信息，8月5日—8月10日发布第二批录取信息。截至8月11日，招生委员会的招生工作基本结束。如果公费生名额没有招满，可以补招，但不晚于9月1日。

(6) 根据2007年10月颁布的法规[①]，俄罗斯高校实行新的教育等级：学士的学制为4年；文凭专家的学制为5年；硕士的学制为6年。

(7) 如果说以前高校有权自行设定专业门槛，那么2010年根据新章程，高校可依据统考成绩设定本校的每个科目及附加考试的分数标准。如果考生的统考成绩中有1门低于标准，他的报考材料将无效。为保证能录取到新生，2010年很多高校被迫降低了招生标准。大多数高校要求有统考3门科

---

① Закон РФ от 24.10.2007 № 232-ФЗ 《О внесении изменений в отдельные законодательныеакты (в части установления уровней в профессиональном образовании)》.

目的成绩证明,但高校也有权要求考生提供 4 门科目的成绩证明。①

2010 年,俄联邦政府赋予 11 所高校招生考试特权,分别是俄罗斯国立人文大学、国立高等经济研究大学、莫斯科国立国际关系学院、俄罗斯司法部法学院、国立原子能研究大学、莫斯科国立师范大学、莫斯科国立语言大学、莫斯科古塔夫法学院、圣彼得堡国立宇航飞行器制造大学、圣彼得堡国立信息技术、机械和光学大学和下诺夫哥罗德国立语言大学。②这些高校有权在统考基础上举行专业科目的附加考试,基本上都是名牌大学或者有行业特色的大学。享有特权高校的名单每年由俄联邦教育科学部和俄联邦教育科学督察署建议,由俄联邦政府最终确定。众所周知,莫斯科国立大学和圣彼得堡国立大学拥有特殊法律地位,它们无须政府批准,每年均有举行或者不举行专业附加考试的权利。莫斯科国立大学规定所有院系的所有专业都要举行专业附加考试。

在这 11 所特权高校里,举行专业附加考试最多的高校是位居"塔尖"的莫斯科国立师范大学、莫斯科国立语言大学和俄罗斯国立人文大学。这虽然会使报考人数减少,但可以挑选到优质生源。附加考试的形式由高校自行决定。一些高校有权进行创造性和职业方向的附加考试,如戏剧、电影、电视广播、艺术、建筑和体育院校等。

从 2010 年开始,高校重新有权检查享受优惠政策的考生的证明材料。2010 年的招生优惠政策有:

(1) 可以免试报考相关专业的人员:全俄中学生奥赛决赛阶段的获胜者和获奖者;参加国际奥赛的俄罗斯国家队成员;奥运会、残奥会的获胜者和获奖者;120 所高校举办的中学生奥赛的获胜者和获奖者(按照高校规定的条例);所报考的专业与获奖科目一致,可以享受优惠政策。优惠政策的有效期从名单确认起一年。

(2) 免竞试的公费生的范围:孤儿;残疾孩子;20 岁以下且来自残疾单亲家庭;在俄联邦武装力量服役 3 年以上的公民;服兵役的军人;俄联邦

---

① Поломошнов А. Ф., Габибов А. Б., Денисов А. Д., Колосова Н. Н., Мотько С. М., Поломошнов П. А., Пойда Е. Е., Полякова Н. А., Поцелуева О. Н., Хоменко Т. В., Чебуракова М. С., Чумакова Т. Н., Янова Э. Н. Российская реформа высшего образования: итоги и перспективы. п. Персиановский, 2011: 244.

② Распоряжение Правительства Российской Федерации от 26 февраля 2010 г. №228-р.

法律规定的其他类别公民。

（3）具有录取优先权的人员：从军事服务岗位退役的公民；在执行军事任务时牺牲的军人子女；因战争牺牲的公民子女。

2010年可以不参加统考，而只参加报考院校入学考试的人员有：2009年1月1日前中学毕业，并报考夜校或函授形式的考生；获得第二次高等教育的考生；已获得中等职业教育，并报考相同专业高等教育的考生；在国外获得中等或高等教育的考生；具有高等学校证明或不完全高等教育证书的基础上报考大学二、三年级的考生；报考硕士的考生；残疾人或有严重健康问题的考生。

三、2010年国家统一考试的社会调查

2010年，在83个联邦主体和52个国家举行了国家统一考试，考生超过87.8万人，与2009年相比减少了11.73万人（2009年为99.53万人）。主要原因是中学毕业生少于2009年，还有一部分原因是2010年没有允许往届毕业生、中等专业学校毕业生和外国人参加考试。2010年新生有4%是残疾人。[1]

根据俄罗斯唯一的高等学校招生问询系统 ЕГЭметр 信息网站（登记有15万考生的信息）的调查来看，2010年超过70%的考生报考了公费生。

2010年选考科目数量的排列顺序没有变化，与以前一样，依次为社会学（48万人）、生物（18万人）、物理（17.5万人）和历史（15.5万人）。

2010年统考有1364个考生获得了俄语最高分，157个考生获得了数学最高分；各科目共有2822份满分卷（2009年2336份）；主要科目不及格的考生占考试总人数的2.1%。[2]

俄联邦教育科学督察署规定了各科目的最低分数线，详见表3-3-1。没有达到必考科目最低分数线的考生的平均比例为6%；获得必考科目满分的有434人。必考科目的成绩不影响鉴定评语，但在报考一些院校时会作为入

---

[1] Изменения в правилах приема в ВУЗы в 2010 году.

[2] Поломошнов А. Ф., Габибов А. Б., Денисов А. Д., Колосова Н. Н., Мотько С. М., Поломошнов П. А., Пойда Е. Е., Полякова Н. А., Поцелуева О. Н., Хоменко Т. В., Чебуракова М. С., Чумакова Т. Н., Янова Э. Н. Российская реформа высшего образования：итоги и перспективы. п. Персиановский, 2011：247.

学考试成绩，而补考只能在一年以后进行。

表 3-3-1　2010 年俄联邦教育科学督察署规定的各科目最低分数线

（各科满分均为 100 分）

科目 年份	俄语	数学	物理	化学	信息学	生物	历史	地理	社会学	文学	外语
2010	36	21	34	33	41	36	31	35	39	29	20

资料来源：Минимальные баллы ЕГЭ 2010. http：//www.edu.ru.

2010 年对总分有异议的考生比例比 2009 年大幅减少，共递交了 60155 份申诉，约占总人数的 0.5％，其中 18724 份被重新审议的考卷得到圆满解决（2009 年递交了 56335 份申诉，约占总人数的 1.6％，其中 17279 份申诉得到圆满解决）。2010 年对国家统考过程本身的申诉增加了 3 倍，185 份申诉中有 169 份得到圆满解决。①

ЕГЭметр 的调查结果显示，在回答"你们向几所高校递交了报考材料"时 47％的被调查者选择 5 所，19％选择 4 所，8％选择 1 所，1％选择 6 所或更多。需要指出的是，根据 ЕГЭметр 的调查，2009 年有 1％的被调查者向 20 所以上的高校递交了报考材料。② 可见，限制报考院校的数量可以减少某些考生报考的盲目性。

在回答"按照统考成绩你们被几所高校第一批公费录取"时，大多数被调查者都在第一批被录取。74％的被调查者（2009 年为 52％）指出，按分数他们被 1～5 所高校公费录取，其中 32％被 1 所高校录取，30％被 2～3 所高校录取，7％被 4 所高校录取，5％被 5 所高校录取。第一批有 26％，第二批有 32％的被调查者没有被任何一所院校录取。③

2010 年有少量考生报考了自费性质的院校。在回答"按照统考成绩你们被几所高校第一批自费录取"时，54％的被调查者（2009 年为 80％）回答 1～5 所。可以认为，大部分毕业生没有报考自费性质的院校是因为自信可以公费上大学。④

---

① Итоги ЕГЭ 2010. http：//www.ucheba.ru.

② Итоги приемной кампании 2010. http：//www.proforientator.ru/index.php?…com…article…2010.

③ Итоги ЕГЭ 2010. http：// www.ucheba.ru.

④ Итоги приемной кампании 2010. http：//www.egemetr.ru.

ЕГЭметр 信息系统资料显示，在 2010 年的"热门高校排行榜"中，莫斯科和圣彼得堡的著名大学依然保持领先地位，详见表 3-3-2。在系统登记的考生中有 13 万人考入了莫斯科、圣彼得堡、喀什、罗斯托夫和叶卡捷琳堡的某些院校的热门专业。

表 3-3-2 2010 年俄罗斯"热门高校排行榜"

排序	学校名称
1	莫斯科国立大学（МГУ）
2	国立管理大学（ГУУ）
3	俄罗斯国立人文大学（РГГУ）
4	全俄国立税务学院（ВГНА）
5	俄罗斯民族友谊大学（РУДН）
6	罗斯托夫国立建筑大学（РГСУ）
7	圣彼得堡国立大学（СПбГУ）
8	莫斯科经济统计学院（МЭСИ）
9	国立高等经济研究大学（ГУ-ВШЭ）
10	莫斯科工程物理学院（МИФИ）
11	莫斯科国立语言大学（МГЛУ）
12	莫斯科国立师范大学（МПГУ）
13	俄罗斯国立赫尔岑师范大学（РПГУ им. А. И. Герцена）
14	圣彼得堡国立综合技术大学（СПбГПУ）
15	莫斯科国立鲍曼工业大学（МГТУ имени Н. Э. Баумана）
16	莫斯科建筑学院（МАИ）
17	俄罗斯国立经济技术大学（РГТЭУ）
18	圣彼得堡国立工艺与设计大学（СПбГУТД）
19	俄罗斯国立旅游与服务大学（РГУТиС）

资料来源：Поломошнов А. Ф., Габибов А. Б., Денисов А. Д., Колосова Н. Н., Мотько С. М., Поломошнов П. А., Пойда Е. Е., Полякова Н. А., Поцелуева О. Н., Хоменко Т. В., Чебуракова М. С., Чумакова Т. Н., Янова Э. Н. Российская реформа высшего образования：итоги и перспективы. п. Персиановский，2011：253.

表 3-3-3 2010 年俄罗斯"热门专业排行榜"

排序	专业名称	排序	专业名称
1	法理学	11	外语
2	经济和管理	12	企业经济和管理
3	管理技能	13	营销
4	经济	14	旅游
5	金融与信贷	15	海关事务
6	广告	16	心理学
7	行政管理	17	设计
8	企业管理	18	会计
9	人事管理	19	分析
10	新闻	20	审计

资料来源：Поломошнов А. Ф., Габибов А. Б., Денисов А. Д., Колосова Н. Н., Мотько С. М., Поломошнов П. А., Пойда Е. Е., Полякова Н. А., Поцелуева О. Н., Хоменко Т. В., Чебуракова М. С., Чумакова Т. Н., Янова Э. Н. Российская реформа высшего образования: итоги и перспективы. п. Персиановский, 2011: 253-254.

录取情况反映出专业选择的兴趣转向。2010 年的"热门专业排行榜"详见表 3-3-3，与 2009 年相比，行政管理、企业管理、人事管理专业失去了领先地位。尽管受到经济危机的影响，新闻、外语、营销和国际关系专业仍是考生的热门专业，喜欢设计、心理学、营销和会计专业的考生人数明显增多，旅游、海关事务和信息专业的地位也有很大提高。[1] 考生对工程技术专业的兴趣大大降低，时任教育科学部副部长阿列克桑德拉·赫鲁诺夫提出，必须支持对自然和技术科学人才的培养。[2] 国家着力发展某些专业，每年增加这些专业的招生人数，如：自动和管理专业（从 2005 年起招生名额增加了 77%），信息安全专业（增加了 47%），海洋技术专业（增加了 11%）等。

按照时任教育科学部职业教育局局长阿尔乔姆·尼克托福的说法，2010 年

---

[1] Итоги приемной кампании 2010. http：// www. egemetr. ru.

[2] О ЕГЭ и судьбе проигравших вузов. http：//www. strf. ru/material. aspx? CatalogId =221&d_no=24772.

公费名额的专业分配发生了很大变化，经济和人文方面的专业名额减少，而技术和工程专业名额增加了。这种变化是合理的，当前国内工程师人数严重不足，更多的考生选择化学、物理、信息学作为统考的选考科目，如超过30%的考生选考化学，20%考生选考信息学。①此外，计划增加对服务领域专业人才的培养。一方面，是由于服务领域在飞速发展，俄罗斯正开展一些大型活动，如索契冬季奥林匹克运动会、世界大学生运动会、亚太地区峰会需要这方面的人才；另一方面，年轻人对服务行业感兴趣，未来会有广阔的就业市场。服务领域的专业曾是2009年考生最感兴趣的专业之一：1个公费名额可接收到227份申请（1∶227），其他的领先专业还有信息安全专业（1∶68）及能源、能源机械制造和电气设备专业（1∶34）。

2010年统考的结论是稳定统考的中间成绩即所有科目从规定的最低分数线到高分线（80分）之间的成绩，并按照地区平均分配统考的高分成绩。因此，2010年低于最低分数线的考生人数减少了（从2009年的2.89万人到2010年的1.95万人），满分生人数增加了（从2009年的2333人到2010年的2879人），异常高分成绩的地区数量减少了。对于考生而言，最具吸引力的科目排名次序是：社会学（52%）、物理、历史、生物。②

2010年招生时出现了一些执法规范问题和各种优惠类别的招生问题。定向招生名额从2009年的30%减少到20%，"定向生"分数比其他考生要低。相关部门建议把定向招生名额缩减到15%，提高那些与高校签订定向培养专业人才协议的派遣单位的责任，全面审查这些定向生到派遣单位工作的情况。同时，在录取定向生的通知中，建议补充关于派遣单位的信息。此外，还需解决中学生奥赛获胜者和获奖者利用优惠政策的问题，2010年这类考生有2.33万人。相关部门建议限制优惠条件的使用次数，只能使用1次，这样可以防止优惠生在众多名牌大学中"迷失"，使大学对整体的竞

---

① О внесении изменений в Порядок приема в вузы и учреждения среднего профессионального образования. Российское образование. Федеральный портал. http://www.edu.ru/index.php…

② Поломошнов А. Ф.，Габибов А. Б.，Денисов А. Д.，Колосова Н. Н.，Мотько С. М.，Поломошнов П. А.，Пойда Е. Е.，Полякова Н. А.，Поцелуева О. Н.，Хоменко Т. В.，Чебуракова М. С.，Чумакова Т. Н.，Янова Э. Н. Российская реформа высшего образования：итоги и перспективы. п. Персиановский，2011：255.

争情况更加了解。①

2010年统考再一次凸显出毕业生考核鉴定和高校招生过程中的问题和违规现象。其中包括统考的成绩不客观、腐败现象增长、测试材料质量低、各地统考机构不令人满意等。

尽管国家统一考试已经成为俄罗斯的法律规定，但依然遭到很多人的反对，比如：谢尔盖·米拉诺夫领导的"公平俄罗斯"，俄罗斯共产党，部分教师、科学团体代表，部分中学生及家长等。

国家统一考试支持派的基本观点认为：统考能够对考生知识水平进行独立客观的评价，推进了高校招生考试的公平与民主；统考使考生摆脱了各种付费培训班和辅导教师，减轻了学生和家长的负担；统考防止了招生过程中的贿赂与腐败；扩大了弱势群体和偏远地区学生的入学机会；统考加强了教育的统一性和标准化，客观评估中等教育机构的教育质量；统考符合国际教育标准，推动了俄罗斯教育的国际化；统考有利于加强中央领导权力、强化民族统一空间、振奋俄罗斯民族精神以恢复其大国地位；等。

国家统一考试反对派的基本观点认为：统考的主要不足在于它的一次性，仅凭一次考试结果不能完全反映考生的知识水平；统考没有考虑到考生的个体差异和学习条件的差异；统考并不能有效防止腐败，而且会滋生出新的腐败；统考把教学过程变成了应试过程，不利于学生的全面发展；统考使考生的心理压力过大；统考操作的技术层面存在很多漏洞；等。他们确信，统考制度有关培养学生的理念不正确，有36%的俄罗斯人对鉴定中学毕业生知识水平的测试系统不满意。② 同时，为推行统考制度，联邦预算为此付出了很大的代价。③ 总体上，八年的统考试验花费了大约十亿美元。④

---

① Поломошнов А. Ф., Габибов А. Б., Денисов А. Д., Колосова Н. Н., Мотько С. М., Поломошнов П. А., Пойда Е. Е., Полякова Н. А., Поцелуева О. Н., Хоменко Т. В., Чебуракова М. С., Чумакова Т. Н., Янова Э. Н. Российская реформа высшего образования: итоги и перспективы. п. Персиановский, 2011: 270.

② Единый госэкзамен: зло или благо для российского образования. http://svpressa.ru/society/article/9134/.

③ ЕГЭ нанесёт вред не только образованию, но и экономике страны. Редакция "КапиталаСтраны". http://www.kapital-rus.ru/index.php/articles/article.

④ Единый госэкзамен: зло или благо для российского образования? . http://svpressa.ru/society/.

2010年"列瓦达中心"所进行的社会调查显示,支持统考代替高校传统入学考试的占25%,反对统考的占31%,激烈反对者占12%。相比之下,2002年的激烈反对者只占6%。在被调查者中,41%的人认为,与传统考试相比,用统考鉴定中学毕业生知识水平更糟糕;28%的人认为不好也不坏;27%的人认为统考导致教育腐败现象增加;15%的人认为实行统考后受贿和其他滥用职权的情况减少了。相比较,支持统考的主要是18~24岁人群和高需求人群,而观点比较保守的主要是受过高等教育的,或者需求较低的40~54岁的被调查者。①

四、国家统一考试的组织机构

国家统一考试的组织工作由俄联邦教育科学督察署、各联邦主体教育管理机关、地方教育管理机关以及设立的相应考试委员会、学科委员会和冲突调解委员会共同实施。各部门分工明确、各司其职,保证了统考工作的顺利进行。统考的组织和分工可以从纵向和横向两个维度来看:

(一)纵向的管理职能分配

从纵向上来看,联邦教育科学督察署、各联邦主体教育管理机关、地方教育管理机关以及设立的相应考试委员会、学科委员会和冲突调解委员会构成了三级统考管理体制,这是权力分配的垂直维度。②

1. 联邦教育科学督察署的职能

联邦教育科学督察署全面负责统考的组织和实施工作,在俄罗斯境内和境外组织和进行统考时,联邦教育科学督察署履行如下职能:

(1)制定统考试卷的设计、使用和保存等规则;

(2)研发和鉴定考试题目,包括选择题和简答题的答案,扩展问答题的评分标准等;

(3)为各联邦主体的统考组织工作提供业务指导和保障;

(4)确定每年进行统考的时间表、每个科目的考试时间和考试时长;

(5)划定每年各统考科目的最低分数线;

---

① Число противников ЕГЭ в России растет Псковская Лента Новостей 02.06.2010. http://www.regnum.ru/allnews/81014.html.

② Единый государственный экзамен в системе образования Российской Федерации. 2012 http://www.bibliofond.ru/detail.aspx?id=521306.

(6) 组织进行集中评阅统考试卷；

(7) 设立管理考生资料和统考成绩的联邦信息系统；

(8) 对统考的进程实施监控，包括在境内和境外组织统考的规定程序，以巡视（监察）和室内检查等方式进行。

(9) 用科学方法和信息技术保障统考的顺利完成。

2. 联邦主体教育管理机关的职能

为了保证在联邦主体内统考的顺利进行，联邦主体的教育管理机关主要履行以下职能：

(1) 组织和保证在联邦主体内设立国家考试委员会（委员会主席需经联邦教育科学督察署批准）、学科委员会和冲突调解委员会，选拔和培训统考工作人员；

(2) 确定联邦主体内进行统考的地方组织图表，包括统考的报名点、考场数量和地址、考生分布、偏远地区清单等，任命考点管理人员和技术保障人员；

(3) 通知考生及家长（监护人）统考信息，包括通过地方教育管理机关和学校，以及通过官方网站、专栏、媒体、热线电话等渠道，解答关于统考成绩发布、递交审议诉求等问题；

(4) 建立和管理联邦主体内考生资料和成绩的信息库；

(5) 在保存和运输统考试卷的过程中，保证遵守统考安全纪律；

(6) 保证遵守处理统考试卷的规定时间和程序；

(7) 保证让考生了解他们所获得的统考成绩，包括了解每个科目统考成绩的发布时间和程序，监督考生了解统考成绩的情况，保证把联邦主体考试委员会和冲突调解委员会针对统考成绩变更或取消等问题的决定通知给考生；

(8) 根据俄联邦教育科学部所规定的程序，为考生办理和下发统考成绩证明。

3. 国家考试委员会、学科委员会和冲突调解委员会的职能

联邦考试委员会、学科委员会和冲突调解委员会是联邦教育科学督察署为了在俄罗斯境外组织和举行国家统一考试而设立的，主要任务是在俄罗斯境外组织统考、批阅试卷、审议考生诉求等。而俄罗斯境内的国家统一考试则是由各联邦主体的国家考试委员会、学科委员会和冲突调解委员会来具体执行。

联邦主体国家考试委员会是由联邦主体的教育管理机关为了组织和进行国家统一考试而设立的，由联邦主体的权力执行机关、各层面教育管理机关的代表，中学、中专和高校的代表，以及所有相关方面的代表组成，成员人数 20～30 人。联邦主体教育管理机关上报俄联邦教育科学部批准国家考试委员会的人员构成，考试委员会的权限期限为 1 年。

国家考试委员会依据俄联邦和联邦主体的各项法律法规和教育条例开展工作，必要时，也可以设立地方考试委员会和其他下设分部。这些部门的功能、权限、工作程序和期限在考试委员会准则或这些委员会（下设分部）的准则中加以规定。

学科委员会负责试卷批阅，冲突调解委员会负责考试违纪和成绩申诉。冲突调解委员会由联邦主体的教育管理机关、其他联邦主体权力执行机关、地方自治教育管理机关、中学、中专、高校、业余职业学校及社会联合组织和机构的代表组成。

（二）横向的组织过程分工

按照组织国家统一考试的时间维度，在统考准备阶段，联邦教育测试研究院在联邦教育科学督察署的领导下编制统考试题，联邦测试中心准备统考试卷，并在考试前 3 天内，把测试材料（试卷、登记表、答题卡及其他资料）以及统考成绩证明表送达各联邦主体的信息处理中心，禁止在考试开始前打开测试材料。各联邦主体因所处时区的不同会收到难度相同、但考题不同的试卷。信息处理中心经考试委员会将试卷送达考点，电子版本的试题会在考试开始前现场打印。考试结束之后，密封的测试材料由考试委员会全权代表从考点送回信息处理中心。

在阅卷阶段，客观题由各联邦主体的信息处理中心使用计算机进行评阅，主观题则由联邦测试中心负责，由学科委员会的两名专家评阅。待客观题评分结束后，成绩呈报给联邦测试中心，联邦测试中心对成绩进行汇总和转换。联邦教育科学督察署发布统考各科目的最低分数，并在 3 个工作日内，联邦测试中心通过各联邦主体的信息处理中心、考试委员会和考点将成绩通报给考生。在成绩公布后的 2 个工作日内考生可以就成绩问题向冲突调解委员会提起申诉。[①] 如果冲突调解委员会判决考生违反统考法定程序，考

---

① 邵海昆、陈骁：《俄罗斯高考：历史与现实》，《教育与考试》2015 年第 2 期，第 36 页。

试委员会通过决定取消该考生相应科目的成绩，允许他在统考时间表所规定的其他时间参加统考。

五、国家统一考试的法律保障

（一）国家层面的法律保障

国家统一考试依据的基本法律文件有 1992 年 7 月 10 日第 3266-1 号《俄罗斯联邦教育法》①、2009 年 2 月 24 日俄联邦教育科学部第 57 号《关于国家统一考试的实施办法》② 及相关的补充规定。2012 年 12 月 29 日第 273-ФЗ 号《俄罗斯联邦教育法》颁布以来，有关国家统一考试方面的相应规定以新法为准。

这些基础法规，确立了在俄罗斯境内和境外组织和举行国家统一考试的准则，包括国家统一考试的参加者、他们的权利和义务、评阅试卷的程序、递交和审议诉求、组织社会观察和监督系统等。

1. 参加范围

参加国家统一考试的人员包括：

（1）掌握中等（完全）普通教育大纲的学生和按规定程序进行国家总结性评价的应届毕业生。

（2）在基础职业教育大纲范围内，掌握中等（完全）普通教育国家教育标准的初等和中等职业教育机构的学生。

（3）具有中等（完全）普通教育、初等或中等职业教育毕业证书的往届毕业生（这些证书在获得统考成绩证明前未过有效期）。

（4）在国外教育机构获得中等（完全）普通教育的公民。

（5）有封闭偏常行为和对社会有危害少年的专门教育机构的毕业生，刑事执行系统教育机构的毕业生，以及健康状况异常、有权自愿参加统考的毕业生。

---

① Закон Российской Федерации от 10.07.1992 No 3266-1 ,《Об образовании》（Собрание законодательства Российской Федерации）.

② Приказ Министерства образования и науки Российской Федерации от 24.02.2009 No57, Об утверждении Порядка проведения единого государственного экзамена（Российская газета, 2009, No 55; 2010, No 176）.

2. 日程安排

（1）参加国家统一考试的人员，在每年3月1日之前递交报考申请，选定准备参加统考的科目清单。身体状况异常的考生在递交报考申请时，需提交心理医疗教学委员会的鉴定结论或联邦社会医学鉴定机构出具的残疾等级证明的原件或复印件。

（2）往届毕业生、初等和中等职业教育机构的毕业生以及在国外获得中等（完全）普通教育，在进行国家总结性评价阶段没有机会参加统考的公民，有权在7月5日之前递交参加统考的申请。

在规定期限结束后，只有出具令人信服的理由（疾病或者其他文件证明的情况），才能变更申请中所选定的考试科目。

在12月31日之前，各联邦主体的教育管理机关需在大众媒体和官方网站上，公布下一年参加统考的登记地点，并专门刊登联邦主体权力执行机关的相关法律规范。

中学将统考成绩作为应届毕业生的国家总结性评价结果，而中等专业学校和高校将相应科目的统考成绩作为入学考试成绩。

（二）联邦主体层面的法律保障

根据《俄罗斯联邦教育法》、联邦教育科学督察署2010年2月3日《关于规范法律保证在俄联邦主体内举行国家统一考试的命令》等规定，联邦主体权力执行机关可以在不违背《俄罗斯联邦教育法》的前提下制定自己的教育法规。

2009年2月24日教育科学部第57号《关于国家统一考试的实施办法》[1]、2009年4月15日教育科学部第133号《关于建立和管理联邦资料库以及联邦主体统考参加者和统考成绩资料库的命令》[2]和2009年3月2日

---

[1] Приказ Министерства образования и науки Российской Федерации от 24.02.2009 No 57 《Об утверждении Порядка проведения единого государственного экзамена》(Российская газета, 2009, No 55; 2010, No 176).

[2] Приказ Министерства образования и науки Российской Федерации от 15.04.2009 No 133《Об утверждении Порядка формирования и ведения федеральных баз данных и баз данных субъектов Российской Федерации об участниках единого государственного экзамена и о результатах единого государственного экзамена, обеспечения их взаимодействия и доступа к содержащейся в них информации》.

教育科学部第 68 号《关于下发国家统一考试证明的程序》[①] 等规定，保证了与联邦主体之间的相互协作和信息共享。根据联邦法律和系列联邦法规，联邦主体权力执行机关发布了以下保障和进行国家统一考试的管理规定：

1) 关于机构和编制的规定包括：

(1) 联邦主体内进行统考的地方组织信息表，包括统考考场登记地点和下发统考成绩证明的地点、统考考场（流动考场）的数量和所在位置、考生的考场分配地点、首次处理信息的场所、联邦主体偏远地区清单；

(2) 联邦主体考试委员会、学科委员会和冲突调解委员会准则，必要时设立的地方考试委员会（分部）准则；

(3) 联邦主体的学科委员会和冲突调解委员会的人员编制；

(4) 流动考场的领导和工作人员编制。

2) 规定统考工作人员的补贴金额和支付程序。

3) 强化地区信息处理中心的职能，在联邦主体内全权进行统考的组织和技术保证工作。

4) 使考生了解统考每个科目成绩公布的日期和程序。

5) 关于资料库的规定包括：

(1) 联邦主体关于统考参加者和统考成绩资料库内的信息、程序和条件；

(2) 针对信息交换的技术和组织要求；

(3) 联邦主体关于统考参加者和统考成绩资料库的供应人所提供的信息清单和信息量，提供信息的截止时间和形式；

(4) 联邦主体关于统考参加者和统考成绩资料库的用户所收到的信息清单和信息量；

(5) 联邦主体关于统考参加者和统考成绩资料库内的信息保存期限。

6) 任命责任人收取、保存、登记和下发证明材料，按数量和质量接收证明材料，还包括：

(1) 联邦主体内组织和进行统考时部门间的相互协作；

---

① Приказ Министерства образования и науки Российской Федерации (Минобрнауки России) от 2 марта 2009 г. №68 《Об утверждении порядка выдачи свидетельства о результатах Единого государственного экзамена》(в ред. Приказа Минобрнауки РФ от 09.03.2010 N 169).

(2) 通知统考参加者及其家长关于组织和进行统考的程序；

(3) 委托社会监督员；

(4) 在刑事执行系统教育机构中组织和进行统考的条件；

(5) 培训应邀参与统考的专家；

(6) 考试之前测试材料的保存程序，保存测试材料的责任人类别；

(7) 确认考试当天有权待在考场的人员身份和证明（社会监督员、媒体代表及其他）；

(8) 对统考参加者自动分配考场的程序。

（三）违反统考规责的法律责任

俄罗斯联邦法律保障教育机构学生和学员的权利，权力机关和教育机构依法履行相应的职责。俄联邦行政处罚法是针对教育领域违法现象进行处罚的司法保障。俄联邦行政处罚法规定，自然人或法人的违法行为、过失行为（无作为）属于行政违法，须承担相应的行政责任。"违反教育权利及俄联邦教育法所规定的教育机构学生和学员的权利和自由"属于"侵害公民权利的行政违法"。

统考曾经出现过网络泄露试题、大学生替考和冒名入学等违法行为，俄联邦教育科学督察署委托内务部进行调查。2011年8月18日在迈科普举行的教师会议上，时任俄总统德米特里·梅德韦杰夫要求俄联邦政府和教育科学部通过法律和技术手段，杜绝统考的违法行为。梅德韦杰夫指出："今年我们又发现了一些不利情况，试题被放到了社交网络上，还有大学生替考。但我认为，这不是统考的产物。"梅德韦杰夫强调："这种事件严重违反了规定程序，是缺乏文明的表现。为了杜绝类似事件的发生，我要求教育科学部、政府全面通过用以打击这种违法行为的法律和技术。"[1]

2011年8月初，比罗格夫医学院的招生工作出现了风波。在比罗格夫医学院拟录取的公费生名单中出现了没有参加统考的人员。经过社会卫生发展部与联邦教育科学督察署共同调查证实了违法事实。结果被免职的有招生委员会主席尼古拉·瓦罗金校长、招生委员会秘书长，以及参与考生名单作弊的三人。时任教育科学部部长安德烈·富尔先科说："联邦教育科学督察

---

[1] Единый государственный экзамен в системе образования Российской Федерации. 2012. http://www.bibliofond.ru/detail.aspx?id=521306.

署正在研发自动信息系统，可以把没有参加统考的人员从拟录取的新生名单中去掉，杜绝类似比罗格夫医学院事件的发生。"并指出"比罗格夫医学院严重违反了招生条例，是一种欺骗、欺诈行为"[1]。

因此，在统考过程中发生的违法行为，不仅属于行政违法行为，而且属于刑事犯罪行为。联邦教育科学督察署要求追究统考违法行为的刑事责任，这样可以明显遏制欺骗行为。违反统考条例的刑事责任应用于官员和组织者，对进行违法招生活动的招生委员会主席和成员、大学校长等应实行更严格的制裁。

运用法律保障国家统一考试的顺利进行，一个明显的趋势就是制定越来越详细具体的法规条例。首先发现它的不完善，然后随着时间的推移，在目标明确的活动中运用法律调节国家统一考试的各种关系，不断提升政策法规水平和执行水平。

第四节　国家统一考试的发展与完善

2013年9月1日正式生效的新《俄罗斯联邦教育法》将高等教育划分为三个阶段：学士、文凭专家和硕士、副博士和博士。规定俄罗斯实行国家统一考试制度，统考成绩的有效期延长至4年。统考成绩是高等学校录取新生的基本依据，同时还保留了多元化的招生方式，即给予特殊群体优惠政策和赋予部分高校举行入学附加考试的权利。高等学校具有硕士和博士招生自主权。国家统一考试在长期的实践过程中，根据各方的意见建议和每年的具体情况，对统考内容和组织工作不断调整、引进和完善，力求达到制度的合理化和最优化。

一、丰富考试类别和考题类型

2010年，负责统考的相关部门对数学和文学科目的试题做了一些调整，因为在2009年的考试中有25%的考生数学成绩不及格。调整后的试题更具体、更贴近生活，不仅包括公式和定理方面的知识，还考查它们在实践中的灵活应用。文学科目的主要问题是客观评价和主观评价不能一分为二，有时

---

[1] Единый государственный экзамен в системе образования Российской Федерации. 2012. http://www.bibliofond.ru/detail.aspx?id=521306.

也需要综合直观的测试。外语考试增加了口语部分，口语考试占 20 分（满分 100 分），考生可自愿选择是否参加。如果考生选择不参加口语考试，那么外语成绩最高只能达到 80 分。统考试题的类型也有所调整，逐步取消容易猜出答案的选择题，保留创造性和发挥性题型。数学和文学科目的试卷已不包括选择题，其他科目也将逐步取消选择题型。

从 2014 年起，数学考试根据难易程度分为两种水平：基础水平和专业水平，考生根据报考专业的要求选择相应的水平考试。基础水平应用于中学毕业考试，如果联邦教育科学部和高校规定数学为入学必考科目，则考生必须参加专业水平的考试。

2013 年新《教育法》规定，附加考试分为三种：（1）部分高校自主进行的特定专业的附加考试。政府每年公布有资格在统考基础上举行专业附加考试的高校名单，莫斯科国立大学和圣彼得堡国立大学无须政府批准，具有每年均有在任一专业举行附加考试的权力。（2）创造性和（或）职业方向的附加考试。设有体育、艺术、建筑、电视广播等 60 个专业的所有高校均可举行专业创造能力的附加考试，详见表 3-3-6。（3）国立高校在招收进入国家公务机关、国家机密机关的专业附加考试。

表 3-3-6　创造性和（或）职业方向附加考试的专业

考试类型	编码	专业	编码	专业
职业考试（按专业）	25.05.05	飞机运营处和航空机构	31.05.01	医疗机构
	31.05.02	儿科	31.05.03	牙科
	38.05.02	海关		
职业考试（按培养方向）	07.03.04	城市规划	25.03.03	导航学
	25.03.04	机场运营和地勤保障	44.03.04	职业培训（按领域）
	45.03.01	语文学		
面试（按培养方向）	44.03.03	专门教育（残疾儿童教育学）		
职业考试和（或）面试（按培养方向）	48.03.01	体育	49.03.02	残疾人体育（适应性体育）
	49.03.03	休闲和运动保健旅游		

续表

考试类型	编码	科目	编码	科目
职业考试或创造性考试(按培养方向)	44.03.01	教育学	44.03.05	教育学(两个培养专业)
职业考试和(或)创造性考试(按专业)	54.05.01	纪念碑装饰艺术	55.05.04	制片
职业考试和(或)创造性考试(按培养方向)	07.03.01	建筑师	07.03.02	建筑遗产修复
	07.03.03	建筑环境设计	29.03.04	材料艺术改造技术
	42.03.04	电视	50.03.02	优雅艺术
	50.03.03	艺术史	51.03.02	民族艺术学
	51.03.05	剧院演出和节日导演	54.03.01	设计
	54.03.02	实用装饰艺术和民间手工业	54.03.03	服装和纺织艺术
	54.03.04	复原艺术		
创造性考试和(或)职业考试和(或)面试(按专业)	52.05.01	表演艺术	52.05.02	剧院导演
	52.05.03	舞台艺术	53.05.01	音乐会表演艺术
	53.05.02	交响乐和合唱团艺术指挥	53.05.03	音乐录音导演
	53.05.04	剧院音乐艺术	53.05.05	音乐学
	53.05.06	作曲	53.05.07	军乐团指挥
	54.05.02	写生	54.05.03	素描
	54.05.04	雕塑	54.05.05	写生和美术
	55.05.01	电影和电视导演	55.05.02	视听艺术音响导演
	55.05.03	电影摄影师	55.05.05	电影学

续表

考试类型	编码	科目	编码	科目
创造性考试和(或)职业考试和(或)面试(按培养方向)	42.03.02	记者	52.03.03	马戏艺术
	52.03.04	编剧艺术	52.03.05	戏剧学
	52.03.06	话剧学	53.03.01	舞台音乐艺术
	53.03.02	器乐艺术	53.03.03	声乐艺术
	53.03.04	民歌艺术	53.03.05	指挥
	53.03.06	音乐学和实用音乐艺术		
创造考试和(或)面试(按专业)	52.05.04	文学创作		
创造考试和(或)面试(按培养方向)	42.03.05	社交媒体	52.03.01	舞蹈设计艺术
	52.03.02	舞蹈表演艺术		

资料来源：Порядок приёма на обучение по образовательным программам высшего образования-программам бакалавриата, программам специалиста, программам магистратуры на 2015/16 учебный год. Утвержден приказом Министерства образования и науки Российской Федерации от 28 июля 2014г. №839. http://mon.gov.ru.

二、适当调整统考日程安排

俄罗斯每年的统考日程和针对的考生群体都有所不同，如 2014 年的统考分为三个阶段：提前批、正常期和补考期，每个阶段针对特定的考生群体，并且每个阶段都安排备用的考试时间，以备考生因报考科目集中在一天而未能参加考试，或因考生突发疾病以及其他正当理由不能参加或未能完成考试。2015 年的统考分为提前批和正常期两个阶段，毕业作文成绩合格的考生可以参加两个阶段的考试，另外还针对往届毕业生在 2 月份提前安排了俄语和地理考试。2016 年的统考分为提前批和正常期两个阶段，详见表 3-3-7。对于没有通过俄语或数学科目考试，或者考试成绩不理想的考生，还可以在 9 月份参加这两门科目的补考。

考试从当地时间 10：00 开始。由于俄罗斯地跨 11 个时区，为避免考题泄露，每个时区使用内容不同但难度标准相同的考题。数学（专业水平）、物理、文学、信息学、社会学、历史科目的考试时长为 235 分钟，俄语、化学科目的考试时长为 210 分钟，数学（基础水平）、生物、地理、外语（英、法、德、西）的考试时长为 180 分钟，外语口试为 15 分钟。

表 3-3-7　2016 年国家统一考试各科目的日程安排

统考阶段	时间	科目
提前批	3月21日（星期一）	数学（基础水平）
	3月23日（星期三）	信息学、历史
	3月25日（星期五）	俄语
	3月28日（星期一）	数学（专业水平）
	3月30日（星期三）	社会学
	4月1日（星期五）	地理、文学
	4月2日（星期六）	物理、化学
	4月8日（星期五）	外语（英、法、德、西）（口试）
	4月9日（星期六）	外语、生物
	4月15日（星期五）（备用）	俄语
	4月16日（星期六）（备用）	数学（基础水平、专业水平）
	4月21日（星期四）（备用）	文学、化学、信息学
	4月22日（星期五）（备用）	外语（英、法、德、西）、历史、社会学
	4月23日（星期六）（备用）	外语（英、法、德、西）（口试）、地理、物理、生物
正常期	5月27日（星期五）	地理、文学
	5月30日（星期一）	俄语
	6月2日（星期四）	数学（基础水平）
	6月6日（星期一）	数学（专业水平）
	6月8日（星期三）	社会学
	6月10日（星期五）	外语（英、法、德、西）（口试）
	6月11日（星期六）	外语（英、法、德、西）（口试）
	6月14日（星期二）	外语（英、法、德、西）、生物
	6月16日（星期四）	信息学、历史
	6月20日（星期一）	化学、物理
	6月22日（星期三）（备用）	地理、外语（英、法、德、西）、化学、社会学、信息学

续表

统考阶段	时间	科目
	6月23日（星期四）（备用）	外语（英、法、德、西）（口试）
	6月24日（星期五）（备用）	文学、物理、历史、生物
	6月27日（星期一）（备用）	俄语
	6月28日（星期二）（备用）	数学（基础水平、专业水平）
	6月30日（星期四）（备用）	所有科目
补考期	9月10日（星期六）	数学（基础水平、专业水平）
	9月17日（星期六）	俄语
	9月24日（星期六）（备用）	俄语、数学（基础水平、专业水平）

资料来源：Приказ №72 об утверждении расписания ЕГЭ в 2016 году. http://www.ctege.info/ege-2016/raspisanie-ege-2016.html.

三、加强统考的监督和测评

加强统考的组织和监督表现在以下几个方面：（1）由法律部门、教育部门、大众媒体、学生家长及其他社会团体组成的社会监督系统对统考全程进行监督；（2）设立统考社会监督员，监督员必须参加专门培训。监督员有权监督统考各个阶段的工作，重点监督统考的公正、诚信和透明；（3）成立社会独立考试机构。为保证统考的公正和透明，以及为考生提供多次补考的机会和减轻其心理压力，部分地区成立了常年工作的社会独立考试机构。从2015年起，考生可以在考试机构参加不限次数的统考补考，直到获得理想的考试分数。目前社会独立考试机构的数量还非常有限，今后将逐步扩大到各联邦区。

另外，国家统一考试作为评估工具，它的结果不仅评价学生，而且评价学校和地区的教育质量。因此，必须注意两方面的工作：一是对比分析不同年份的国家统一考试结果所反映出来的教学质量变化；二是相关组织建立全俄教育质量评估系统。俄政府按照联邦教育测试研究院的要求成立了科研机构，研究分析国家统一考试的内容和结果，还成立了统考区域网络信息处理中心和教育质量评估中心等。这些机构的工作主要是分析、评估与国家统一考试相关的决策，以及与国家统一考试同时进行的教育系统信息化。虽然这两方面工作看起来方向平行、互不相交，但显然没有教育系统信息化，国家统一考试就不能作为原则实施。换言之，联邦教育信息化实施方案为实行国家统一考试奠定了技术基础，因此，评价国家统一考试要在教育现代化的主流背景下进行。

四、录取参考多种评价要素

中学毕业生须完成中等教育 11 年级的学习，而且必考科目——俄语和数学的统考成绩必须及格才能获得中等教育毕业证书。统考成绩不影响毕业鉴定内容，但如果毕业生的两门必考科目没有及格，就只能发给中学学习证明，待一年以后再补考。不过，从 2014 年起，考生在所有科目上均有一次补考机会。此外，中学生在完成中等教育阶段某科目的学习任务后，即可参加该科目的统考，例如，如果中学生在 10 年级已全部完成地理知识的学习，便获得了参加地理科目统考的权利。

联邦教育科学督察署每年均会划定统考各科目的最低分数线，详见表 3-3-8，并解答关于统考考题的基准难度、统考考题对评估考生基本水平的要求、考生能够升入大学学习的能力要求等。从每年的各科目平均分可以看出学生的知识掌握水平，详见表 3-3-9。各高校有权自主划定不低于联邦教育科学督察署规定的招生分数线。考生要达到高校要求的最低分数线，才具备报考该高校的基本资格。统考成绩按百分制评定，从 2010 年起不再将统考成绩转换为传统五分制。

在俄罗斯总统普京的建议下，从 2014 年起全国开始实行中学生毕业作文制度。每年 12 月份，中学应届毕业生根据联邦教育科学督察署批准的题目撰写毕业作文，毕业作文成绩被评为"不合格"的学生可以在第二年的 2 月和 5 月重新撰写。因此，中学应届毕业生除完成中等教育阶段学业要求且没有挂科外，毕业作文也要"合格"。此外，俄罗斯教育科学部赋予各高校自主决定在新生录取过程中是否参考毕业作文成绩的权利。如果高校采纳毕业作文成绩，或者给考生指定作文考试，作文计分不超过 10 分，与统考成绩一并计入考生总分。

从 2015 年起，高校招生时可以将考生获得的各级各类奖项（如在"劳动与卫国体育制度"中获得奖章、中学毕业鉴定获得优秀）等个人成就以及从事志愿者工作情况等换算成分值，计分不超过 10 分，与统考成绩一并计入考生总分，由高校自主决定是否计分及计分比重。①

---

① Порядок приёма на обучение по образовательным программам высшего образования-программам бакалавриата, программам специалиста, программам магистратуры на 2015/16 учебный год. Утвержден приказом Министерства образования и науки Российской Федерации от 28 июля 2014г. №839. http://mon.gov.ru.

因此，俄罗斯现行的招生考试政策为：在国家统一考试初步筛选的基础上，全国每年有 20 个左右的高校经政府批准可以再举行一次专业附加考试；有 60 个专业可以举行创造能力和职业方向的附加考试；对于体现考生中学学业水平和综合素质的个人成就，则由联邦教育科学部规定个人成就的范围、内容和分值上限，各高校自主决定每项成就的具体分值。最后将国家统一考试成绩、附加考试成绩、个人成就得分相加得出总成绩，根据总成绩的分数高低择优录取新生。

表 3-3-8 2009—2016 年联邦教育科学督察署规定的各科目最低分数线

（各科满分均为 100 分）

年份	俄语	数学	物理	化学	信息学	生物	历史	地理	社会学	文学	外语
2009	37	21	32	33	36	35	30	34	39	30	20
2010	36	21	34	33	41	36	31	35	39	29	20
2011	36	24	33	32	40	36	30	35	39	32	20
2012	36	24	36	36	40	36	32	37	39	32	20
2013	36	24	36	36	40	36	32	37	39	32	20
2014	36	27	36	36	40	36	32	37	42	32	22
2015	36	27	36	36	40	36	32	37	42	32	22
2016	36	27	36	36	40	36	32	37	42	32	22

资料来源：根据俄联邦教育科学督察署网站（http://www.obrnadzor.gov.ru）公布材料整理得出。

表 3-3-9 2013—2015 年统考各科目的平均分

科目	统考平均分		
	2013 年	2014 年	2015 年
俄语	63.9	62.5	65.9
数学（专业水平）	49.6	46.4	45.4
数学（基础水平）			4.0

续表

科目	统考平均分		
物理	54.6	45.4	51.2
化学	68.7	55.3	56.3
信息学	63.5	57.1	53.6
生物	59.1	54.1	53.2
历史	55.9	45.3	46.7
地理	57.6	52.9	52.9
英语	73.0	62.8	64.8
社会学	60.1	55.4	53.3
文学	59.9	53.6	56.9

资料来源：根据俄联邦教育科学督察署网站（http://www.obrnadzor.gov.ru）公布材料整理得出。

五、规范录取优惠政策

2013年《俄罗斯联邦教育法》规范了录取优惠政策，确定了具有优先权的公民类别和详细标准。①

1) 有权免试报考相关专业的有：全俄中学生奥赛决赛阶段的获胜者和获奖者；参加国际奥赛的俄罗斯国家队成员；奥运会、残奥会的冠军和获奖者。

2) 涉及国防和国家安全、国家机密信息专业的国立高校，招收不需统考，只需通过高校自主入学考试的考生，包括：从部队退役、由部队推荐报考的人员；按合同服完3年以上兵役的军人（军官除外）；按面授—函授或函授学习形式掌握相应水平教育大纲的人员；战争伤残军人、战役参加者，

---

① Концепция проекта федерального закона 《Об образовании в Российской Федерации》. http://standart.edu.ru/catalog.aspx? CatalogId＝2851.

以及 1995 年《关于"老兵"的联邦法》中规定的参加战役的老兵。①

3) 孤儿、残疾孩子、具有一级残疾单亲的未满 20 周岁公民, 以及其他类别的人员享有依靠联邦预算资金公费报考国立高校预科的权利。②

4) 不需统考只需参加高校自主入学考试的有: 接受第二次高等教育的人员、健康状况异常的人员、外国公民和其他人员等。③ 非国立高校招收公费生、国立和市立高校招收自费生时, 为这些考生提供以下优先权: (1) 为提高普通教育培养水平, 依靠相应预算资金, 招收到国立高校预科学习; (2) 招收无需统考、只需通过高校入学考试的考生; (3) 招收免试入学的考生; (4) 在其他平等条件下提供优先权。④

在日益严重的人口危机下, 俄罗斯中学毕业生数量逐年减少, 2015 年中学毕业生的数量比 2014 年下降了 3.2%, 很多高校由于招生人数不足而降低了专业的录取分数线, 结果常常是招收了很多基础差的新生, 现在这个问题尤为突出。为解决这一问题, 俄联邦政府计划大量招收外国留学生, 增加外国留学生的公费生名额, 2015 年达到 1.5 万名, 2010 年基本持平, 同时采取了多项吸引外国留学生的政策和措施。2015 年还压缩了农业科学、社会科学、教育学等培养方向(专业)的招生规模, 扩大了工程技术类培养方向(专业)的招生规模, 比 2014 年增加了 21%。⑤

全面实行并不断改进国家统一考试的过程表明, 不论是俄联邦政府和教育科学部, 还是学术团体和普通民众都认为, 由于缺乏传统和经验, 国家统一考试作为鉴定中学生知识水平的工具和形式还不够完善, 必须不断加以调整修正, 不断改革创新, 既符合现实国情又能够与时俱进, 实现招生考试公平性与科学性的统一。

---

① Проект Федерального закона 《Об образовании в Российской Федерации》, гл. 15 ст. 137 (п. 7-8).

② Проект Федерального закона 《Об образовании в Российской Федерации》, гл. 15 ст. 137 (п. 9).

③ Концепция проекта федерального закона 《Об образовании в Российской Федерации》: http://standart.edu.ru/catalog.aspx?CatalogId=2851.

④ Проект Федерального закона 《Об образовании в Российской Федерации》, ч. 5 ст. 58, гл. 15 ст. 137 (п. 6).

⑤ 张晓东:《俄罗斯 2015 年高等教育招生形势》,《世界教育信息》2014 年第 6 期, 第 73 页。

第四章 俄罗斯现行高等学校招生政策

俄罗斯现行的高等学校招生政策是根据 2012 年 12 月 29 日颁布的《俄罗斯联邦教育法》制定的，按照高等教育大纲（学士和文凭专家教育）进行招生。① 高等学校进行招生时，教育法没有规定的部分，可根据自己的规章制度自行制定招生条例。② 本章将以俄罗斯高等学校 2015—2016 学年的招生为例，对俄罗斯现行的高校招生政策进行全面而详细地介绍。

第一节 招生要求与报考条件

在联邦教育科学部发布的《2015—2016 学年俄罗斯联邦高等学校招生章程》中，对高等学校的招生范围、名额分配、报考资格、招生机构和日程安排等做出了总体的要求和规定，明确了享受优惠政策应具备的条件以及体现考生综合能力的"个人成就"所包括的内容和计分标准。考生可根据自身情况按条件和要求进行报考。

一、招生基本要求

（一）招生范围

俄罗斯联邦公民、外国公民以及无国籍人士。

---

① Порядок приёма на обучение по образовательным программам высшего образования-программам бакалавриата, программам специалиста, программам магистратуры на 2015/16 учебный год. Утвержден приказом Министерства образования и науки Российской Федерации от 28 июля 2014г. №839. http://mon.gov.ru.

② Часть 9 статья 55 Федерального закона.

(二) 招生名额

招生名额分为计划内公费名额和计划外自费名额。

1) 计划内公费名额：依靠联邦预算、联邦主体预算、地方预算拨款，按名额招生。计划内公费名额包含特殊名额和定向名额。特殊名额给予：

(1) 残疾孩子、一二级残疾、天生残疾、战争伤残或服兵役期间致病的考生，联邦社会医学鉴定机构出具鉴定结论，证明这些伤残不影响他们在相应教育机构的学习；

(2) 孤儿和无父母监管的考生进入相应教育机构学习。

2) 计划外自费名额：依靠自然人或法人资助，根据所签署的教育服务合同，按名额招生。

(三) 报考资格

必须具有中等普通教育等级证书，证书是由：

1) 俄联邦教育科学部、卫生部、文化部颁发的教育等级证书或教育技能等级证书；[1]

2) 莫斯科国立大学、圣彼得堡国立大学或者教育委员会颁发的作为国家总结性评价的教育等级证书或教育技能等级证书；[2]

3) 外国的教育等级证书或教育技能等级证书，根据《俄罗斯联邦教育法》第107条和2014年5月5日第84-ФЗ号教育法补充规定第6条，由于克里米亚加入俄联邦，俄联邦增加了新的主体：克里米亚和联邦级城市塞瓦斯托波尔，俄联邦承认克里米亚和联邦级城市塞瓦斯托波尔的教育证书等级水平与俄联邦相应的教育等级水平相当。[3]

(四) 入学考试

如果教育法没有特殊规定，高校依靠预算拨款在竞试基础上择优招生。[4]

---

[1] См. часть 4 статьи 60 Федерального закона.

[2] См. часть 5 статьи 60 Федерального закона, часть 5 статьи 4 Федерального закона от 10 ноября 2009г. №259-ФЗ 《О Московском государственном университете имени М. В. Ломоносова и Санкт-Петербургском государственном университете》(Собрание законодательства Российской Федерации, 2009, 46, ст.5418; 2013, №19, ст. 2311; №27, ст. 3477).

[3] Собрание законодательства Российской Федерации, 2014, №19, ст. 2289.

[4] Часть 4 статьи 55 Федерального закона.

如规定按照高校自定条例，则通过自然人或法人缴付学费，按名额招生。①保证遵守教育法规，招收那些具有相应教育水平、最有能力掌握相应等级教育大纲的考生。

根据国家统一考试成绩招生，承认统考成绩作为入学考试成绩，以及作为某些高校自主入学考试成绩。

（五）招生形式类别

1) 按照条件要求或教育等级进行招生：

（1）按整个高校（包括它的所有分校）招生；或者高校单独招生、高校的每个分校单独招生；

（2）按照全日制、面授-函授、函授的形式单独招生；

（3）根据学士大纲、文凭专家大纲，按照考生的培养方向（专业）单独招生；

（4）按名额招生：

①在计划内公费名额内，除招收免试考生外，特殊名额及定向名额通过统考择优录取。特殊名额占高校计划内名额的10%以上，由高校按照每个培养方向（专业）确定；

②根据有偿教育服务合同，按名额招生（免试考生除外）。

（5）根据考生的教育等级招生：

①招收具有中等普通教育基础的考生；

②招收具有中等职业教育基础的考生，包括在《俄罗斯联邦教育法》生效前获得初等职业教育证书的考生；

③招收具有高等教育基础的考生。

按照职业教育的学士大纲、文凭专家大纲招生时，可以在职业教育、高等教育基础上分别招生。受过职业教育的考生按照中等普通教育的学士大纲、文凭专家大纲招生，受过高等教育的考生只能根据有偿教育服务合同按名额招录。

2) 按照培养方向（专业）进行招生：

（1）按照不同培养方向的学士大纲和不同专业的文凭专家大纲进行招生；

（2）按照培养方向范围内的不同学士大纲、按照专业范围内的不同文凭专家大纲进行招生；

---

① Часть 5 статьи 55 Федерального закона.

(3) 按照培养方向范围内学士大纲总和、按照专业范围内文凭专家大纲总和进行招生。

总之，可以用不同方法，按照不同的学士大纲、文凭专家大纲进行招生。

（六）招生机构

各校设立的招生委员会负责招生工作，包括分校（分部）的招生。招生委员会主席由高校领导、科研机构的领导或副领导担任。由招生委员会主席任命秘书长，秘书长组织招生委员会的工作，甚至亲自接待考生、考生家长（法定代表人）、受托人。

为组织入学考试，高校成立考试委员会和申诉委员会。招生委员会的工作职能和工作程序，根据招生委员会章程确定。考试委员会和申诉委员会的工作职能和工作程序，经招生委员会主席批准，由考试委员会和申诉委员会的章程确定。

（七）招生日程安排

以 2015—2016 学年的招生为例，按照全日制及面授－函授形式的学士大纲、文凭专家大纲，在下列期限内按名额招生：

1）2015 年 6 月 19 日之前，开始接收入学必需的材料；

2）2015 年 7 月 24 日之前，高等学校自主组织入学考试；

3）2015 年 7 月 6 日之后，按照创造性和职业方向附加考试成绩入学的考生，提交入学必需的材料；

4）2015 年 7 月 10 之后，按照其他入学考试成绩入学的考生，提交入学必需的材料。

按照函授学习形式招生和按照有偿教育服务合同招生，根据高校自行制定的招生条例执行。

二、招生优惠政策

（一）有权免试直接入学

1）全俄中学生奥赛决赛阶段的获胜者和获奖者，参加国际中学生奥赛的俄罗斯国家队成员，报考与奥赛科目一致的培养方向（专业）；[①]

2）根据 2014 年 3 月 21 日第 6-ФКЗ 号《关于俄联邦接收克里米亚和联

---

① Часть 4 статьи 71 Федерального закона.

邦级城市塞瓦斯托波尔成为新的俄联邦主体的联邦法》①，全乌克兰中学生奥赛第四阶段的获胜者和获奖者，以及参加国际中学生奥赛的乌克兰国家队成员中的俄联邦公民，报考与奥赛科目一致的培养方向（专业）；②

3）奥运会、残奥会、世锦赛、欧洲杯的冠军和获奖者，与奥运会、残奥会相同级别运动项目的世界冠军赛、欧洲冠军赛的冠军和获奖者（简称"体育项目的获胜者和获奖者"），报考体育和体育运动的培养方向（专业）。③

（二）有权享受公费名额

根据联邦社会医学鉴定机构的鉴定结论，适合在相应教育机构学习的残疾孩子、一二级残疾、天生残疾、战争伤残或服兵役期间致病的考生，以及出身于孤儿和无父母监管的考生，有权享受公费名额。

（三）有录取优先权④

1）孤儿和无父母监管的考生；

2）根据联邦社会医学鉴定机构的鉴定结论，适合在相应教育机构学习的残疾孩子、一二级残疾考生；

3）有一级残疾单亲、家庭人均收入低于其所在联邦主体规定的最低生活保障的未满20周岁的公民；

4）在车里雅宾斯克核电站事故中受到辐射影响的公民，适用于1991年5月15日第1244-1号《关于在车里雅宾斯克核电站事故中受到辐射影响的公民的社会保护的联邦法》；⑤

5）在执行军事任务中牺牲的军人子女，或在执行军事任务中因伤残或致病而死的军人子女，包括在反恐战役或在与恐怖分子作斗争的其他活动中

---

① Собрание законодательства Российской Федерации, 2014, №12, ст.1201; №22, ст.2766; №30, ст.4203.

② Часть 4 статьи 5 Федерального закона №84-ФЗ.

③ Часть 4 статьи 71 Федерального закона.

④ Часть 7 и 8 статьи 71 Федерального закона.

⑤ Ведомости Съезда народных депутатов РСФСР и Верховного Совета РСФСР, 1991, №21, ст.699; Ведомости Съезда народных депутатов Российской Федерации и Верховного Совета Российской Федерации, 1992, №32, ст.1861; Собрание законодательства Российской Федерации, 1995, №48, ст.4561; 1996, №51, ст.5680; 2000, №33, ст.3348; 2001, №7, ст.610; 2004, №35, ст.3607; 2011, №49, ст.7024; 2013, №27, ст.3446.

牺牲的军人子女；

6）牺牲（死亡）的苏联英雄、俄联邦英雄和两项荣誉勋章获得者的子女；

7）在执行公务中，因伤残或致病而牺牲（死亡）的内务部、刑事执行系统、国家消防部、联邦消防局、禁毒和精神药物监督机关、海关职员的子女，或者由于在上述机构任职期间染病，而此时正需要其抚养的子女；

8）在任职期间或离职后，由于工作原因伤残或致病而导致牺牲（死亡）的检察机关人员的子女；

9）按合同连续服役3年以上的军人，以及应召服役的公民，凭借指挥官按照联邦执行机关规定程序签发的推荐信，推荐信中需注明联邦法规定的服役内容；

10）按合同在俄联邦武装部队和其他部队，以及在军队和机构的军事岗位上服役超过3年，根据1998年3月28日第53-ФЗ号《关于军人职责和服兵役的联邦法》规定退伍的公民；①

11）残疾军人、参加过战役的军人，以及1995年1月12日第5-ФЗ号《关于"老兵"的联邦法》中规定的参加战役的老兵；②

12）直接参与核武器试验、军用放射线物质空中试验、地下核武器试验，运用这些武器和军用放射线物质演习，直接参与清除水上和水下轮船核装置及其他军事上的放射线故障，直接参与放射性物质回收和掩埋工作，以及直接参与清除这些故障遗漏问题的公民（军人和自愿受雇的俄联邦武装部队成员、俄联邦内务部军人、在铁路部队及其他军队服役过的人员、俄联邦内务部和国家消防部、联邦消防局职员）；

13）军人，包括俄联邦内务部军人，俄联邦内务部、刑事执行系统、国家消防部、联邦消防局职员，在车臣共和国及其邻近的武装冲突地带执行任务的人员，在北高加索地区反恐战役中执行任务的军人。③

---

① Собрание законодательства Российской Федерации, 1998, №13, ст. 1475；№30, ст. 3613；2001，№30，ст. 3061；2002，№26，ст. 2521；№30，ст. 3029，3033；2003，№1，ст. 1.

② Собрание законодательства Российской Федерации, 1995, №3, ст. 168；2000，№2，ст. 161；2002，№48，ст. 4743；2004，№27，ст. 2711.

③ Порядок приёма на обучение по образовательным программам высшего образования-программам бакалавриата, программам специалиста, программам магистратуры на 2015/16 учебный год. Утвержден приказом Министерства образования и науки Российской Федерации от 28 июля 2014г. №839. http://mon.gov.ru.

（四）其他优惠类别

1）隶属于联邦国家机关的、按补充普通教育大纲培养的中等学校和职业学校的毕业生，有进入到隶属于联邦国家机关的高等学校学习的优先权，目的是培养未成年学生进入到军事机关或其他国家机关服务。[①]

2）根据教育科学部规定程序进行的中学生奥赛的获胜者和获奖者，报考与奥赛科目一致的培养方向（专业）时，给予他们以下优惠政策：

（1）报考与奥赛科目一致的培养方向（专业）时，直接免试录取；

（2）报考与奥赛科目一致的培养方向（专业）时，给予该科目统考最高分（100分），或者附加考试成绩优异。[②]

由高校决定，给予奥赛获胜者和获奖者哪种优惠政策。给予第三级奥赛获胜者和获奖者的优惠政策，也适用于相应科目的第一级和第二级奥赛获胜者和获奖者；给予第二级奥赛获胜者和获奖者的优惠政策，也适用于相应科目的第一级奥赛获胜者和获奖者。

3）中学生奥赛的获胜者和获奖者不利用优惠政策入学时，即报考的培养方向（专业）与奥赛科目不一致时；体育项目的获胜者和获奖者不利用优惠政策入学时，即没有报考体育和体育运动的培养方向（专业）时，由高校决定是否给予优先权。与奥赛科目一致的国家统一考试或附加考试，给予该科目最高分（100分）。

经教育科学部批准，如果奥赛科目与统考科目一致，给予奥赛获胜者和获奖者优惠政策（奥赛创造性项目和体育竞赛项目除外）；[③] 如果奥赛科目与统考科目不一致，由高校自行规定。当科目统考成绩高于高校所规定的分数时，给予优惠政策。使用优惠政策的科目的入学考试成绩不得低于65分。

三、考生个人成就

在申请高校时，考生有权登记自己的个人成就信息。考生提交证明个人成就的文件，把个人成就折算成分数，计入考试总成绩。

[①] Часть 10 статьи 71 Федерального закона.
[②] Часть 12 статьи 71 Федерального закона.
[③] См. часть 3 статьи 77 Федерального закона.

（一）个人成就的范围和内容：[①]

1）奥运会、残奥会、世锦赛、欧洲杯的冠军和获奖者，与奥运会、残奥会相同级别运动项目的世界冠军赛、欧洲冠军赛的冠军和获奖者，在"劳动与卫国体育制度"全能竞赛中获得金质或银质奖章的考生，按照不同于体育和体育运动的培养方向（专业）入学；

2）在中等普通教育鉴定中获得优秀；

3）自愿从事志愿者工作，并且志愿者工作结束的日期与接收报考材料和入学考试截止日期相隔不超过4年；

4）考生参加奥赛的成果（入学时不使用优惠政策和优先权时），以及参加以发现非凡才能为目的的智力竞赛和创造性竞赛、体育活动及体育运动的成果；

5）按照中等普通教育大纲的毕业作文，高校采纳其评价，或者给考生的指定作文。

（二）个人成就的计分分值

根据高校自主的决定，第3和4点所列举的个人成就，也可以不作为分数计入。第1~4点所列举的个人成就，计分总数不超过10分。第5点所列举的个人成就，计分不超过10分。[②]

第二节　考试类别与自主考试

俄罗斯针对考生自身条件和所受教育的差异，举行不同类别、不同形式的入学考试。除国家统一考试外，对高校自主举行的入学考试也有统一的规范和要求，特别是针对健康状况异常和残疾考生的个体特点，在考试时对其

[①] Порядок приёма на обучение по образовательным программам высшего образования-программам бакалавриата, программам специалиста, программам магистратуры на 2015/16 учебный год. Утвержден приказом Министерства образования и науки Российской Федерации от 28 июля 2014г. №839. http：//mon.gov.ru.

[②] Порядок приёма на обучение по образовательным программам высшего образования-программам бакалавриата, программам специалиста, программам магистратуры на 2015/16 учебный год. Утвержден приказом Министерства образования и науки Российской Федерации от 28 июля 2014г. №839. http：//mon.gov.ru.

进行必要的辅助和照顾，体现了人性化关怀和以人为本的原则。

一、入学考试类别与成绩评定

（一）中等普通教育基础上的入学考试

1) 经联邦教育科学部批准，按照普通教育科目进行国家统一考试。每个普通教育科目进行一次入学考试，国家统一考试成绩作为普通教育基础上的入学考试成绩。①

2) 根据《俄罗斯联邦教育法》的规定，高校有权自主举行专业附加考试、创造性和职业方向的附加考试。莫斯科国立大学和圣彼得堡国立大学有权根据自己确定的培养方向（专业）举行专业附加考试。② 联邦国立高校举行进入国家公务机关、国家保密机关的附加考试，考试清单由联邦国家执行机关确定。③

（二）中等普通教育的特殊考生

针对中等普通教育的特殊考生，可根据高校自主举行的入学考试成绩入学：

1) 身体状况异常的考生、残疾考生；
2) 外国公民④；
3) 在接收材料和入学考试截止日期之前的一年内，通过非国家统一考试形式进行中等普通教育国家总结性评价的考生（包括在外国教育机构）。

这些考生可以参加针对特殊考生的所有普通教育基础上的入学考试，或者参加一次或多次的入学考试，或者提交国家统一考试成绩，作为其普通教育基础上的入学考试成绩。

（三）职业教育基础上的入学考试

职业教育基础上的入学考试的形式和清单，由高校确定。高校在确定这种入学考试清单时，完全或部分有别于中等普通教育基础上的入学考试清单，或者两种清单一致。当职业教育基础上的入学考试科目与普通教育国家

---

① Часть 6 статьи 55 Федерального закона.
② Часть 9 статьи 70 Федерального закона.
③ Часть 10 статьи 70 Федерального закона.
④ Часть 5 статьи 70 Федерального закона.

统一考试科目一致时，或由高校自主举行入学考试并确定考试形式，或把国家统一考试确定为入学考试形式。当职业教育基础上的入学考试科目与普通教育国家统一考试科目不一致时，由高校自主举行入学考试并确定考试形式。

如果职业教育基础上的入学考试形式为国家统一考试时，特殊考生可以要求由高校自主举行入学考试。

（四）高校自主举行的入学考试

高校自主举行的入学考试的大纲编写工作遵循下列原则：

1）针对特殊考生的专业附加考试的考试大纲，在中等普通教育和基础普通教育的国家教育标准的基础上制定，并且必须兼顾这种入学考试的难易程度与相应的普通教育国家统一考试的难易程度一致；

2）高校自主举行的职业教育基础上的入学考试大纲，在中等普通教育和基础普通教育的国家教育标准和相应的中等职业教育和高等教育的国家教育标准的基础上制定。①

（五）入学考试成绩评定标准

针对每次入学考试，制定成绩评定标准和确定通过入学考试的最低分数。招生过程中最低分数不能变更。高校自主举行的入学考试成绩均采用百分制。

1）把高校规定的国家统一考试最低分数作为普通教育基础上的入学考试最低分数。如果高校没有规定最低分数，则入学考试的最低分数不得低于联邦教育科学督察署规定的国家统一考试最低分数。② 特殊考生入学考试的最低分数与相应科目的国家统一考试最低分数保持一致。

2）高校自主确定附加考试的最低分数和职业教育基础上的入学考试最低分数。

3）如果高校自主举行的职业教育基础上的入学考试科目清单与中等普通教育基础上的入学考试科目清单一致，那么入学考试最低分数与相应的普通教育国家统一考试的最低分数保持一致。

4）按照一种教育大纲招生时，入学考试科目清单及最低分数应与高校及其分校招生、不同培训形式招生、特殊名额招生、定向名额招生、计划内

---

① Часть 6 статьи 70 Федерального закона.
② Часть 4 статьи 70 Федерального закона.

按名额统考招生，以及按照有偿教育服务合同招生时的入学考试科目清单和最低分数保持一致。

二、高校自主举行的入学考试

（一）自主考试的相关要求

1) 高校自主举行入学考试，不能采用预备部、预备系、预备班（校）的毕业考试成绩，以及不符合规定的其他考试成绩。

2) 高校确定考试形式为笔试或口试，或与其他考试形式相结合。

3) 用俄文完成入学考试。根据高校招生条例的规定和考试意愿，相应的入学考试可以用俄文、联邦共和国文字或外文完成，但入学考试的格式和纲要应符合用俄文书写的格式和纲要。

4) 按照高校招生条例或其他规定，在认定考生为同一人的情况下，高校可以运用远程技术组织入学考试。

5) 所有考生同时完成一次入学考试，或者不同类别的考生在不同时间完成一次入学考试。

6) 安排每个类别的考生，在一天内完成同一场入学考试。根据考生意愿，可以在一天内进行多场入学考试。

7) 高校自主为不同竞试组织相同的入学考试：

（1）针对特殊考生的普通教育基础上的入学考试，作为所有竞试的统一的（共同的）入学考试；

（2）高校自主举行的附加考试、职业教育基础上的入学考试，运用下列方法进行：分别组织单独的入学考试；合并组织统一的入学考试；分别进行使用不同文字的入学考试。

8) 考生一次性完成规定的每一场入学考试。

9) 允许有正当理由而没有参加入学考试的考生（疾病或者有书面证明的其他情况），参加其他类别的考试或者在补考期完成入学考试。

10) 入学考试时，禁止考生随身携带及使用通信工具。考生可以随身携带并使用高校招生条例允许的参考资料和电子计算工具。

11) 考生在考试期间违反高校招生条例时，高校的全权负责人有权将其赶出考场。

12) 入学考试成绩在官方网站和信息平台上公布：

（1）口试成绩在入学考试当天公布；

（2）进行笔试时，附加考试成绩按照高校招生条例规定的日期公布，其他入学考试成绩在考试后的第三个工作日之前公布。

13）公布入学考试成绩后，考生（受托人）有权在公布之日或者第二个工作日了解自己的考试情况。

（二）健康状况异常和残疾考生的入学考试

1）根据健康状况异常和残疾考生的生理发育特点和个体能力，高校保证为他们安排入学考试。

2）高校应创造物质技术条件，保证健康状况异常和残疾考生无障碍出入教室、厕所和其他场所，以及在上述这些场所停留（包括坡道、轮椅升降台、扶手、拓宽的门框、电梯；没有电梯时，应把教室设在一楼）。

3）健康状况异常和残疾考生在单独的教室完成入学考试，在一个教室的人数不得超过：笔试12人，口试6人。

考试期间，在对考生不造成困难的情况下，允许更多的健康状况异常和残疾考生在一个教室完成入学考试，以及与其他考生一起完成入学考试。

考试期间，根据健康状况异常和残疾考生的个体特点，允许高校工作人员或者外来人员作为助手，对考生进行必要的辅助（落座、移动、读出及抄写考题、向监考老师提问）。

4）高校可自行决定延长健康状况异常和残疾考生的考试时间，但不超过1.5小时。

5）为健康状况异常和残疾考生提供他们方便的、接收有关考试信息的形式。

6）考试期间，健康状况异常和残疾考生可以依据个体特点使用必要的技术工具。

7）考试期间，根据健康状况异常和残疾考生的个体特点，保证完成下列额外要求：

（1）盲人

使用凸点式斜体字信纸或装有盲人专用软件的电脑，使用经过允许的电子文档；或者由助手帮忙读题，或者口述给助手的方法完成文字题。必要时，给考生提供一套文具、凸点式斜体字信纸或装有盲人专用软件的电脑。

（2）弱视者

保证相当于300度以上的个人用照明。必要时，给考生提供放大装置，也可以使用个人的放大装置，使用放大字体书写入学考试操作程序。

（3）为聋哑和听力障碍考生准备集体用声音放大仪器。必要时，为考生提供个人用声音放大仪器。

（4）为盲人、聋哑人提供盲人、聋哑人翻译。

（5）严重语言障碍考生、聋哑考生、听力障碍考生的口试，用笔试形式作答（创造性和职业方向的附加考试，由高校规定）。

（6）上肢运动机能受损或者没有上肢的考生，使用装有专门软件的电脑或口述给助手的方法完成笔试；以笔试形式进行的入学考试，用口试形式作答（创造性和职业方向的附加考试，由高校规定）。

8）按照规定，满足那些在入学申请中请求设立相应专门条件的考生的要求。

9）高校可以运用远程技术为健康情况异常和残疾的考生安排入学考试。

（三）递交和审议诉求

1）考生（受托人）有权向申诉委员会递交考生认为的违反考试程序及质疑考试成绩的诉求。

2）在诉求审议过程中，检查是否遵守考试规定程序以及考试成绩评定正确与否。

3）在公布考试成绩当天或第二个工作日递交诉求。对于违反考试规定程序的诉求，也可以在入学考试的当天递交。

4）在递交诉求申请后的第二个工作日之前，对诉求进行审议。

5）考生（受托人）有权参加诉求的审议过程。未成年考生由一个家长或法定代表人陪同参加，法律承认成年之前完全有行为能力的未成年考生除外。①

6）诉求审议结束后，申诉委员会决定变更考试成绩或者保留原成绩。考生（受托人）有权知晓审议笔录，并在了解申诉委员会的决定后签署自己的名字。

7）使用远程技术组织入学考试时，高校保证运用远程技术审议诉求。

第三节 申报材料与录取程序

为保证招生信息公开、透明，高校必须在学校的官方网站和公告宣传栏

---

① Пункт 1 статьи 56 Семейного кодекса Российской Федерации (Собрание законодательства Российской Федерации, 1996, №1, ст. 16).

上及时发布和更新与招生录取相关的信息，回答考生咨询。考生按要求提交入学申请材料和符合条件的证明材料，高校按照基本程序和排序规则分两个阶段录取新生。

一、招生信息公开

高校必须让考生及家长（法定代表人）了解学校章程、从事教育活动许可证、国家委托证明、教育大纲及机构细则、开展教育活动的其他文件、考生的权利和义务等。按考试成绩招生时，还要为考生提供考试方面的信息及考试结果。

（一）在专门网站和信息平台上发布信息

为了宣传招生信息，高校设立"校园开放日"，并在学校网站上设置招生专栏，以保证考生及家长能够及时了解招生委员会公布的信息：

1）2014年10月1日之前（克里米亚和联邦级城市塞瓦斯托波尔的高校2014年12月30日之前），招收全日制和面授－函授形式学生；高校自行确定招收函授生的时间：

（1）高校自主制定的招生条例；

（2）高校招生的培养方向（专业）清单和录取条件；

（3）针对每次单独考试的科目清单、考试形式，每次考试的最低分数线，考生成绩单等；

（4）对位于俄联邦境内的高校，用俄文完成高校自主考试的信息，或者用外文完成考试的信息（如果组织这样的入学考试）；

（5）提供给考生优惠政策和优先权的信息（中学生奥赛的优惠政策和优先权除外）；

（6）考生个人成就登记信息；

（7）以电子形式递交入学材料的信息；

（8）健康状况异常和残疾考生进行入学考试的信息；

（9）使用远程技术进行入学考试的信息（如果组织这样的入学考试）；

（10）针对高校自主举行的入学考试的成绩，递交和审议诉求的细则；

（11）考生是否需要进行体检的信息；

（12）高校自主入学考试大纲；

（13）给没有统考成绩的考生另行安排考试的时间信息；

（14）计划内公费生招生名额和计划外自费生招生名额；

(15) 有偿教育服务合同样本；

(16) 接收入学必需材料的地点；

(17) 邮寄入学必需材料的邮政地址；

(18) 邮寄入学必需材料的电子地址（如果高校招生条例这样规定）；

(19) 宿舍方面的信息；

(20) 招生工作期限包括：接收报考材料的时间、进行入学考试的时间、考生提交材料原件的时间。

2）2015 年 6 月 1 日之前，招收全日制和面授—函授生，自行确定招收函授生的日期：

(1) 给中学生奥赛获奖者提供优惠政策和优先权的信息；

(2) 定向招生名额；

(3) 外地考生的宿舍信息；

(4) 入学考试时间表和入学考试地点。

（二）回答考生咨询

高校招生委员会保证专线电话和官方网站畅通，答复与招生有关的问题。从接收入学申请材料开始，高校在官方网站和信息平台上开始公布所递交的申请数量，以及递交入学必需材料的人员名单。重点公布免试录取名单、特殊名额录取名单、定向招生录取名单、依据统考成绩的普通竞试录取名单以及依据高校自主考试成绩的录取名单。网站及时更新上述名单和递交申请的信息。

二、入学申请材料

考生要递交入学所必需的材料，用以申请入学。可以委托他人向高校递交材料或撤回材料，可以按规定程序委托他人参加不要求本人到场的其他活动。

（一）入学申请

考生有权同时向 5 所以内高校递交入学申请，每所高校的志愿专业和方向不超过 3 个。考生可以同时向高校及其一个或数个分校递交多个入学申请，还可以根据自身条件按照高校招生条例向不同的学习形式、不同的学士大纲和文凭专家大纲递交一个或多个入学申请，并在申请中指出享有的优惠政策或优先权。

使用免试入学优惠政策的考生和有权享受公费名额的考生，只能申请到一所高校公费学习，选择一个教育大纲。如果按照不同的学习形式和名额时，考生可以同时递交一个或多个入学申请。如果不利用优惠政策，考生则可以向同一个高校递交多个入学申请，选择多个教育大纲学习，也可以向其他高校递交入学申请。

（二）接收入学必需材料

在高校内接收入学必需材料，必要时可以在其分校或接收材料的地点进行，由高校的全权负责人接收材料。还可以用下列方法，把入学必需材料递交（邮寄）到高校：

1）由考生或受托人递交到高校，包括分校所在地或接收材料的地点，交给高校的全权负责人。接收材料时，给考生或受托人开具收条。

2）通过邮局或者以电子邮件形式递交到高校。在高校规定的截止日期前，材料到达视为已接收。

高校在官方网站上公布递交入学材料的考生名单时，应指出接收材料的信息。拒收材料时，需指出拒收理由。

（三）填写必要信息

考生在入学申请中应注明下列信息资料：

1）姓、名、父称（在有的情况下）；

2）出生年、月、日；

3）国籍（无国籍），包括根据联邦宪法承认为俄联邦公民的证明；

4）身份证明（指出证件下发时间和下发人）；

5）符合要求的教育等级文件和相关信息；

6）按不同入学条件优先入学的证明；

7）考生是否享有优惠政策（如果享有，出具享有这种优惠政策的证明文件）；

8）参加统考的情况及统考成绩，或另行期限内的统考地点。如果有数次统考成绩且都在有效期内，明确使用哪些科目的哪次统考成绩；

9）说明特殊考生凭入学考试成绩参加竞试的意向（指出凭入学考试成绩参加竞试的依据）；

10）明确使用俄文、外文参加高校自主入学考试（指出入学考试科目清单）；

11）组织入学考试时，根据考生的健康状况或残疾等级，指出为考生创造专门条件的必要性（指出入学考试科目清单和专门条件）；

12）运用远程技术举行入学考试的地点；

13）考生是否具有个人成就（如果有，需详细标注）；

14）考生是否要求为其在学习阶段提供宿舍；

15）邮寄地址或电子邮件地址（根据考生意愿）；

16）考生未被录取时，返还所递交材料的方法（如果提交证件原件）。

（四）考生了解信息

递交入学必需材料时，由考生本人签字为证，或者由受托人办理并签字为证。证明考生了解下列信息：

1）考生了解（包括通过公共信息系统）：

(1) 高校从事教育活动的许可证复印件（带有附件）；

(2) 国家委托证明复印件（带有附件）或没有上述证明的信息；

(3) 提供给考生的优惠政策和优先权；

(4) 考生提交证明原件的截止日期；

(5) 高校招生条例，包括对自主入学考试成绩进行申诉的条例；

2）考生同意对其原始资料进行整理；

3）考生了解在入学申请中正确写明信息资料及提交证明原件的必要性；

4）考生同时向 5 所以内高校递交入学申请；向一个高校递交多个入学申请时，培养方向（专业）不超过 3 个；

5）使用免试入学优惠政策的考生和有权享受公费名额的考生，确认只向该高校递交享受优惠政策和公费名额的入学申请。

（五）提交证明材料

1）在递交入学申请时，考生提交以下证明材料：

(1) 身份证明，根据联邦宪法，证明是俄联邦公民的文件；

(2) 按规定要求的教育等级文件，或国外教育等级被承认的证明：中等普通教育证书，或者在《俄罗斯联邦教育法》生效前获得的中等（完全）普通教育证书、初等职业教育证书，或者高等教育证书（必要时，考生可以提交中等普通教育证书，也可以提交相应的职业教育证书）；

(3) 参加针对特殊考生的入学考试时，证明健康状况异常或者有残疾的文件；

(4) 有必要为入学考试创造专门条件时，证明健康状况异常或者有残疾的文件，以及对创造专门条件的要求；

（5）残疾孩子、一二级残疾、天生残疾、在服兵役期间伤残或致病的考生，由联邦社会医学鉴定机构出具不影响在相应教育机构学习的鉴定证明；

（6）利用优惠政策或者优先权的全俄中学生奥赛决赛阶段的获胜者和获奖者（在接收材料和入学考试截止日期之前4年内获得），需出具获奖奖状和在规定期限内获奖的证明文件；

（7）利用优惠政策或者优先权的、具有俄联邦公民身份的全乌克兰中学生奥赛第四阶段的获胜者和获奖者（在接收材料和入学考试截止日期之前4年内获得），需出具获胜者（一等奖）和获奖者（二等或三等奖）奖状和在规定期限内获奖的证明文件；

（8）利用优惠政策或者优先权的中学生奥赛俄联邦国家队成员（在接收材料和入学考试截止日期之前4年内），证明其曾是国家队在编成员的文件；

（9）利用优惠政策或者优先权的、具有俄联邦公民身份的中学生奥赛乌克兰国家队成员（在接收文件和入学考试截止日之前4年内），证明其曾是国家队在编成员的文件；

（10）利用优惠政策的体育运动项目冠军和获奖者，证明冠军或获奖者身份的文件；

（11）有权享受公费名额的考生，证明考生属于相应人群的文件，包括23岁以下的残疾考生、无父母监管考生；

（12）有优先权的考生，证明考生属于相应人群的文件，包括23岁以下的孤儿、无父母监管考生；

（13）有优先权的考生，由隶属于联邦国家机关、以培养学生进入军事机关或其他国家机关的中等学校或职业学校下发的教育等级文件；

（14）利用优惠政策或者优先权的中学生奥赛的获胜者和获奖者（在接收材料和入学考试截止日期之前1年内获得），需出具获奖奖状和在规定期限内获奖的证明文件；

（15）证明确实是在《俄罗斯联邦教育法》生效、应召去服兵役之前参加的统考成绩、军人证；

（16）根据高校招生条例，入学时登记考生个人成就，能证明考生个人成就的文件（考生决定是否提交）；

（17）其他文件（考生决定是否提交）；

（18）按照高校自主考试成绩入学的考生，交两张照片。

2) 相关说明

（1）考生提交所规定的文件原件或复印件。由本人提交证明其身份、国籍、军人等证件原件。

（2）考生同时申请多所高校，向一所高校递交证明原件，而向其他高校递交证明复印件时，应指明，原件递交到哪所高校。

（3）如果相应证明文件没有体现出有效期时，则有效期视为文件下发的那一年。

（4）入学申请用俄文提交。用外文书写的证明文件，按规定程序翻译为证明无误的俄文。按照俄联邦法律规定的程序提交在国外获得的证书文件，带有证明符合居住国规章制度的印章（根据俄联邦法律和国际条约，不要求时除外）。

（5）考生可以提交俄文的入学申请，或者高校允许的外文入学申请。

（6）考生提交的入学申请内容不全面、证明文件不足、不符合程序规定时，高校将材料返还给考生。

（7）根据程序规定，考生入学需事先进行体检。根据俄联邦政府 2013 年 8 月 14 日的规定，在签订相应职位或专业的劳动合同或服务合同时，考生须提交体检证明（结论）的原件或复印件。①

（8）高校检查入学申请所包含的信息资料是否正确，辨别所提交证明文件的真伪。在进行上述检查时，高校有权向相应的国家信息系统、国家（市政）机关和组织寻求帮助。

（9）申请材料递交到高校后，高校建立考生个人档案，保存上述材料和入学考试材料，包括与申诉有关的文件，以及受托人向高校递交的委托书原件和复印件。

（10）递交取回证明文件的申请，指出返还的方法。考生有权在入学的任何阶段取回所递交的证明文件。

三、录取基本程序

（一）拟定录取名单

1）高校根据入学考试成绩和接收材料的情况，拟定录取名单：

---

① Собрание законодательства Российской Федерации，2013，№33，ст.4398.

（1）按计划内名额招生时的免试录取名单；按有偿教育服务合同名额招生时的免试录取名单；

（2）按规定要求，以优异成绩通过入学考试的录取名单。

2）针对不同教育等级的考试（在中等普通教育、中等职业教育、高等教育基础上的考试），按照相应教育等级的考生人数与以优异成绩通过考试的人数比例来分配名额。如果某一教育等级的名额未录满时，高校可以决定，把名额补充到具有同等入学要求的其他教育等级的录取名额中。

3）按下列方法，对免试的录取名单进行排序：

（1）中学生奥赛俄联邦国家队成员和具有俄联邦公民身份的乌克兰国家队成员；

（2）全俄中学生奥赛的获胜者、具有俄联邦公民身份的全乌克兰中学生奥赛第四阶段的获胜者；

（3）全俄中学生奥赛的获奖者、具有俄联邦公民身份的全乌克兰中学生奥赛第四阶段的获奖者；

（4）体育竞赛项目的冠军和获奖者；

（5）中学生奥赛获胜者；

（6）中学生奥赛获奖者。

根据个人成就计分，对上述每一级别的考生进行排序。同等条件下，名次高的考生享有优先入学的权利。

在免试的考生名单中，指出每个考生免试入学的理由。必要时，指出个人成就的计分，以及享有的入学优先权。

4）按下列方法对拟录取名单进行排序：

（1）按考试总分的递减率排序；

（2）考试总分相同时，根据高校规定的入学考试优先权，按照自主入学考试分数的递减率排序；

（3）当所有入学考试的总分相同时，按照个人成就计分排序；

（4）之前的标准都相同时，名次更高的考生享有入学优先权。

5）根据每次入学考试的分数总和以及个人成就的计分，来计算考试总分。当考试总分相同时，高校规定入学考试优先权，用于对拟录取名单进行排序。

6）在拟录取名单中，指出每个考生的考试总分，并分列每次入学考试的分数、个人成就的计分，以及享有的入学优先权。

7）拟录取名单在官方网站和信息平台上公布。拟录取名单须及时更新，直到发布正式的录取通知。

（二）发布录取通知

1）考生提交教育等级证书原件的截止日期为高校规定的工作日（当地时间）18点之前。

计划内名额，按名额录取，提交证书原件。

根据有偿教育服务合同，按名额录取，提交证书原件，或者附有证明无误的证书复印件的同意入学申请，或者提交证书复印件，证书原件经招生委员会确认。提交证书复印件时，应附有原件所在高校的证明。

在拟录取名单中标明每个考生向高校提交的证书原件，或者按规定提交的同意入学申请。

2）按照拟录取名单上的考生顺序，从头到尾录取，直到录满为止。

3）计划内名额的全日制和面授－函授学习形式，按名额分阶段录取：

（1）招录免试生；在特殊名额内，招录特殊生；在定向名额内，招录定向生；

（2）按考试成绩招生的第一阶段，按招生名额的80%录取；按考试成绩招生的第二阶段，按招生名额的100%录取。

4）按计划内名额的全日制和面授－函授的形式招录，在下列期限内进行：

（1）2015年7月27日，在官方网站和信息平台上公布拟录取名单。

（2）2015年7月29日，招录免试生；在特殊名额内，招录特殊生；在定向名额内，招录定向生。

同时向不同高校递交入学申请的考生，确定意向高校并提交证书原件。

特殊名额和定向名额未录满时，可以用来招录免试生。

2015年7月31日，在官方网站和信息平台上发布录取免试生、特殊生和定向生的正式通知。

（3）按考试成绩招生的第一阶段：

2015年7月30日，在计划内名额中减去已录取的免试生、特殊生和定向生，确定按考试成绩招生的名额数量。

2015年8月3日，按考试成绩招生的第一阶段，已经列入拟录取名单的考生提交证书原件。在规定期限内不提交证书原件或取回证书原件的考生，视为拒绝入学。

在每次公布的拟录取名单中,确定提交证书原件的考生,直到录满80％的招生名额。

2015年8月4日,在官方网站和信息平台上发布第一阶段的正式录取通知。

(4) 按考试成绩招生的第二阶段:

2015年8月4日,减去第一阶段录取的人数,确定余下的招生名额。

2015年8月6日,列入拟录取名单的考生提交证书原件。在规定期限内不提交证书原件或取回证书原件的考生,视为拒绝入学;

在每次公布的拟录取名单中,确定提交证书原件的考生,直到录满100％的招生名额。

2015年8月7日,在官方网站和信息平台上发布第二阶段的正式录取通知。

5) 高校自行规定招收自费函授生的日期。

6) 在计划内名额录满以后,或者在计划内名额招生以外的日期,高校着手根据有偿教育服务合同,按名额招生。

7) 通过邮局或电子邮件形式递交材料的考生,提交证书原件时,也要提交证明自己身份的证件原件及军人证原件(必要时)。

8) 考生提交的证书原件,在取得这些证件或总结考试结果之后的20个工作日内,返还给未被录取的考生。

9) 发布在官方网站上的录取通知,应在其发布之日起6个月内,供用户浏览。

四、其他招生形式

(一) 定向招生

1) 高校有权在计划内名额中组织定向招生。[1] 每年由高校创始人规定每个培养方向(专业)的定向招生名额。高校创始人规定定向招生名额可以:[2]

(1) 按整个高校总体规定,或按高校及其分校具体规定;

(2) 按培养形式总体规定或按分类具体规定;

---

[1] Часть 1 статьи 56 Федерального закона.

[2] Часть 2 статьи 56 Федерального закона.

（3）按培养方向（专业）总体规定；或按学士大纲的培养方向具体规定和文凭专家大纲的专业具体规定。

2）定向招生是在规定名额内，在高校与联邦国家机关、联邦主体国家权力机关、地方自治管理机关、国家（市政）机构、国营企业，及有联邦、联邦主体或市政机构参股的国有公司或经济团体签署定向招生合同的基础上进行的。签署定向招生合同之前，这些机关、团体与考生签署了定向培养协议。①

高校创始人可以按照个别定向招生委托机构的意愿，具体规定定向招生名额。如果高校创始人没有具体划分定向招生名额，高校可以按照定向招生委托机构的要求，自行规定名额。

3）定向招生合同的重要条款：

（1）高校组织招收签署定向培养协议的考生；

（2）委托机构组织签署定向培养协议的考生进行学习和生产实践。②

4）在招收的定向生名单中，指出委托机构的信息资料。如与国家安全利益相关，则不显示与定向招生有关的信息资料，也不在官方网站和信息平台上发布。

（二）招录外国公民和无国籍人士

1）外国公民和无国籍人士，根据俄联邦国际公约、《俄罗斯联邦教育法》、俄联邦政府规定的外国公民和无国籍人士的教育名额，依靠预算拨款或自然人、法人的资助，有权获得高等教育。③

2）根据联邦教育科学部的派遣证和高校的规定，在外国公民教育名额内，招录外国公民和无国籍人士，包括居住在国外的本国人。如果高校有规定，上述人员须参加创造性和职业方向的附加入学考试。

3）根据1999年5月24日第99-ФЗ号《俄罗斯联邦对国外同胞的国家政策》第17条规定，居住在国外的同胞，是外国公民和无国籍人士，有权获得俄罗斯高等教育。④

---

① Часть 3 статьи 56 Федерального закона.
② Часть 5 статьи 56 Федерального закона.
③ Часть 3 статьи 78 Федерального закона.
④ Собрание законодательства Российской Федерации, 1999, No22, ст. 2670; 2002, No22, ст. 2031; 2004, No35, ст. 3607; 2006, No1, ст10; No31, ст. 3420; 2008, No30, ст. 3616; 2009, No30, ст. 3740; 2010, No30, ст. 4010; 2013, No27, ст. 3477.

4）2006年6月22日第637号俄联邦总统令批准《关于协助居住在国外的同胞自愿迁居到俄罗斯联邦的国家计划》，参加这个计划的同胞及其家庭成员，有权根据国家计划获得高等教育。①

5）根据名额和有偿教育服务合同招录中等普通教育基础上的外国公民和无国籍人士，按照联邦教育科学部批准的高等教育入学考试清单，高校自行组织两次以上的入学考试，也可以组织附加入学考试。如果高校所规定的针对外国公民和无国籍人士的入学考试科目清单与其他人员的不一致时，高校自行为外国公民和无国籍人士拨出名额，并按这些名额组织单独考试。

6）根据2002年7月25日第115-ФЗ号《关于外国公民在俄罗斯联邦的法律准则》规定，外国公民和无国籍人士递交入学申请材料时，在入学申请中指出身份证明文件，或者外国公民和无国籍人士在俄罗斯的身份证明文件，并提交文件原件或复印件。

国外同胞在入学申请中指出，是根据第99-ФЗ号联邦法第17条，还是根据国家计划入学的信息资料，提交规定的文件原件或复印件。

7）根据包含国家机密信息的教育大纲招收外国公民和无国籍人士时，只能在外国公民教育名额内，遵照俄联邦关于国家机密的法律规定办理。

8）根据联邦国家教育标准的教育大纲要求，包含有科技信息输出监管的特殊程序，按照高校创始人的决定招收外国公民。

（三）补充招生

1）如果计划内名额未录满还有剩余名额时，经创始人同意，高校可以按照程序，在招生结束后，学年开始前，在自行规定的期限内进行补充招生。

2）2015年8月15日之前，在官方网站和信息平台上发布关于补充招生的日期、培养方向（专业）清单等信息。

---

① Собрание законодательства Российской Федерации, 2006, №26, ст. 2820; 2009, №11, ст. 1278; №27, ст. 3341; 2010, №3, ст. 275; 2012, №38, ст. 5074; 2013, №28, ст. 3816.

第五章　俄罗斯高校招生考试案例研究

本书第三、第四章从宏观角度总体介绍了俄罗斯国家统一考试的产生与发展，以及俄罗斯现行的国家层面的高校招生政策。本章将选取典型案例从微观角度深入剖析国家政策在联邦主体和高等学校的具体执行情况，以期对俄罗斯高校招生考试制度有一个全方位、多维度的阐释和解析。

本章选取汉特-曼西自治区为代表，展现联邦主体及普通中学如何准备和进行国家统一考试、遇到的具体问题及采取的相应措施；选取最有代表性的莫斯科国立大学为例，详解俄罗斯高等学校如何根据国家招生政策并结合本校实际开展招生工作；最后简要介绍乌法国立石油技术大学的招生做法及成功经验。

第一节　汉特-曼西自治区准备国家统一考试的情况

汉特-曼西自治区（Ханты-мансийский автономный округ），当地习惯自称"尤戈拉"（Югра），位于俄罗斯西西伯利亚平原中部，总面积53.48万平方公里，区边界线长4750公里，鄂毕河和额尔齐斯河穿越全境。汉特-曼西自治区归乌拉尔联邦区秋明州管辖，为俄罗斯联邦主体，以条约形式调整与秋明州的关系。

该区建设始于20世纪50年代，原属苏联的北部边疆区。1991年之前，该区以新矿勘探、石油开采和加工生产为主。1993年汉特-曼西被俄联邦政府确定为自治区，管辖9区22市，社会经济建设蓬勃发展。汉特-曼西自治区自然资源丰富，交通便利，行政管理及信息化透明度高，工业较为发达，生产水平高，尤其是能源和电力产业在俄联邦中占有重要地位。汉特-曼西自治区2006年人口为147.82万，是全国最富有的地区之一，石油产量占全国的60%。

一、指导统考的主要地方法规

根据俄联邦政府和联邦教育科学部发布的国家层面的法律政策，汉特-曼西自治区制定了指导和进行国家统一考试的地方法规：2005年11月11日第107-оз号《汉特-曼西自治区教育法》①、2010年7月22日第131号《汉特-曼西自治区教育领域督察职责》②、2009年12月30日第351-п号《汉特-曼西自治区教育质量地方评价体系》③、2010年5月27日第125-п号《关于在汉特-曼西自治区对掌握基础普通教育和中等普通（完全）教育大纲的学生进行国家统一考试形式的国家总结性评价的决定》④等。

根据《汉特-曼西自治区基本法》，汉特-曼西自治区教育督察机构执行教育领域的监督检查职责，在准备和进行国家统一考试时承担的主要职责有：

1）对掌握基础普通教育和中等普通（完全）教育大纲的学生进行国家统一考试形式的国家总结性评价；按规定程序检查考卷；建立和管理自治区统考参加者和统考成绩的资料库。

2）用科学的方法对掌握基础普通教育和中等普通（完全）教育大纲的学生进行总结性评价，每个教育等级完成后发给他们相应教育等级或技能的国家证书。

3）监督国家统一考试专家的工作。

---

① Закон Ханты-Мансийского автономного округа-Югры от 11.11.2005 №107-оз《Об образовании в Ханты-Мансийском автономном округе-Югре》（в ред. от 16.12.2010）.

② Постановление Губернатора Ханты-Мансийского автономного округа-Югры от 22.07.2010 №131《О Службе по контролю и надзору в сфере образования Ханты-Мансийского автономного округа-Югры》（в ред. от 19.01.2011）.

③ Постановление Правительства Ханты-Мансийского автономного округа-Югры от 30.12.2009 №351-п《О региональной системе оценки качества образования Ханты-Мансийского автономного округа-Югры》（в ред. от 10.12.2010）.

④ Постановление Правительства Ханты-Мансийского автономного округа-Югры от 27.05.2010 №125-п《О Координационном совете по обеспечению и проведению государственной（итоговой）аттестации обучающихся, освоивших образовательные программы основного общего и среднего（полного）общего образования, в том числе в форме единого государственного экзамена, на территории Ханты-Мансийского автономного округа-Югры》.

地区教育管理机关和中学在准备和进行国家统一考试时的活动主要包括：明确目标任务，根据目标制定工作计划，为统考创造最佳条件。高等学校在地区国家统一考试的准备工作中起主要作用，高等学校能够并且应该承担起用科学方法指导地区教育机构准备统考的职能，但是统考这个最复杂的问题必须由中学来解决，在中学管理人员、教师和学生之间明确而合理地分配职能责任。

二、尤戈拉第一中学准备统考的情况

（一）校领导在统考准备战略中起主要作用

尤戈拉第一中学是汉特-曼西自治区的一所重点中学。校长和副校长在中学制定统考准备战略中起主要作用。能否全面、合理、具体地分配岗位职责，还取决于管理体系的效率。要保证学校顺利准备和进行统考，管理活动必须依靠下列职能的相互协作，包括信息分析、目的动机、计划预测、组织执行、监督鉴别和矫正调节。①

1) 中学的整个信息分析系统，先要在教师监控下进行信息分析过程摸底。分析中学准备统考的情况，针对信息内容、方式、技术处理及保存进行摸底。

2) 目的动机保证激发集体力量，挖掘顺利准备统考的动机。提高教师准备统考的教育责任，为加强集体抗压能力和互相帮助创造条件。此外，保证毕业生的个人主观动机，这不仅需要心理跟踪，还需要专门组织教学指导和中学生个人成就方面的课程。按照专门制定的计划合理地与毕业生家长沟通，为他们提供信息支持和心理疏导。

3) 制定计划保证中学的各项活动，包括准备和进行统考时教师团体活动的近期、中期和远期预测。

4) 根据联邦、地区、市政不同层级组织机构的要求，完成中学在准备统考方面的任务和活动。

5) 在监督鉴别活动过程中，依靠教育过程参与者的自我分析和自我鉴定来制定学校内部监督机制，鉴别教育过程的质量、资源和结果。

6) 矫正调节活动包括评价准备统考、保证最终成绩的管理效率和实际情况，找到影响考试成绩的正反面因素，制订下一学年顺利进行统考的行动计划。

---

① Единый государственный экзамен в системе образования Российской Федерации. 2012 http：// www. bibliofond. ru/detail. aspx？ id=521306.

因此，准备和进行国家统一考试是一项复杂的工作。每个教育过程的参与者在这项工作中都有自己明确的目标和任务。准备统考首先应培训教师，然后审查现有的教学组织方法，规划主要的管理活动，最后制定准备统考的时间计划表，从而使统考成绩和教育质量得到保障。

（二）学校行政部门的主要工作

学校行政部门根据俄联邦政府、教育科学部、教育科学督察署及汉特-曼西自治区有关国家统一考试的法规命令，准备和组织国家统一考试。

为了研究历年来有关国家统一考试的社会舆论，尤戈拉第一中学向学生和家长展开问卷调查。调查结果显示，无论是家长，还是学生都掌握了统考的基本信息，但并不了解统考的规则和特点。学校行政部门详细研究并分析了问卷调查结果和往年的统考成绩，并在此基础上制定准备和进行统考的工作计划。工作计划在教师会议上审议，主要包括：安排内容丰富的任务，规定任务执行人和时间节点，收集各类相关问题，与教师、家长、学生合作等。

在准备和进行统考的过程中，学校行政部门和教师遵循联邦、地区、市政、学校级别的规范管理文件，把资料文件系统整理并按照信息来源登记归档成卷。根据其来源对联邦级别、地区级别、市政级别文档进行补充，在不同级别的会议上讨论、学习规范管理文件。所收到的文件全部放在信息平台"我们在备考"上，在家长会和班会上也可以了解新近收到的文件和通知。

尤戈拉第一中学在准备 2012 年国家统一考试时召开的各类会议：

1）在教师会议上讨论以下内容：（1）2012 年统考和国家总结性评价的特点；（2）如何准备 2012 年统考和国家总结性评价。

2）在行政会议上讨论并研究以下内容：（1）学习联邦、地区、市政、学校级别的规范管理文件，了解关于统考和国家总结性评价的各项规定；（2）俄联邦教育机构毕业生的国家总结性评价准则；（3）因学生个别学科成绩突出而获得金质和银质奖章的规则，以及因学生学习成绩优秀而获得奖状的规则；（4）考试形式；（5）检测技术，学生完成不同难度考题（A、B、C）的准备。

3）在两次家长会上，讨论了以下内容：（1）分析三年内的统考成绩；（2）2012 年统考的特点；（3）准备 2012 年统考；（4）高校各专业的科目清单。

4）在两次班会和四次课堂讨论上，毕业生学习了正确填写统考表格的方法。信息平台为学生、家长、教师提供相关信息，并及时公布和更新信息内容：（1）俄联邦教育机构毕业生的国家总结性评价准则；（2）学科方面的咨询时间表；（3）统考的时间表；（4）为准备统考的毕业生提供心理咨询；

(5) 教师对准备统考的建议。

三、问卷调查及分析

为了解民众对国家统一考试信息的知晓程度，分析行政部门的工作效率，汉特-曼西自治区对家长、毕业生和教师开展了问卷调查。

（一）对家长的问卷调查

表 5-1-1 中显示，为毕业生家长提供信息的所有参数都是正向的。与之前相比，现在为家长提供的信息量大约增长了 20%，已经属于"最明白和最易看到"的："参加统考和选择科目的要求"（2010 年的 87.9% 对比 2008 年的 65.7%）；"了解进行统考的程序"（2010 年的 86.2% 对比 2008 年的 63.7%）；"使用统考成绩的规则"（2010 年的 72.1% 对比 2008 年的 55%）；"有关于统考的说明材料和其他信息来源"（2010 年的 65.6% 对比 2008 年的 41.9%）。调查显示，家长们认为自己的信息量是足够的。

表 5-1-1 为家长提供有关统考信息的程度

问题/信息量	调查年份	足够（%）	不足（%）	不了解任何信息（%）	我不需要这样的信息（%）	总数（%）
了解进行统考的程序	2008 年	63.7	30.0	5.2	1.1	100
	2010 年	86.2	10.2	2.2	1.4	
参加统考和选择科目的要求	2008 年	65.7	28.4	5.2	0.7	100
	2010 年	87.9	9.2	1.7	1.2	
公布科目和分数的规则	2008 年	37.1	44.3	16.6	2.0	100
	2010 年	48.9	36.9	12.6	1.6	
分析统考成绩的方法和过程	2008 年	30.2	43.2	22.7	3.9	100
	2010 年	43.3	36.0	17.0	3.7	
使用统考成绩的规则	2008 年	55.0	34.9	8.7	1.5	100
	2010 年	72.1	20.3	5.6	2.0	
有关于统考的说明材料和其他信息来源	2008 年	41.9	42.2	12.6	3.3	100
	2010 年	65.6	25.7	6.3	2.4	

资料来源：Единый государственный экзамен в системе образования Российской Федерации. 2012. http://www.bibliofond.ru/detail.aspx?id=521306.

关于"公布科目和分数的规则"及"分析统考成绩的方法和过程"，2010 年较 2008 年呈现上升趋势，这说明大多数家长满意这些问题的信息量。但仍有 36.9% 的家长认为关于"公布科目和分数规则"的信息量不足，12.6% 的家长"不了解任何信息"；仍有 36% 的家长认为关于"分析统考成绩的方法和过程"的信息量不足，17% 的家长"不了解任何信息"。可见，对汉特-曼西自治区的教育管理机关和学校来说，保证统考组织过程的信息畅通，做好解释说明工作，仍然是面临的紧迫任务。

对汉特-曼西自治区的教育管理机关而言，让家长们知晓统考的信息非常必要，同时应明确通过什么渠道能更有效地传达信息。家长们了解目前获得统考信息的渠道（可以选择多个答案，但不超过三个）分布，详见表 5-1-2。

表 5-1-2　毕业生家长获得统考信息的渠道

（可以选择多个答案，但不超过三个）

序号	渠道	2008 年被调查者（%）	2010 年被调查者（%）
1	年段负责人	77.5	86.1
2	学校领导	51.5	75.1
3	任课教师	39.6	44.6
4	媒体	21.1	31.5
5	自治区教育督察局网站	16.6	29.5
6	网络	16.0	40.9
7	往届毕业生	11.2	3.4
8	从朋友	4.7	3.5
9	其他家长	4.4	7.5
10	发放的材料	2.6	2.9

资料来源：Единый государственный экзамен в системе образования Российской Федерации. 2012. http：//www.bibliofond.ru/detail.aspx？id＝521306.

对于家长而言，2010 年获得统考程序信息最普遍和最有效的渠道仍然是与学校老师的沟通：年段负责人为 86.1%，学校领导为 75.1%，任课老师为 44.6%。2008 年学校领导就开始向家长们做信息解释工作，2010 年更加活跃（2010 年的 75.1% 对比 2008 年的 51.5%）。家长们一般通过网络资源找到他们感兴趣的信息：网络查找（2010 年的 40.9% 对比 2008 年的 16%），直接查看教育督察局的网站（2010 年的 29.5% 对比 2008 年的 16.6%）；通过媒体查找（2010 年的 31.5% 对比 2008 年的 21.1%）。

在迅速变化的外界条件下，社会关系、前人经验（往届毕业生、其他家长、朋友们的经验）的重要性有些下降，家长们在很大程度上更愿意相信专门的或官方的信息来源。大多数家长拥护学校活动中的信息开放政策，与往届毕业生家长相比，他们对了解统考成绩表现出更大的兴趣，无论是学生本人的成绩，还是他们老师的教学业绩。

（二）对毕业生的问卷调查

与此同时，汉特-曼西自治区对中学毕业生开展了问卷调查，毕业生的意见大致可以分成三个区段，详见表 5-1-3：

1. 第一个区段列入了大多数同意的观点

毕业生们认为，统考为全国各地的毕业生提供了获得高等教育的平等机会："有了统考，就不需要去别的城市和地区考试""统考扩大了偏远地区学生的机会""统考允许报考国内任何一所大学"，持这种观点的毕业生占 65% 以上。约 64% 的毕业生同意或比较同意"所有考生都在同等条件下进行统考""统考允许按同一标准比较毕业生和学校"的观点。

赞同统考的同时，毕业生们也一致担心统考对教育质量的影响。70% 以上的毕业生认同"统考把教学过程变成了应对考试"的观点。

表 5-1-3　毕业生对统考的观点

观点	同意程度（%）		不同意程度（%）	
	同意	比较同意	不太同意	不同意
大多数同意的观点：				
有了统考，就不需要去别的城市和地区考试	50.3	23.0	12.5	14.1
统考把教学过程变成了应对考试	44.8	29.8	15.3	10.2

续表

观点	同意程度（%）		不同意程度（%）	
	同意	比较同意	不太同意	不同意
统考允许报考国内任何一所大学	39.2	33.2	14.5	13.1
统考允许按同一标准比较毕业生和学校	34.1	36.4	16.8	12.6
统考扩大了偏远地区学生的机会	34.5	30.4	18.9	16.2
所有考生都在同等条件下进行统考	37.0	26.8	17.6	18.5
一半以上同意的观点：				
由于统考，年轻人的能力决定了他在生活、工作中的成就，而不是由其父母的物质条件或社会地位来决定	30.8	27.8	20.8	20.6
统考强化了以往的学习资料	27.2	34.0	20.4	18.0
统考促进更系统地研究中学大纲资料	25.3	30.1	23.2	21.3
统考使教育过程变得更透明	21.8	32.1	27.9	18.2
一半赞成一半反对的观点：				
统考减少了中学的腐败现象	22.1	27.3	23.3	27.3
统考减少了大学的腐败现象	21.5	27.9	23.6	26.9
统考提高了普通教育员工的技能	20.3	30.8	27.6	21.2
统考是对知识的客观评价	20.9	26.8	24.7	27.5

资料来源：Единый государственный экзамен в системе образования Российской Федерации. 2012. http：//www.bibliofond.ru/detail.aspx? id=521306.

2. 第二个区段列入了一半以上同意的观点

毕业生们认为，统考的优点还要加上它的社会意义。他们表达了对统考的信任，"由于统考，年轻人的能力决定了他在生活、工作中的成就，而不是由其父母的物质条件或社会地位来决定"。大多数毕业生都相信考试过程的透明性，认为"统考使教育过程变得更透明"。超过50%的毕业生同意"统考强化了以往的学习资料""统考促进更系统地研究中学大纲资料"。可见，虽然应对统考让毕业生感到不安，承认"统考把教学过程变成了应对考试"，但统考也有它自身的优势和正面效果，把中学知识统一化和系统化。

3. 第三区段列入了一半赞同一半反对的观点

毕业生最矛盾的观点是统考对社会公正性的影响和统考能否客观评定知识水平。对于"统考减少了中学的腐败现象""统考减少了大学的腐败现象""统考是对知识的客观评价""统考提高了普通教育员工的技能"，赞同者和反对者大致相同。对于实行统考的这些目的，是全体毕业生争议最多的。

分析自治区毕业生的职业规划显示，绝大多数（超过80%）毕业生都准备继续到大学学习，他们对统考的高分有很大兴趣。在理解实行统考的目的时，学生们认为，实行统考是为了"更方便报考大学"以及"客观评价学生的知识水平"，正是这两个因素保证了统考的优势。虽然毕业生对统考客观性的信任度提高了，但是对待统考的反对态度仍然存在，不是非常相信统考能客观评定知识水平，但是确信此类评定将是大学的通行证。

最矛盾的是毕业生对于统考反腐作用的看法，无论是中学的反腐，还是大学的反腐，赞同者和反对者人数几乎相同，还有对待"统考提高普通教育员工的技能"的观点也是如此。和以前一样，对统考最不满意的三个因素是：没有考虑毕业生的个体能力、不能自由选择考试形式、考题太难。

自治区积累的统考经验表明，备考的效率在很多方面都取决于学生对统考的了解程度，包括：统考的程序、要求、方法、分数，使用统考成绩的规则，等。各方面为毕业生提供有关统考信息的程度，详见表5-1-4。毕业生掌握信息的程度比家长要高，但影响信息知晓的因素仍然没变。毕业生了解的信息："了解进行统考的程序"（2010年的91.3%对比2008年的65.6%）、"参加统考和选择科目的要求"（2010年的89.3%对比2008年的66.5%）、"使用统考成绩的规则"（2010年的76.3%对比2008年的59.3%），而"有关于统考的说明材料和其他信息来源"凭借高动态信息达到了70%。

表 5-1-4　为毕业生提供有关统考信息的程度

问题/信息	调查年份	足够（%）	不足（%）	不了解任何信息（%）	我不需要这样的信息（%）
了解进行统考的程序	2008 年	65.6	30.0	3.3	1.1
	2010 年	91.3	5.3	1.4	2.0
参加统考和选择科目的要求	2008 年	66.5	29.0	3.6	0.9
	2010 年	89.3	7.0	1.7	2.0
公布科目和分数的规则	2008 年	41.1	47.1	10.5	1.3
	2010 年	50.5	35.4	10.4	3.8
分析统考成绩的方法和过程	2008 年	31.4	48.1	16.0	4.6
	2010 年	44.9	33.8	14.9	6.4
使用统考成绩的规则	2008 年	59.3	32.3	7.0	1.4
	2010 年	76.3	16.5	4.0	3.3
有关于统考的说明材料和其他信息来源	2008 年	47.0	40.7	9.1	3.1
	2010 年	70.0	21.9	3.9	4.2

资料来源：Единый государственный экзамен в системе образования Российской Федерации. 2012. http：//www.bibliofond.ru/detail.aspx？id＝521306.

虽然近两年的情况改善了很多，但是，自治区只有 50.5％的毕业生了解"公布科目和分数的规则"，仍有近 1/3 的毕业生认为自己"了解信息不足"，近 1/10 的毕业生"不了解任何信息"；只有 44.9％的毕业生了解"分析统考成绩的方法和过程"。因此，提高毕业生对统考信息的知晓程度，重要的是找到普及这种信息的捷径，详见表 5-1-5。

表 5-1-5　毕业生获得统考信息的渠道

（可以选择多个答案，但不超过三个）

序号	渠道	2008 年被调查者（%）	2010 年被调查者（%）
1	年段负责人	77.1	72.1
2	学校领导	52.9	65.4
3	任课教师	39.9	59.7
4	媒体	20.8	16.8

续表

序号	渠道	被调查者 2008年（%）	被调查者 2010年%
5	网络	15.8	36.9
6	自治区教育督察局网站	11.7	22.4
7	往届毕业生	11.4	5.0
8	朋友	4.5	6.4
9	其他家长	4.4	3.9
10	发放的材料	2.6	4.3

资料来源：Единый государственный экзамен в системе образования Российской Федерации. 2012. http://www.bibliofond.ru/detail.aspx?id=521306

近两年来关于统考的信息来源在排行中没有太大变化，学校教师仍然处于最重要位置：年段负责人为72.1%、学校领导为65.4%、任课教师为59.7%。毕业生开始更独立地寻找关于统考的信息，通常到网络上和自治区教育督察局网站上寻找。与往届毕业生相比，目前自治区的毕业生更信任这个信息来源（信任度高出6~7倍），而在网络时代发放说明材料的作用不大。

（三）对教师的问卷调查

在分析近两年自治区教师对待统考的态度变化时，可以看出教师反对实行统考的第一次高潮已退，怀疑统考优越性的教师逐渐减少。大多数教师确信，统考可以促进毕业生的社会流动，为不同地区的毕业生创造平等获得高等教育的机会。与教育过程的其他参与者相比，教师对统考成绩的客观性表现出较大信心，近1/2的教师、1/3的家长和1/5的学生都同意这个观点。大多数教师赞同毕业生获得高等教育的可能性是依据对学生知识水平的评定结果，而不是由其父母的物质条件和社会地位决定的。更多的教师希望，高质量的教育能成为社会分层中的主导因素，只有它才能决定毕业生的未来地位。

与此同时，教师们对"统考使教育过程变得更透明""客观评定毕业生知识水平"所持的观点不一致，赞同者和反对者人数几乎相同。一部分教师对待实行统考的紧张态度，说明他们理解实行统考的目的是希望加强对教学过程的监督，是"监督学校工作"和"表达出对教师的不信任"。如果教师和学生都可以自由选择，他们中的大多数都希望俄语和数学以统考形式进行。同时，大部分教师赞成自然科学学科以统考形式进行。

在评价国家统一考试对俄罗斯教育总体状况的影响时,教师们分别从正反两方面进行了分析。在回答"统考对俄罗斯教育领域的正面影响"时,详见表5-1-6,25.6%的教师把"主观评定学生知识水平的现象减少"、32.8%的教师把"从各地区考入大城市的可能性增加"归入实行统考带来的正面变化,而绝大多数的教师(占71.5%)认为统考的优势主要在于"简化考大学的程序"。认为"改善培养质量和知识水平"的占13.7%;认为"俄罗斯教育正在接近世界标准"的占17.2%;约18.4%的教师认为"考大学阶段的腐败现象减少";约19.8%的教师认为"统考促进全国知识水平评估的标准化"。

表 5-1-6 教师关于"统考对俄罗斯教育领域的正面影响"的评价

序号	评价	被调查者(%)
1	简化考大学的程序	71.5
2	从各地区考入大城市的可能性增加	32.8
3	主观评定学生知识水平的现象减少	25.6
4	促进全国知识水平评估的标准化	19.8
5	考大学阶段的腐败现象减少	18.4
6	俄罗斯教育正在接近世界标准	17.2
7	改善培养质量和知识水平	13.7
8	很难回答	8.0

资料来源:Единый государственный экзамен в системе образования Российской Федерации. 2012. http://www.bibliofond.ru/detail.aspx?id=521306.

在回答"统考对俄罗斯教育领域的负面影响"时,详见表5-1-7,与实行统考有关的三种情况困扰着教师:(1)69.2%的教师指出"统考针对的是大多数群体,而不是个体";(2)44.3%的教师认为"在追逐西方标准的过程中造成俄罗斯中学传统的丧失";(3)统考很难考查深层次的知识水平,"检验知识水平逐渐变成了形式",持这种观点的教师占28.5%。

表 5-1-7 教师关于"统考对俄罗斯教育领域的负面影响"的评价

No	评价	被调查者(%)
1	统考针对的是大多数群体,而不是个体	69.2
2	在追逐西方标准的过程中造成俄罗斯中学传统丧失	44.3
3	检验知识水平逐渐变成了形式	28.5

续表

No	评价	被调查者（%）
4	从招生数量看，高校之间的差距正在增大	12.5
5	知识水平正在下降	10.0
6	中学里的腐败现象增多	4.3
7	教师的作用逐渐降低	16.7
8	很难回答	6.0

资料来源：Единый государственный экзамен в системе образования Российской Федерации. 2012. http：//www. bibliofond. ru/detail. aspx? id=521306.

教师们不太赞同关于"俄罗斯教育正在接近世界标准"的说法，实行统考"造成俄罗斯中学传统丧失"更使他们困扰。在分析统考的负面影响时，教师们认为"检验知识的形式化"是统考给俄罗斯教育带来的负面后果，近1/8的教师指出从招生数量来看，高校之间的差距正在增大；近1/10的教师指出"知识水平正在下降"；4.3%的教师认为"中学里的腐败现象增多"。统考还有一个主要缺陷在于，教师们更难考虑学生的个体特点。在指出妨碍教师提高工作效率的原因时，教师们特别提到许多学生获得高质量教育的动力减少，准备统考时，系统化学习和听取教师建议的作用弱化，反而依托补习教师的帮助。

针对教师的作用正在降低的情况，自治区1/6的教师对此表示担心。教师们因为可能出现的放任而感到失去防护，缺乏提高工作效率的动力。自治区1/7的教育机关领导对教师的作用逐渐降低表示担忧。学生获取知识的动力不足是提高教师工作效率的主要障碍，教师们认为妨碍其提高工作效率的主要原因是可能出现的放任使他们感到失去防护，而教育机关的领导则认为提高教育领域员工的专业水平是最紧迫的任务。

（四）完善准备统考的建议

1. 家长对准备统考的建议

部分家长建议对国家统一考试的原则进行修正，首先，统考不针对所有学生，学生们可以按照自己意愿参加统考；其次，限制必须进行统考的科目，人文学科以口试形式进行。大多数家长的建议都涉及准备统考的问题，需要"用更多时间准备""开设专门课程准备统考""从5年级开始课堂培养""增加学科学习时间""定期进行统考模拟"等。家长们还提出教师技能的问题,"需要教学经验丰富的教师",以保证因材施教。

在提高毕业生质量方面,家长们建议"拥有准备统考的软件""为学生准备统一的教科书""统考方法的公开"等。在心理方面,无论是培养学生,还是参加统考,都有必要"创建心理愉悦的环境""给学生提供心理帮助""创建更平和的考试氛围"等。还提出一些创建愉悦心理的具体建议:允许"在自己学校进行统考""给参加完统考的学生们准备热食"等。另外,还有一整套组织考试的技术建议:"增加考试时间""数学考试允许使用计算器"等。针对加强统考的开放性和透明性,家长们认为有必要允许"家长监督统考的过程"。

最后,建议完善统考考卷的评定过程,有必要"改善考卷检查质量""缩短成绩整理时间""考试后第三天在网上公布成绩"。按照自治区家长们的意见,实施这些建议可以使国家统一考试的过程更专业、更公平、更透明。

2. 毕业生对准备统考的建议

毕业生在讨论"培养哪种能力将来可以在社会上获得良好发展"时,答案按照重要性依次为:"能够找到解决问题(包括冲突问题)的路径""会作决定""与同龄人和长者建立工作关系""各方面的知识"。按照毕业生的观点,"获得各方面的知识"与"获得好的总结性评价"关系不大,这再一次说明,对于毕业生将来的社会职业而言,评定学生知识水平的作用与提高各方面知识的价值存在脱节问题。

在帮助准备统考的综合措施方面,大多数毕业生的意见是找补习教师帮忙,模拟考试也是准备统考的有效措施。1/5 的学生在大学和网上进行补习,这使得"系统学习和听取教师建议"的重要性在毕业生眼里逐渐下降,如果两年前有 1/3 的毕业生都在追求这个目标的话,那么现在只有 1/5。大多数建议是希望能分出更多时间准备统考,并且能够在考前、考中和考后创建平和的环境。

3. 教师对准备统考的建议

在分析准备和进行统考的成功因素时,教师们认为首先是人为因素,而不是物质因素。他们认为,建立团队比优秀的领导和丰富的物质资料更能保证学校的教育质量,集体的力量是取得优异成绩的主要竞争优势。

教师们认为比较成功的方面是:(1)自治区教师为毕业生描画出高效率的工作模式,学校里有专业团队,这个团队拥有独特的技术资料库,时刻保持着对教育质量问题的兴趣;(2)学校与家长保持着密切联系,运行着教师业绩监督系统；（3）教师们在提出准备统考的建议时，也注意到改善教学法、分析测试材料结构与内容的必要性。

汉特-曼西自治区通过问卷调查及分析得出：（1）家长对自己孩子的学习成绩感兴趣，高年级学生家长则对普通中学的排行和高等学校以往的录取分数感兴趣；（2）毕业生对自己的考试得分、排名及高校的录取分数感兴趣，用以确定自己的竞争实力；（3）教师主要想了解考题的结构、内容和难易程度，自己学生的考试得分，年级、学校、地区和国家的考试平均分，这些信息对于教师进行深入分析、改进教学方法来说，是非常必要的；（4）学校、地区乃至全国的考试成绩汇总信息是学校行政部门和教育管理机关所必需的。统考可以获得关于国家、各地区、各学校的教育状况信息，讨论教育领域的变化趋势，为管理地区的教育质量奠定基础。统考提供了客观比较不同地区和不同学校教学成果的可能性，评估教育系统活动、教育服务质量和总结教育过程特点的可能性，等等。这些对于制定今后的发展规划起到非常重要的作用。

第二节 莫斯科国立大学 2016 年的招生工作

莫斯科国立大学（全称：莫斯科国立罗蒙诺索夫大学，Московский государственный университет имени М. В. Ломоносова，МГУ）是俄罗斯规模最大、历史最悠久的综合性大学。莫斯科国立大学成立至今已有 260 多年的历史，是俄罗斯知识精英的摇篮、俄罗斯高等教育的风向标。它在俄罗斯的科学普及过程中起到了重要作用，在俄罗斯具有特殊地位，是俄罗斯独立的、有自治权的大学。莫斯科国立大学校长在俄罗斯教育界的地位举足轻重。

莫斯科国立大学是俄罗斯最大的学术中心，最大的教学、科研、文化中心，也是全世界最著名的高等学府之一，从这里走出了 13 位诺贝尔奖获得者和不计其数的科学家。莫斯科国立大学有 4 万多名在校学生、5000 多名短期进修生；6000 多位教授、讲师和 5000 多名研究人员，在俄罗斯高校中拥有最多的科学院院士和专家；每年招收约 4000 名外国留学生。其办学宗旨是为最优秀的人提供最优质的教育。

莫斯科国立大学的各院系均开设学士、文凭专家和硕士、博士等不同层次的学历学位教育。本节主要介绍 2016 年其学士和文凭专家的招生政策和情况。

一、招生专业与招生名额

莫斯科国立大学的招生工作由学校中央招生委员会负责组织。中央招生委员会举办莫斯科国立大学独立进行的入学考试、鉴定测验、申诉和其他必要的竞赛活动，领导和监督各系（分校）招生委员会的工作。中央招生委员会主席是莫斯科国立大学校长。中央招生委员会的成员由各系（分校）招生委员会的主席和秘书长组成，由校长签署文件任命。

莫斯科国立大学根据俄联邦教育科学部颁布的高等学校招生章程和本校的规章制度，制定每学年的招生简章。按照高等教育（学士、文凭专家）培养大纲招收公费生和自费生。公费生依靠俄联邦预算拨款，招生控制数由俄联邦教育科学部规定，范围涵盖莫斯科国立大学位于境外的分校；自费生按照与自然人或法人签订的培养合同提供有偿教育服务。

在公费招生计划名额内，一部分名额给定向招生和特殊权利群体。特殊权利群体的招生名额，应不少于中央招生委员会规定的每个培养方向（专业）学士、文凭专家公费名额总数的10%。特殊权利群体顺利通过入学考试后，便有被录取的优先权。特殊权利群体只能使用一次给予他们的权利，申请一所高校的一个培养方向（专业），如果再申请其他高校的其他培养方向（专业），必须通过竞试。

定向生的名额按培养方向（专业）单列，如2016年"应用数学和信息学"培养方向的定向名额20个、"物理"方向26个、"天文学"专业3个、"经济学"方向32个、"艺术史"方向3个等。

2014年克里米亚加入俄罗斯联邦，莫斯科国立大学对克里米亚和联邦级城市塞瓦斯托波尔的公费名额单列，如2016年"应用数学和信息学"方向8个，"物理"方向9个，"经济学"方向5个，"新闻学"方向5个等。

莫斯科国立大学目前只在力学数学系、化学系、基础医学系、生物系、心理学系、物化工程系、物理系、外国语言和区域研究系的翻译专业、高级翻译学院的某些专业培养文凭专家，其余全部是培养学士。

2016年莫斯科大学招生的系、培养方向（专业）、招生数量、考试科目和要求详见表5-2-1。俄语是每个专业的必考科目，此外，根据专业要求参加2~3门的统考，各专业还要举行1门专业加试（笔试）或创造性方向加试（笔试，或笔试加口试）。不要求克里米亚和塞瓦斯托波尔的考生参加统考，他们的入学考试只考一门专业课（代替统考），采用笔试形式。

表 5-2-1　2016年莫斯科国立大学招收学士、文凭专家的培养方向（专业）、招生名额、教学形式、入学考试目录（部分）（对俄罗斯公民*）

院系、培养方向(专业)、教学大纲		预算（公费）名额	按协议（自费）名额	入学考试（标明类型和优先顺序）**
力学数学系				
01.05.01	"基础数学和力学"专业			
	"数学"（全日制，公费和自费）	268	60	数学（加试,笔试）(1) 数学（统考）(2) 物理（统考）(3) 俄语（统考）(4)
	其中特殊名额	27		
	"力学"（全日制，公费和自费）	112	30	数学（加试,笔试）(1) 数学（统考）(2) 物理（统考）(3) 俄语（统考）(4)
	其中特殊名额	12		
计算数学与控制论系				
01.03.02	"应用数学和信息学"方向（全日制，公费和自费）	309	80	数学（加试,笔试）(1) 数学（统考）(2) 物理（统考）(3) 信息与通信技术（统考）(4) 俄语（统考）(5)
	其中特殊名额	31		
02.03.02	"计算机与信息技术基础"方向（全日制，公费和自费）	15	28	数学（加试,笔试）(1) 数学（统考）(2) 物理（统考）(3) 信息与通信技术（统考）(4) 俄语（统考）(5)
	其中特殊名额	2		
物理系				
03.03.02	"物理"方向（全日制，公费和自费）	380	44	物理（加试,笔试）(1) 物理（统考）(2) 数学（统考）(3) 俄语（统考）(4)
	其中特殊名额	38		
03.05.01	"天文学"专业（全日制，公费和自费）	20	5	物理（加试,笔试）(1) 物理（统考）(2) 数学（统考）(3) 俄语（统考）(4)
	其中特殊名额	2		

续表

系、培养方向（专业）、教学大纲		预算（公费）名额	按协议（自费）名额	入学考试（标明类型和优先顺序）**
化学系				
04.05.01	"基础与应用化学"专业（全日制，公费和自费）	223	17	化学（加试,笔试）(1) 化学（统考）(2) 数学（统考）(3) 物理（统考）(4) 俄语（统考）(5)
	其中特殊名额	23		
生物系				
06.03.01	"生物学"方向（全日制，公费和自费）	157	33	生物（加试,笔试）(1) 生物（统考）(2) 数学（统考）(3) 化学（统考）(4) 俄语（统考）(5)
	其中特殊名额	16		
05.03.06	"生态环境"方向（全日制，公费和自费）	20	5	生物（加试,笔试）(1) 生物（统考）(2) 地理（统考）(3) 数学（统考）(4) 俄语（统考）(5)
	（全日制，公费和自费）	2		
历史系				
46.03.01	"历史学"方向			
	"历史"教育组			
	全日制（公费和自费）	121	10	历史（加试,笔试）(1) 历史（统考）(2) 外语（统考）(3) 俄语（统考）(4)
	其中特殊名额	13		
	面授—函授（公费和自费）	33	5	
	其中特殊名额	4		
	"国际关系历史"（自费）		25	历史（加试,笔试）(1) 历史（统考）(2) 外语（统考）(3) 俄语（统考）(4)

续表

系、培养方向(专业)、教学大纲		预算(公费)名额	按协议(自费)名额	入学考试(标明类型和优先顺序)**
46.03.01	"历史政治学"(自费)		15	历史(加试,笔试)(1) 历史(统考)(2) 社会学(统考)(3) 俄语(统考)(4)
	"历史文化旅游"(自费)		15	历史(加试,笔试)(1) 历史(统考)(2) 社会学(统考)(3) 俄语(统考)(4)
50.03.03	"艺术史"方向			创造性方向加试(笔试、口试)(1) 历史(统考)(2) 外语(统考)(3) 俄语(统考)(4)
	全日制(公费和自费)	25	10	
	其中特殊名额	3		
	面授—函授(公费和自费)	10	5	
	其中特殊名额	1		
经济系				
38.03.01	"经济学"方向(全日制,公费和自费)	200	90	数学(加试,笔试)(1) 数学(统考)(2) 外语(统考)(3) 俄语(统考)(4)
	其中特殊名额	20		
38.03.02	"管理"方向(全日制,自费)		120	数学(加试,笔试)(1) 数学(统考)(2) 社会学(统考)(3) 俄语(统考)(4)
法律系				
40.03.01	"法学"方向			
	"法学"(全日制,公费和自费)	304	130	社会学(加试,笔试)(1) 社会学(统考)(2) 历史(统考)(3) 俄语(统考)(4)
	其中特殊名额	31		
	"国际法"(全日制,自费)		20	社会学(加试,笔试)(1) 社会学(统考)(2) 历史(统考)(3) 俄语(统考)(4)

续表

系、培养方向(专业)、教学大纲		预算(公费)名额	按协议(自费)名额	入学考试(标明类型和优先顺序)**
新闻学系				
42.03.02	"新闻学"方向			创造性方向加试(笔试)(1)
	全日制(公费和自费)	196	75	文学(统考)(2)
	其中特殊名额	20		外语(统考)(3)
	面授—函授(自费)		40	俄语(统考)(4)
电视传媒高等学院				
42.03.04	"电视传媒"方向(全日制,公费和自费)	12	25	创造性方向加试(笔试、口试)(1)
				文学(统考)(2)
	其中特殊配额	2		历史(统考)(3)
				俄语(统考)(4)

　　* 本目录和招生名额涵盖《俄罗斯联邦教育法》规定的通过联邦预算资金学习的外国公民

　　** 莫斯科国立大学根据《俄罗斯联邦教育法》规定,对某些公民举行代替统考的入学考试

　　资料来源：Центральная приемная комиссия МГУ имени М. В. Ломоносова http://cpk.msu.ru/.

二、入学考试与评分原则

　　莫斯科国立大学在俄罗斯具有特殊法律地位。它的招生考试是在国家统一考试基础上,无需政府批准,每年均可以在任一培养方向（专业）举行专业附加考试。另外,它还要举行部分专业的创造性方向入学考试,以及为克里米亚和塞瓦斯托波尔的考生以及其他类别的考生组织单独考试等。

（一）入学考试

　　莫斯科国立大学组织的所有入学考试从 10:00 开始,咨询会议在入学考试前夕举行；创造性方向考试的咨询会议在笔试前夕举行。允许有正当理由（疾病或其他有根据可证实的情况）未参加入学考试的考生参加指定的其他考试或备用一天的考试,详见表 5-2-2。

表 5-2-2　2016 年莫斯科国立大学招收学士、文凭专家的入学考试时间表

时间	加试 （代替统考的入学考试）	院系
2016-7-10（星期天）	创造性方向的入学考试 （加试、笔试部分）	历史系
		人文科学文化政策与管理系
		电视传媒高等学院
		艺术系
2016-7-11（星期一）	生物（加试）	生物系
		土壤学系
		生物技术系
		心理学系
	物理（加试）	物理系
2016-7-12（星期二）	创造性方向的入学考试 （加试、笔试部分）	新闻系
	数学（代替统考）	
	历史（代替统考）	
2016-7-13（星期三）	社会学（加试）	哲学系
		政治学系
		心理学系
		人文科学文化政策与管理系
		现代社会科学高等学院
		国家审计高等学院
		公共管理系
		社会学系
		法律系

续表

时间	加试 （代替统考的入学考试）	院系
2016-7-14（星期四）	创造性方向的入学考试（加试、口试部分）	电视传媒高等学院
	化学（代替统考）	
	地理（代替统考）	
	外语（代替统考）	
	信息学（代替统考）	
2016-7-15（星期五）	创造性方向的入学考试（加试、口试部分）	历史系
		人文科学文化政策与管理系
		电视传媒高等学院
		艺术系
	数学（加试）	力学数学系
		计算数学与控制论系
		经济系
		地质学系
		公共管理系
		材料科学系
		社会学系
		人文科学文化政策与管理系
		生物工程与生物信息学系
		物化工程系
		高等商学院
		国家审计高等学院
		莫斯科经济学院

续表

时间	加试 （代替统考的入学考试）	院系
2016-7-16（星期六）	创造性方向的入学考试 （加试、口试部分）	电视传媒高等学院
	历史（加试）	历史系
		政治学系
		国际政治系
		全球进程系
		公共管理系
		地理系
2016-7-17（星期日）	俄语（代替统考）	亚非学院
2016-7-18（星期一）	文学（加试）	语文系
	外语（加试）	语文系
		高翻学院
		外国语言与区域研究系
		全球进程系
		人文科学文化政策与管理系
2016-7-19（星期二）	化学（加试）	化学系
		基础医学系
		物化工程系
	地理（加试）	地理系
		土壤学系

续表

时间	加试 （代替统考的入学考试）	院系
2016-7-20（星期三）	物理（代替统考）	
	生物（代替统考）	
	社会学（代替统考）	
	文学（代替统考）	
2016-7-21（星期四）	备用日，对有正当理由在规定期限内未参加考试的考生，所有科目（加试和为某些公民举行的代替统考的入学考试）	

资料来源：Центральная приемная комиссия МГУ имени М. В. Ломоносова http://cpk.msu.ru/.

（二）评分原则

莫斯科国立大学的招生原则是依据考试分数择优录取。评分标准是统一的、平等的，依据入学考试的总分（包括统考分数、加试分数、个人成就分数的相加）从高到低排序录取。按照法律规定，特殊权利考生享有优先录取的权利。

所有入学考试和鉴定结果均为百分制。中央招生委员会审批和发布每场入学考试、每个科目的最低分数。如果考生的入学考试成绩低于规定的最低分，则不允许参加相关培养方向（专业）的其他考试，包括定向生和特殊权利考生。

2016 年，在联邦教育科学督察署规定的统考各科目最低分数线（详见表 5-2-3）的基础上，莫斯科国立大学规定了自己的最低分数线：语文系的"基础与应用语言学"培养方向统考数学最低分为 65 分，经济系的"经济学"专业统考数学最低分为 65 分，管理专业的统考数学最低分为 60 分。还规定了本校笔试形式的入学考试和专业加试（创造性加试）的最低分数线：经济系的"经济学"专业加试数学最低分为 50 分，新闻系的新闻学专业、历史系的艺术史专业、艺术系的美术专业、电视传媒高等学院的电视传媒专业、人文科学文化政策与管理系的制作专业等创造性加试的最低分为 40 分。

表 5-2-3 2016 年联邦教育科学督察署规定的统考各科目最低分数线
（各科满分均为 100 分）

年份	俄语	数学	物理	化学	信息学	生物	历史	地理	社会学	文学	外语
2016	36	27	36	36	40	36	32	37	42	32	22

资料来源：http://www.obrnadzor.gov.ru.

三、录取顺序与申请材料

（一）录取顺序

招生委员会录取新生的顺序是：(1) 免试录取；(2) 按特殊权利名额（社会福利）录取，占公费名额的 10%；(3) 定向录取；(4) 普通竞试录取；(5) 自费生录取。现以 2016 年莫斯科国立大学力学数学系"基础数学与力学"专业，按"数学"教学大纲培养、全日制教学形式的录取情况为例进行详细说明，详见表 5-2-4。在莫斯科国立大学中央招生委员会的网站上以及各系招生委员会的网站和信息平台上，公布由中央招生委员会批准的拟录取名单。

表 5-2-4 2016 年莫斯科国立大学力学数学系拟录取名单
免试录取名单（全俄中学生奥林匹克竞赛获胜者和获奖者）

序号	姓、名、父称	同意入学并递交教育等级证书原件	优惠权利	住宿	状态
1	ОСМАНКИН ЕВГЕНИЙ ДМИТРИЕВИЧ	是	全俄中学生奥林匹克竞赛获胜者	是	录取
2	КОШЕ ЛЕВ МИХАИЛ МИХ АЙЛОВИЧ	是	全俄中学生奥林匹克竞赛获奖者	否	录取
3	ЛИЖДВОЙ ВАЛЕНТИН ВАЛЕРЬЕВИЧ	是	全俄中学生奥林匹克竞赛获奖者	否	录取
4	ЛЫЧАГИНА ЕЛЕНА АНАТОЛЬЕВНА	是	全俄中学生奥林匹克竞赛获奖者	是	录取
5	ТЕРЕХОВ МИХАИЛ СЕРГЕЕВИЧ	是	全俄中学生奥林匹克竞赛获奖者	是	录取
……					

资料来源：Центральная приемная комиссия МГУ имени М. В. Ломоносова, http://cpk.msu.ru/.

按特殊权利名额（社会福利）录取名单

序号	姓、名、父称	同意入学并递交教育等级证书原件	总分	入学考试结果（分数）： 1. 数学（加试） 2. 数学（统考） 3. 物理（统考） 4. 俄语（统考）				个人成就分数： 1. 中等教育鉴定优秀 2. 毕业作文得分 3. "劳动与卫国体育制度"（体育获奖）			住宿	状态
				1	2	3	4	1	2	3		
1	СИНЬКО АНАСТАСИЯ КОНСТАНТИНОВНА	是	363	90	90	83	93	5	2	0	是	录取
2	МАЙОРОВ ЭРНЕСТ РУСТЕМОВИЧ	是	319	100	90	61	61	5	2	0	是	录取
3	ЧИНЯЕВ ДМИТРИЙ ВЛАДИМИРОВИЧ	是	266	55	68	53	90	0	0	0	是	录取
4	АТАМАНЦЕВ ДМИТРИЙ АЛЕКСЕЕВИЧ	是	265	40	74	61	88	0	2	0	否	录取

资料来源：Центральная приемная комиссия МГУ имени М. В. Ломоносова, http://cpk.msu.ru/.

定向录取名单

印古什共和国教育科学部

序号	姓、名、父称	同意入学并递交教育等级证书原件	总分	入学考试结果（分数）： 1. 数学（加试） 2. 数学（统考） 3. 物理（统考） 4. 俄语（统考）				个人成就分数： 1. 中等教育鉴定优秀 2. 毕业作文得分 3. "劳动与卫国体育制度"（体育获奖）			住宿	状态
				1	2	3	4	1	2	3		
1	ЕВЛОЕВ АРБИ ЗАКРЕЕВИЧ	是	257	40	76	54	81	5	1	0	是	录取

资料来源：Центральная приемная комиссия МГУ имени М. В. Ломоносова, http://cpk.msu.ru/.

普通竞试录取名单

序号	姓、名、父称	同意入学并递交教育等级证书原件	总分	入学考试结果（分数）： 1. 数学（加试） 2. 数学（统考） 3. 物理（统考） 4. 俄语（统考）				个人成就分数： 1. 中等教育鉴定优秀 2. 毕业作文得分 3. "劳动与卫国体育制度"（体育获奖）			住宿	状态
				1	2	3	4	1	2	3		
1	УРАЛОВ ДМИТРИЙ АЛЕКСЕЕВИЧ	是	405	100	100	100	98	5	2	0	是	录取
2	СОПЛЕНКОВА АННА ГЛЕБОВНА	是	399	100	100	98	100	0	1	0	否	录取
3	КУЛИКОВА ВИКТОРИЯ ИЛЬДАРОВНА	是	399	100	99	100	93	5	2	0	是	录取
4	НЕКРАСОВ ВАСИЛИЙ АЛЕКСЕЕВИЧ	是	399	100	98	100	93	5	3	0	否	录取
5	ГУСЕВ МАКСИМ ОЛЕГОВИЧ	是	396	100	92	100	98	5	1	0	是	录取
…………												

资料来源：Центральная приемная комиссия МГУ имени М. В. Ломоносова, http://cpk.msu.ru/.

克里米亚和塞瓦斯托波尔录取名单

序号	姓、名、父称	1. 同意入学并递交教育等级证书原件 2. 递交原件的顺序号		总分	入学考试分数： 1. 数学（加试）	个人成就分数： 1. 中等教育鉴定优秀 2. 毕业作文得分 3. "劳动与卫国体育制度"（体育获奖）			住宿	状态
		1	2		1	1	2	3		
1	МУРАТОВА АННА МУСТАФАЕВНА	是	1	86	85	0	1	0	是	录取

续表

序号	姓、名、父称	1. 同意入学并递交教育等级证书原件 2. 递交原件的顺序号		总分	入学考试分数: 1. 数学（加试）	个人成就分数: 1. 中等教育鉴定优秀 2. 毕业作文得分 3. "劳动与卫国体育制度"（体育获奖）			住宿	状态
		1	2		1	1	2	3		
2	КОВАЛЬКОВ БОРИС ЮРЬЕВИЧ	否	—	80	75	5	0	0	是	竞试中
3	ШАДРИН МАКСИМ КИРИЛЛОВИЧ	否	—	72	65	5	2	0	是	竞试中
4	БАСОВ-ТИЩЕНКО АЛЕКС АНДР ЮРЬЕВИЧ	否	—	70	70	0	0	0	是	竞试中
5	ИВНЕ НКО ВИКТ ОРИЯ ВИТАЛЬЕВНА	否	—	66	65	0	1	0	是	竞试中
6	ЛЯГИН ИВАН АЛЕКСАНДРОВИЧ	是	2	55	55	0	0	0	是	录取

资料来源：Центральная приемная комиссия МГУ имени М. В. Ломоносова，http：//cpk.msu.ru/.

进入拟录取名单的人员，按照规定应提交教育等级证书原件，进行必需的体检，并签订相应的学习合同或服务合同。所有材料符合要求，体检通过后，由校长签发正式的录取通知。录取工作分为两个阶段进行，第一阶段按招生名额的80%录取，第二阶段按招生名额的100%录取。按照总分从高到低的顺序，直到录满为止。截至2016年9月，莫斯科国立大学2016年公费名额两个阶段的录取分数还未公布，从2015年的录取分数可以看出基本情况，详见表5-2-5。中央招生委员会根据学校规定为符合条件的全日制生提供宿舍。新学年从每年的9月1日开始，第二年的6月30日结束。

表 5-2-5 2015 年莫斯科国立大学公费名额的录取分数

院系	教学形式	科目名称	专业/方向	第一阶段录取分数	第二阶段录取分数
力学数学系	全日制	数学	基础数学和力学（01.05.01）	346	328
	全日制	力学	基础数学和力学（01.05.01）	335	323
计算数学与控制论系	全日制	应用数学和信息学	应用数学和信息学（01.03.02）	429	415
	全日制	计算机与信息技术基础	计算机与信息技术基础（02.03.02）	421	412
物理系	全日制	天文学	天文学（03.05.01）	316	313
	全日制	物理	物理学（03.03.02）	325	310
化学系	全日制	基础与应用化学	应用化学（04.05.01）	382	364
生物学系	全日制	生物学	生物学（06.03.01）	426	419
土壤学系	全日制	生态环境	生态环境（05.03.06）	316	300
	全日制	土壤学	土壤学（06.03.02）	375	353
地质学系	全日制	地质学家	地质学（05.03.01）	292	279
地理系	全日制	地理	地理学（05.03.02）	334	316
	全日制	地图制图与地理信息	制图和地理信息（05.03.03）	323	297
	全日制	水文气象学	水文气象学（05.03.04）	308	279
	全日制	生态环境	生态环境（05.03.06）	310	265
材料学院	全日制	化学、物理和材料力学	化学、物理和材料力学（04.03.02）	412	403
基础医学系	全日制	医疗事业	治疗（31.05.01）	473	
	全日制	药学	药学（33.05.01）	430	

续表

院系	教学形式	科目名称	专业/方向	第一阶段录取分数	第二阶段录取分数
历史系	全日制	历史	历史（46.03.01）	346	337
	全日制	艺术史	艺术史（50.03.03）	346	346
	面授—函授	历史	历史（46.03.01）	297	283
	面授—函授	艺术史	艺术史（50.03.03）	311	281
语文系	全日制	外国文学	文学（45.03.01）	358	350
	全日制	俄罗斯语言和文学	文学（45.03.01）	333	322
	全日制	斯拉夫和经学	文学（45.03.01）	348	339
	全日制	基础与应用语言学	基础科学和应用语言学（45.03.03）	375	366
	面授—函授	俄罗斯语言和文学	文学（45.03.01）	269	259
哲学系	全日制	哲学	哲学（47.03.01）	328	323
	全日制	广告和公共关系	广告和公共关系（42.03.01）	352	350
	全日制	文化学	文化学（51.03.01）	322	
	全日制	宗教信仰	宗教研究（47.03.03）	319	322
经济系	全日制	经济	经济（38.03.01）	348	342
法律系	全日制	法学	法理学（40.03.01）	359	352
新闻系	全日制	新闻学	新闻（42.03.02）	348	343
	面授—函授	新闻学	新闻（42.03.02）	314	314

续表

院系	教学形式	科目名称	专业/方向	第一阶段录取分数	第二阶段录取分数
心理学系	全日制	临床心理学家	临床心理学家（37.05.01）	350	338
心理学系	全日制	心理学家业绩	心理学（37.05.02）	335	328
亚非学院	全日制	亚洲与非洲	亚洲与非洲（41.03.03）	364	359
社会学系	全日制	社会学	社会学（39.03.01）	316	307
社会学系	面授—函授	社会学	社会学（39.03.01）	283	292
外国语言与区域研究系	全日制	翻译和翻译学	翻译和翻译学（45.05.01）	377	376
外国语言与区域研究系	全日制	语言学	语言学（45.03.02）	375	365
外国语言与区域研究系	全日制	文化学	文化学（51.03.01）	368	361
外国语言与区域研究系	全日制	俄罗斯区域研究	俄罗斯区域研究（41.03.02）	364	360
生物工程与生物信息学系	全日制	生物工程和生物信息学	生物工程与生物信息学（06.05.01）	473	456
物化工程系	全日制	基础与应用化学	应用化学（04.05.01）	358	356
物化工程系	全日制	应用数学和物理学	应用数学和物理学（03.03.01）	332	329
高等国家审计学院	全日制	法学	法理学（40.03.01）	377	370
高等国家审计学院	全日制	经济	经济（38.03.01）	378	
电视传媒高等学院	全日制	电视	电视（42.03.04）	358	353

续表

院系	教学形式	科目名称	专业/方向	第一阶段录取分数	第二阶段录取分数
现代社会科学高等学院	全日制	社会学	社会学（39.03.01）	310	306
政治学系	全日制	政治学	政治学（41.03.04）	358	348
公共管理学院	全日制	人事管理	人事管理（38.03.03）	335	329
	全日制	公共和市政管理	国家和市政管理（38.03.04）	339	330
	全日制	政治学	政治学（41.03.04）	360	
国际政治系	全日制	国际关系	国际关系（41.03.05）	390	383
全球进程系	全日制	国际关系	国际关系（41.03.05）	381	373
生物技术学院	全日制	生物学	生物学（06.03.01）	432	418
塞瓦斯托波尔分校	全日制	应用数学和信息学	应用数学和信息学（01.03.02）	261	283
	全日制	物理	物理学（03.03.02）	231	
	全日制	地理	地理学（05.03.02）	224	224
	全日制	心理学	心理学（37.03.01）	200	
	全日制	经济	经济（38.03.01）	310	324
	全日制	新闻学	新闻（42.03.02）	320	319
	全日制	文字学	文学（45.03.01）	302	294
	全日制	历史	历史（46.03.01）	280	270

资料来源：Центральная приемная комиссия МГУ имени М. В. Ломоносова，http://cpk.msu.ru/.

（二）申请材料

申请报考莫斯科国立大学须提交以下主要材料：（1）个人申请书；（2）证明申请人身份和国籍的证件复印件；（3）教育等级或技能等级证书的原件或复印件；（4）享有优惠权利或特殊权利等的相关证明材料；（5）体检证明原件和复印件；（6）2张近照，尺寸为3厘米×4厘米（黑白或彩色免冠照片，哑光，当年拍摄）。申请人向莫斯科国立大学相关院系（分校）提交个人申请书，申请书的固定格式由中央招生委员会规定（如下）。

申　请　书（莫斯科国立大学的固定格式）

莫斯科国立大学校长、院士 B. A. 萨多夫尼奇

请允许（姓、名、父称）＿＿＿＿＿＿＿＿＿＿＿＿＿＿

报名参加以下院系的选拔

力学数学系

针对俄罗斯联邦、白俄罗斯、哈萨克斯坦、吉尔吉斯斯坦公民

"基础数学和力学"专业

序号	名称 （教学大纲）	教育层次	教学形式	经费来源	参加选拔
	数学	文凭专家	全日制	预算	□
	力学	文凭专家	全日制	预算	□

本人保证以下个人信息真实、有效
（用俄语印刷体填写，笔迹清晰）

1 姓　□□□□□□□□□□□□□□□□□□□□
2 名　□□□□□□□□□□□□□□□□□□□□
3 父称□□□□□□□□□□□□□□□□□□□□
4 出生日期　　　日 □□　月 □□　年 □□□□
5 性别：男—1　女—2　＿＿＿＿＿＿＿＿＿＿＿＿＿□
6 国籍＿＿＿＿＿＿＿＿＿＿＿＿＿＿＿＿＿＿＿＿□
俄罗斯公民—1　外国公民—2　无国籍人士—3
□□□□□□□□□□□□□□□□□□□□□□
（注明国家）
7 报考条件＿＿＿＿＿＿＿＿＿＿＿＿＿＿＿＿＿＿□
普通竞试—1　特殊名额—2　免试—3
对于特殊名额和免试的考生请注明系部（教学形式）、条件理由

☐☐☐☐☐☐☐☐☐☐☐☐☐☐☐☐☐☐☐☐☐☐☐☐☐☐☐☐☐☐

改变类别的申请者要同时参加其他指定院系的普通竞试,并按照普通竞试报考其他院系

有报考特殊名额的权利 ＿＿＿＿＿＿＿＿＿＿＿＿＿＿＿＿＿＿＿＿ ☐

没有—0　残疾孩子、一二级残疾、天生残疾、战争外伤所致残疾或服兵役期间所致疾病—1　孤儿和无父母监管的孩子—2

具有下列享受特殊名额权利的证明材料:

☐☐☐☐☐☐☐☐☐☐☐☐☐☐☐☐☐☐☐☐☐☐☐☐☐☐☐☐☐☐
☐☐☐☐☐☐☐☐☐☐☐☐☐☐☐☐☐☐☐☐☐☐☐☐☐☐☐☐☐☐
☐☐☐☐☐☐☐☐☐☐☐☐☐☐☐☐☐☐☐☐☐☐☐☐☐☐☐☐☐☐

(注明材料的类型、日期、编号)

8 录取的优先权(在同等条件下) ＿＿＿＿＿＿＿＿＿＿＿＿＿＿＿＿＿＿ ☐

没有—0　根据高校招生章程的第35条(俄罗斯教育科学部2015年10月14日第1147号命令批准)—注明相应的款项:1,2,3,4,5,6,7,8,9,10,11,12,13

具有下列享受优先权的证明材料:

☐☐☐☐☐☐☐☐☐☐☐☐☐☐☐☐☐☐☐☐☐☐☐☐☐☐☐☐☐☐
☐☐☐☐☐☐☐☐☐☐☐☐☐☐☐☐☐☐☐☐☐☐☐☐☐☐☐☐☐☐
☐☐☐☐☐☐☐☐☐☐☐☐☐☐☐☐☐☐☐☐☐☐☐☐☐☐☐☐☐☐

9 入学考试成绩　(对于每个科目必须选择相应的类别)

1—按国家统一考试成绩录取

2—按莫斯科国立大学对某些考生群体举行的入学考试(代替统考)录取,下列科目:

类别	科目	分数	考试时间	备注
	俄语			
	数学			
	物理			

　本人的国家统一考试成绩　下列科目:

科目	分数	考试时间	备注

对参加按莫斯科国立大学的某些考生群体举行的入学考试
（代替统考）成绩选拔的理由＿＿＿＿＿＿＿＿ ＿＿＿＿＿＿＿＿ □
没有—0　根据高校招生章程的第 21 条（俄罗斯教育科学部 2015 年 10 月 14 日第 1147 号命令批准）—注明相应的款项：а，б，в

10 本人的个人成就

　　а. 在奥运会、残奥会、世锦赛、欧洲杯中获胜和获奖；在运动种类与奥运会、残奥会相同等级的世界冠军赛、欧洲冠军赛中获胜；在"劳动与卫国体育制度"全能竞赛中获得银质和（或）金质奖章的考生，按照不同于体育和体育运动的培养方向（专业）入学□

　　б. 中等普通教育鉴定获得优秀或获得金质、银质奖章，中等职业教育鉴定获得优秀证书＿＿＿＿＿＿＿＿＿＿＿＿＿＿＿＿＿＿＿＿＿＿＿＿＿＿＿＿ □

　　в. 毕业作文成为通过中等普通教育大纲的国家终结性考核的条件 ＿＿＿＿＿＿ □

　　没有—0　有—1

　　具有下列个人成就的证明材料：
　　□□□□□□□□□□□□□□□□□□□□□□□□□□□□
　　□□□□□□□□□□□□□□□□□□□□□□□□□□□□
　　□□□□□□□□□□□□□□□□□□□□□□□□□□□□

11 为身体受限和残疾人参加入学考试准备专门条件的必要性＿＿＿＿＿＿ □

　　没有—0　有—1

　　注明为身体受限人员和残疾人参加入学考试准备的专门条件及必要性，身体受限人员和残疾人的证明材料（注明材料的类型、日期、编号）
　　□□□□□□□□□□□□□□□□□□□□□□□□□□□□
　　□□□□□□□□□□□□□□□□□□□□□□□□□□□□
　　□□□□□□□□□□□□□□□□□□□□□□□□□□□□
　　□□□□□□□□□□□□□□□□□□□□□□□□□□□□

12 奥林匹克竞赛的参加者

　　A. 普通教育学科国际奥林匹克竞赛的俄罗斯国家队队员（注明参赛科目和举行的年份）

奥林匹克竞赛名称	竞赛专业	团队成员（国家）	证书编组	证书编号	举行竞赛的地点	竞赛日期

Б. 全俄中学生奥林匹克竞赛决赛阶段的获胜者（获奖者）

奥林匹克 竞赛科目	年级	证书编组	证书编号	证书级别	竞赛日期	竞赛地点

B. 进入中学生奥林匹克竞赛单元的竞赛获胜者（获奖者）

奥林匹克 竞赛全称	竞赛专业	年级	证书编组	证书编号	证书级别	证书获得 时间

（由招生委员会工作人员填写）
享有的优惠条件

奥林匹克 竞赛编号	竞赛等级	竞赛专业	年级	和竞赛专业 相符的普通 教育科目	享有的优 惠条件	有优惠条件 的系部

13 在不报考的情况下，返还递交的证明材料的方式
（在提交了原件的情况下）_____ □
给受托人—1　通过邮电局邮寄—2

个人证件材料

14 个人证件材料类型_____ □
居民证—1　俄罗斯联邦出国护照—2　军人证—3　出生证—4
俄罗斯身份证—5　其他国家的护照—6　无国籍人士的证件—7

15 证件编组　□□□□　　号码 □□□□□□

16 发证日期　日□□　月□□　年□□□□

17 发证机构

□□□□□□□□□□□□□□□□□□□□□□□□□□□□
□□□□□□□□□□□□□□□□□□□□□□□□□□□□
□□□□□□□□□□□□□□□□□□□□□□□□□□□□

出生地

18 国家

□□□□□□□□□□□□□□□□□□□□□□□□□□□□

19 区域（共和国、自治区、边疆区等）

□□□□□□□□□□□□□□□□□□□□□□□□□□□□

20 区（如果居住点不在共和国首府、自治区和边疆区中心）

□□□□□□□□□□□□□□□□□□□□□□□□□□□□

21 居住点（村庄、农村、城镇、城市等）

□□□□□□□□□□□□□□□□□□□□□□□□□□□□

常住地址（按身份证）

22 学习期间对宿舍的需求

（根据莫斯科国立大学 2016 年招生简章的规定提供宿舍，有生活基金）_____

__ □

需要—1   不需要—2

（招生委员会工作人员填写）
在校期间有依靠助学金申请宿舍的权利
（有权利—1   没有权利—2）_____ □

23 国家

□□□□□□□□□□□□□□□□□□□□□□□□□□□□

24 对俄罗斯居民—俄罗斯联邦主体名称

□□□□□□□□□□□□□□□□□□□□□□□□□□□□

25 居住点类型 _____ □

联邦级城市—1   联邦主体中心—2   城市—3   城市类型的居民点—4
农村类型的居住点—5

26 邮政编码 _____ □□□□□□

27 地址

□□□□□□□□□□□□□□□□□□□□□□□□□□□□
□□□□□□□□□□□□□□□□□□□□□□□□□□□□
□□□□□□□□□□□□□□□□□□□□□□□□□□□□

实际居住地址

（在与常住地址有区别的情况下填写）

28 国家

　　☐☐☐☐☐☐☐☐☐☐☐☐☐☐☐☐☐☐☐☐

29 对俄罗斯居民－俄罗斯联邦主体名称

　　☐☐☐☐☐☐☐☐☐☐☐☐☐☐☐☐☐☐☐☐
　　☐☐

30 邮政编码

　　　　　　　　　　　　　　　☐☐☐☐☐☐

31 地址

　　☐☐☐☐☐☐☐☐☐☐☐☐☐☐☐☐☐☐☐☐
　　☐☐☐☐☐☐☐☐☐☐☐☐☐☐☐☐☐☐☐☐

32 联系电话（注明城市区号和移动电话）和电子邮箱地址

　　☐☐☐☐☐☐☐☐☐☐☐☐☐☐☐☐☐☐☐☐
　　☐☐☐☐☐☐☐☐☐☐☐☐☐☐☐☐☐☐☐☐
　　☐☐☐☐☐☐☐☐☐☐☐☐☐☐☐☐☐☐☐☐

33 俄罗斯联邦养老保险金号码（如果有）

　　　＿＿＿☐☐☐－☐☐☐－☐☐☐－☐☐

教育经历信息

34 获得教育证书的类型：

教育证书或教育技能证书（关于教育等级和教育技能等级）

俄罗斯联邦制定的样式—1　外国教育证书—2　＿＿＿＿＿＿☐

国家

　　☐☐☐☐☐☐☐☐☐☐☐☐☐☐☐☐☐☐☐☐

证明所掌握技能的高等职业教育证书"文凭专家"—1　硕士证书—2

学士证书—3　中等职业教育证书—4　初等职业教育证书—5

中等普通教育鉴定—6　＿＿＿＿＿＿＿＿＿＿＿＿＿☐

35 编码☐☐☐　编组☐☐☐☐　号码☐☐☐☐☐☐

注册号码（如果有）　☐☐☐☐☐☐☐☐☐☐

36 最终学历取得的年份　＿＿＿＿＿＿＿＿＿＿＿＿＿☐☐☐☐

37 发证日期　日☐☐　月☐☐　年☐☐☐☐

38 最终学历的地点　＿＿＿＿＿＿＿＿＿＿＿＿＿＿☐

莫斯科—1　莫斯科区—2　莫斯科区的农村地区—3　俄罗斯其他城市—4

俄罗斯其他农村地区—5　国外—6

39 教育机构类型　＿＿＿＿＿＿＿＿＿＿＿＿＿＿＿＿＿☐

全日制中学—1　夜校（轮班制）普通教育机构—2

中等专业教学机构，同类技术学校—3   远程中等教育—4   莫斯科国立大学的专门教学研究中心—5

其他普通教育机构—7   其他职业教育机构—8   高等教育机构—10

40 教育机构名称

☐☐☐☐☐☐☐☐☐☐☐☐☐☐☐☐☐☐☐☐☐☐☐☐☐☐☐☐☐☐
☐☐☐☐☐☐☐☐☐☐☐☐☐☐☐☐☐☐☐☐☐☐☐☐☐☐☐☐☐☐
☐☐☐☐☐☐☐☐☐☐☐☐☐☐☐☐☐☐☐☐☐☐☐☐☐☐☐☐☐☐

请了解下列证明材料：

1. 从事教育活动权利的许可证   编组 90Л01 No0008333   注册号 No1353   2015-4-1
2. 国家认证证明   编组 90A01 No0001389   注册号 No1308   2015-6-1
3. 莫斯科国立大学 2016 年招生简章   申诉规则
4. 入学考试和加试的成绩   莫斯科国立大学各系举行入学考试的时间表。
5. 确认向不超过 5 所大学，向莫斯科国立大学不超过 3 个专业（培养方向）递交申请书。
6. 确认只向莫斯科国立大学递交了特殊名额录取的申请书（对有特殊名额权利的人员）。
7. 确认向莫斯科国立大学递交特殊名额录取的申请书只在本教学大纲（对有特殊名额权利的人员，如果向莫斯科国立大学提交几份特殊名额录取申请）。
8. 了解按照学士和文凭专家大纲有特别权利和优先权录取的信息。
9. 了解对报考申请书上信息的可靠性和证明材料的真实性负责。
10. 了解确定基本教学大纲的条件。
11. 了解提交规定样式的证明材料原件的截止日期。
12. 警告：在莫斯科国立大学举行入学考试时，禁止随身携带和使用任何型号的电子和移动产品。
13. 同意召回我的个人资料，根据联邦 2006 年 7 月 27 日制定的 №152-ФЗ "关于个人资料"的法规。
14. 确认缺少学士、文凭专家、硕士证书。

申请人签名 ☐☐☐☐☐☐☐☐☐☐☐☐☐☐☐☐

日期 ____

四、招收外国留学生

莫斯科国立大学在俄联邦教育科学部规定的外国公民教育名额内，招收外国公民和无国籍人士，分为预算拨款（公费）和有偿教育（自费）两种。外国留学生可以申请到莫斯科国立大学各个院系攻读全日制学士、硕士学位,也可在职攻读硕士及以上学位(学士学位4年,硕士学位2年,副博士学位3年)。莫斯科国立大学新学年开始于9月1日,至次年6月30日结束。每学年分两学期,寒假20天,暑假2个月。

中俄两国政府签订协议,互认学历。凡在俄罗斯高等院校或科研单位注册学习所取得的毕业证书及学位证书,中方予以承认。中国的高中毕业证书、本科毕业证书同样得到俄罗斯承认,可以在俄申请接受更高一级的学历和学位教育。俄罗斯的副博士学位相当于中国的博士学位。

(一) 入学考试

莫斯科国立大学的授课语言主要是俄语。学校规定外国留学生进入各院系学习前必须在俄语语言文化系进行预科课程的学习。根据未来所学的专业,预科学习为期1年或1年半。学生通过莫斯科国立大学组织的俄语考试和专业考试才可以进入相关院系学习,有些专业还需要创造性方向的考试。

外国公民在莫斯科国立大学自费学习,一般只需2门入学考试,一门俄语,一门专业课,均采用面试的形式。根据《俄罗斯联邦教育法》的规定,统考成绩可以作为入学考试成绩。

(二) 留学费用

俄罗斯的留学费用合理,一般家庭可以承受。和欧洲同等水平的高等院校相比,莫斯科国立大学的学费较为便宜。平均每人每年的学费在5000~7000美元。加上食宿费、医疗保险等,除第一年增加的必需的手续费用外,每人每年的总花销大约在6万~8万人民币。具体包括:

1)学费:5000~7000美元;
2)学生宿舍住宿费:每月4100~13000卢布,取决于住宿条件;
3)体检和艾滋病检测:4500卢布起;
4)翻译、公证、认证、饮食、医疗,交通等。

(三) 申请程序

1)选择莫斯科国立大学意向院系,与院系取得联系,了解课程设置及入学考试情况;
2)通过旅游签证等方式来到莫斯科并带齐有关证明材料;
3)向申请院系提交如下材料:
(1)申请表;

（2）申请学士学位及文凭专家，需提交：高中毕业证书（申请莫斯科国立大学学士学位及文凭专家的中国学生不要求有中国的高考成绩证明，只要求有高中毕业证书），需要翻译为俄文并进行公证（各种证明材料的翻译件必须在俄罗斯进行公证，或在俄罗斯使馆进行认证）；

（3）申请硕士及以上学位，需提交：本科毕业证书、学士学位证书、加盖公章的成绩单原件，需要翻译为俄文并进行公证（如果尚未取得学位证书、毕业证书，需要提交所在大学的证明信，声明获得相关证书的确切时间）；

（4）学历、学位双认证；

（5）健康证明；

（6）艾滋病检测报告（艾滋病检测报告和其他体检项目需在莫斯科国立大学医院进行）；

（7）护照、签证、入境卡；

（8）6张3厘米×4厘米照片。

（9）院系有权要求提交其他材料。

4）通过考试；

5）取得邀请函以便办理学习签证；

6）与院系签订学习合同。签订合同前，须通过所有考试，提交所有材料，支付学习费用。

第三节　乌法国立石油技术大学的招生经验

乌法国立石油技术大学（УГНТУ）成立于1948年，位于巴什基尔斯坦自治共和国首府乌法，它是在俄罗斯国立古勃金石油天然气大学乌法分校的基础上建立的。该校是俄罗斯一流大学，师资力量雄厚，共有教师1000多人，其中教授、博士150多人，副教授、副博士500多人，学生14000多人，该校教育培养模式多样化，包括预科、学士、文凭专家、硕士、副博士、博士教育，以及继续教育，在油气田勘察勘探、钻井技术、石油天然气的开采运输和加工储存、石油工业机械设备的设计和开发、生产工艺过程的现代化和自动化、经济学、生产管理和生产组织等领域的教学、科研具有优势。

一、乌法国立石油技术大学的招生做法

近年来,乌法国立石油技术大学为完善学校招生委员会的工作,提高统考高分生的录取人数和比例,采取了加强中学生就业指导的方式,并规定了报考的最低分数线,取得了积极的效果,并以此找到了选拔优秀大学生源的方法。乌法国立石油技术大学在乌法市、巴什基尔斯坦自治共和国和俄联邦其他地区的中等学校都举行了大规模的就业指导工作,甚至把国外潜在的统考高分生吸引过来。招生委员会为公费和自费学习划定了统考录取最低分数线,以提高录取的一年级新生质量,改善其他招生指标。在招生中取得了较好的效果①。

与往年相比,2013年乌法国立石油技术大学递交报考申请的统考低分生人数降低了,定向生和优惠生的录取人数减少了,所录取的公费生和自费生的统考平均分提高了,招生质量在俄罗斯技术类高校中名列前茅。根据所设置的大部分培养方向(专业)的新生统考成绩,乌法国立石油技术大学进入了俄罗斯最好大学的前十名。

报考技术类著名高校要求考生具有较高的知识水平和统考成绩。2013年,俄罗斯国立高等经济研究大学(ВШЭ)对根据统考成绩(没有创造性和其他专业加试)招生的471所俄罗斯高校的新生质量进行监测,这其中既有专业性质(医学、技术、经济类等)高校,也有其他知名高校。② 根据高校网站公布的录取通知,研究人员对各校的全日制学士和文凭专家的招生质量进行评价。评价指标依据高校录取新生的统考成绩平均分,包括所有培养方向(专业)的平均分和最低分,没有算入奥赛获胜者和获奖者分数。关于公费招生结构的信息也被列入监测范围,如录取多少免试生、免竞试生、凭统考成绩入学的新生以及定向生等。

根据俄罗斯高等经济研究大学的监测结果,在俄罗斯133所技术类高校中,按照录取新生的统考平均分,乌法国立石油技术大学在招生质量排行榜

---

① Ямалиев В. У., Кудрейко А. А., Латыпов О. Р. Методы конкурсного отбора абитуриентов для обеспечения качественного приёма в вуз. Нефтегазовое дело: электронный научный журнал. 2013. №5 http://www.ogbus.ru.

② Качество приёма в вузы-2013 [электронный ресурс]: http://www.hse.ru/ege/second_section 2013/.

中从2012年的第7位上升到2013年的第6位,见表5-3-1,超过了包括莫斯科国立鲍曼技术大学(第7位)、托木斯克国立工业技术研究大学(第15位)、圣彼得堡矿山矿物原料大学(第17位)的排名。①

表5-3-1 乌法国立石油技术大学在技术类高校招生质量排行榜中的排名

在俄罗斯技术类高校中的排名		高等学校	录取新生的统考平均分	
2013年	2012年		2013年	2012年
5	6	莫斯科国立电子与数学研究大学(МИЭМ НИУ ВШЭ),莫斯科市	80.4	72.8
6	7	乌法国立石油技术大学(УГНТУ),乌法市	77.4	72.6
7	5	莫斯科国立鲍曼技术大学(МГТУ им. Н. Э. Баумана),莫斯科市	76.9	73.1

资料来源:Ямалиев В. У. ,Кудрейко А. А. ,Латыпов О. Р. Методы конкурсного отбора абитуриентов для обеспечения качественного приёма в вуз. Нефтегазовое дело:электронный научный журнал. 2013. №5 http://www.ogbus.ru.

众所周知,列入排行榜前十位的高校都是能够培养国防、先进科技和原料能源综合领域技术过硬的专家。乌法国立石油技术大学的很多毕业生在原料能源综合领域工作中都取得了不错的成就,这也成为吸引想在该领域有所发展的青年报考乌法国立石油技术大学的重要原因。为了保证学校的招生质量,乌法国立石油技术大学招生委员会采取了一系列措施和办法。

第一,为了给招生工作创造有利条件,校领导、招生委员会和教职员工无论在俄联邦境内,还是在独联体国家都进行了大量的就业指导工作,详见表5-3-2,宣传对象超过12500人。比如,2013年通过到哈萨克斯坦共和国的一些城市做宣传,录取到91名新生入学。

---

① Качество приёма в вузы-2013 [электронный ресурс]: http://www.hse.ru/ege/second_section 2013/.

表 5-3-2 2013 年乌法国立石油技术大学的就业指导工作

序号	就业指导工作的类型和措施
1	组织和举行乌法国立石油技术大学开放日 举行了 3 次活动（超过 1300 人）
2	组织和举行乌法国立石油技术大学参观活动 组织了 19 次参观活动（超过 1000 人）
3	组织和举行外出宣传活动 举行外出宣传活动：俄联邦共和国 9 次（3000 人）；哈萨克斯坦 4 次（350 人）；塔吉克斯坦 1 次（150 人）
4	在乌法市的中学举行大学推介会 在 74 所中学推介，递交申请材料 1600 人，其中有 30％被录取
5	在第 83 中学校区组织公开课 进行 7 次授课（400 人） 在招生网站上播放讲课视频
6	信息广告工作 出版报纸；准备广告材料；在报纸、指南手册、网站、电台、电视台发布信息；乌法国立石油技术大学学生电视台播放视频
7	组织和举行奥林匹克学科竞赛 举行数学、物理、化学、俄语、信息学、绘画、经济方面的奥林匹克竞赛（650 人）
8	远程教学中心就业指导活动 "天才儿童"方案（100 人）；"放假的中学"（127 人）；"我的未来职业"（350 人）；"春天快车"（157 人）；"高年级学生"（3500 人）
9	新生的问卷调查 超过 650 人。关于乌法国立石油技术大学的信息来源：父母、老师、大学生的建议（42％）；招生网站（40％）；宣传活动（15％）；参观（1.5％）；手册（1.5％）。

资料来源：Ямалиев В. У.，Кудрейко А. А.，Латыпов О. Р. Методы конкурсного отбора абитуриентов для обеспечения качественного приёма в вуз. Нефтегазовое дело: электронный научный журнал. 2013. №5 http://www.ogbus.ru.

第二，竞试选拔公费生和统考选拔自费生的基本标准是，按照统考成绩规定最低录取分数线。招生委员会将逐步提高统考各科目的最低录取分数线，比如，2012年报考机械专业公费生的数学最低分为40分，2013年为53分，而联邦教育科学督察署规定的统考数学最低分为24分。因此，成功减少了统考低分生申请公费生和自费合同生的人数。①

与2012年相比，这项措施使入学新生的统考平均分增加了4.8%。同时很多专业公费生之间的竞争减少了，学生质量得以提高。也就是说，入学新生的统考总分提高了，相互之间的分数差距缩小了，优惠生和定向生的人数也减少了，详见图5-3-1。比如，前几次招生活动中有很多优惠生向"管理技能"培养方向（专业）递交了申请，但因为实行了高录取分数线（数学、俄语、社会学均为70分），最后只有1名优惠生按公费名额被录取，其他名额按统考成绩分派，每个科目的统考平均分为85.4分。因此，2013年优惠生录取了16人，每个科目的统考平均分为67.7分；定向生录取了80人，每个科目的平均分为71分。

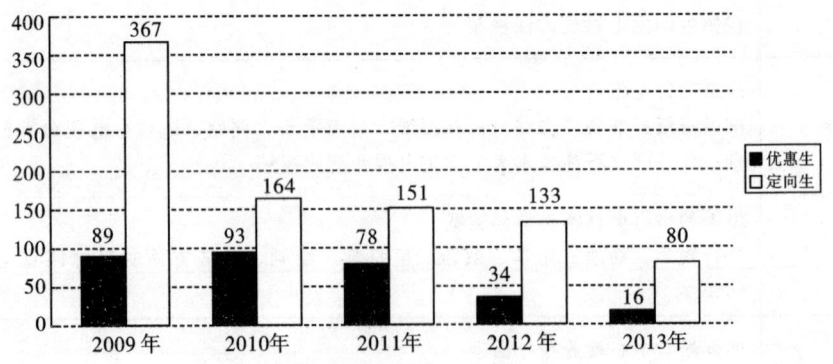

图 5-3-1 各年份录取的优惠生和定向生人数

资料来源：Ямалиев В. У.，Кудрейко А. А.，Латыпов О. Р. Методы конкурсного отбора абитуриентов для обеспечения качественного приёма в вуз. Нефтегазовое дело：электронный научный журнал. 2013. №5 http://www.ogbus.ru.

根据俄罗斯高等经济研究大学的资料，技术类高校中公费生的招生质

---

① Ямалиев В. У.，Кудрейко А. А.，Латыпов О. Р. Методы конкурсного отбора абитуриентов для обеспечения качественного приёма в вуз. Нефтегазовое дело：электронный научный журнал. 2013. №5 http://www.ogbus.ru.

量,除了莫斯科和圣彼得堡的高校外,乌法国立石油技术大学在俄联邦各地区中占领先地位。为了让自费新生尽快掌握教学大纲,招生委员会为他们划定了高于联邦教育科学督察署所规定的录取分数线,入学考试的所有科目均为43分。①

这样与2012年相比,2013年录取的自费生的统考平均分提高了3.7%,为62.7分,详见表5-3-3。可以得出结论,提高录取分数线对所录取的公费生和自费生的统考平均分产生了积极的影响。

表5-3-3 各系或分校录取的自费生的统考平均分

系或分校	年份	统考平均分
矿业石油工程系	2011	61.2
	2012	52.1
	2013	60.0
天然气系	2011	66.2
	2012	57.9
	2013	70.0
理工学院	2011	60.2
	2012	57.5
	2013	62.3
建筑工程学院	2011	62.3
	2012	58.5
	2013	64.7

---

① Об установлении минимального количества баллов по общеобразовательным предметам, подтверждающего освоение выпускником основных общеобразовательных программ среднего (полного) общего образования в соответствии с требованиями федерального государственного общеобразовательного стандарта среднего (полного) общего образования: распоряжение Федеральной службы по надзору в сфере образования и науки (Рособрнадзор) №3499-10 от 29.08.12 г. М., 2012. 2 с.

续表

系或分校	年份	统考科目平均分
生产自动化系	2011	60.3
	2012	56.3
	2013	59.0
油气业务系	2011	61.8
	2012	58.1
	2013	65.7
管道运输工程系	2011	62.3
	2012	60.9
	2013	62.7
机械工程系	2011	56.9
	2012	55.0
	2013	58.7
十月分校	2011	57.3
	2012	49.3
	2013	57.0
萨拉瓦特分校	2011	54.0
	2012	40.8
	2013	57.0
斯捷尔利塔马克分校	2011	55.1
	2012	49.7
	2013	59.0

资料来源：Ямалиев В. У.，Кудрейко А. А.，Латыпов О. Р. Методы конкурсного отбора абитуриентов для обеспечения качественного приёма в вуз. Нефтегазовое дело: электронный научный журнал. 2013. №5 http://www.ogbus.ru.

评价学校招生工作效率的其他指标还有按培养方向（专业）招收公费生的生源质量，也表现出良好的发展趋势。乌法国立石油技术大学几乎所有培养方向（专业）都进入了俄罗斯高校统考平均分排名的前十名。统考成绩最好的学生被录取到"管理技能"（85.4 分）、"能源和能源设备"（80.1 分）、"石油天然气"（80.3 分）培养方向（专业）。比如，"石油天然气"培养方向（专业）在国内 35 所高校中排名第 4 位。有趣的是，占据排行榜头两位的托木斯克国立工业技术研究大学和圣彼得堡国立大学录取的"石油天然气"的公费生人数分别为 75 人和 25 人，而俄罗斯国立古勃金石油天然气大学（РГУНГ им. Губкина）和乌法国立石油技术大学录取的公费生人数分别为 271 人和 245 人。如果考虑招生计划名额的因素，那么这个排行榜将更客观。①

二、乌法国立石油技术大学 2013 年的招生情况

乌法国立石油技术大学 2013 年的招生情况统计如下：2013 年共招收了 3695 名新生，来自 45 个联邦主体。与联邦预算招生计划完全相符，其中公费生 1488 人，自费生 2270 人。全日制公费生的三科统考总平均分为 228 分，总分低于 200 分的占 13%，总分在 201~260 分之间的占 84%，详见图 5-3-2。

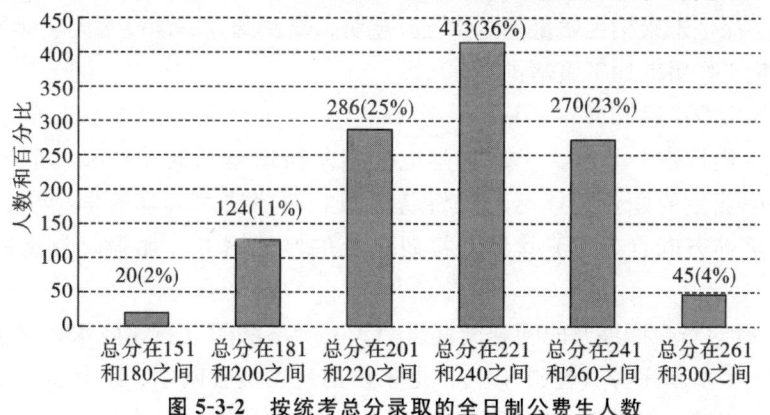

图 5-3-2　按统考总分录取的全日制公费生人数

资料来源：Ямалиев В. У.，Кудрейко А. А.，Латыпов О. Р. Методы конкурсного отбора абитуриентов для обеспечения качественного приёма в вуз. Нефтегазовое дело：электронный научный журнал. 2013. №5 http://www.ogbus.ru.

---

① Ямалиев В. У.，Кудрейко А. А.，Латыпов О. Р. Методы конкурсного отбора абитуриентов для обеспечения качественного приёма в вуз. Нефтегазовое дело：электронный научный журнал. 2013. №5 http://www.ogbus.ru.

需要指出的是，有一些统考总分超过 250 分、向乌法国立石油技术大学招生委员会递交报考申请的考生，最后大部分都选择了到莫斯科和圣彼得堡的大学学习。这个事实说明，很多情况下，吸引考生的不是大学本身，而是它的地域优势。其他类别的统考高分生及家长们都选择了乌法国立石油技术大学，因为在首都的大学学习，要承担高额的居住成本。

实践证明，那些获得金质和银质奖章的新生会逐渐成为其所在学习团体中的佼佼者。2013，获得奖章的公费生 378 人（占公费招生名额的 33%），获得奖章的自费生 67 人（占自费新生的 9%）。

公费生中有中学生奥赛获胜者和获奖者 22 人，其统考各科总平均分在 251 分以上；免竞试录取了 16 人，统考总平均分为 203 分；定向生 80 人，统考总平均分为 213 分。

自费生共录取：全日制生 717 人，统考总平均分 185 分；函授生 1979 人。2013 年新生中有来自 10 个国家的外国留学生 153 人。

三、乌法国立石油技术大学未来的招生策略

为了保证未来招生质量呈稳步上升趋势，乌法国立石油技术大学计划今后的招生工作采取如下策略：

1)《俄罗斯联邦教育法》[①] 于 2013 年 9 月 1 日正式生效后，全俄研究生招生规模进一步扩大。应加强巴什基尔斯坦自治共和国和各联邦主体大学毕业生的职业选择活动，将乌法国立石油技术大学的学士和文凭专家的培养方向（专业）设置对接研究生的专业培养，加强研究生的培养教育。

2) 针对新生所展开的问卷调查表明，关于乌法国立石油技术大学招生信息的一个基本来源（超过 40%）是来自招生委员会网站，因此，应及时更新各系信息（包括实验室基金、基础教研室、宿舍、大学生和毕业生成绩、毕业生就业信息、年轻工程师的就业安置和工资等等），同时利用现代化网络技术吸引和挽留潜在的大学生源。

3) 为了提高统考平均分有必要继续采取以下措施：减少定向生名额；

---

① Об образовании в Российской Федерации: федеральный закон от 29.12.2012 г. №273-ФЗ. М. , 2012. C. 401.

通过提高统考录取分数线，减少优惠生人数；为那些统考总分超过 240 分（或数学、物理超过 80 分）的大学新生提供较高的奖学金；为了能录取到更多的奥赛获胜者和获奖者，建议教研组变更专业科目；拟录取期间，招生委员会网站每天更新递交证书原件的考生名单，使他们对竞争情况有一个最乐观的预测。

第六章 俄罗斯关于高校招生考试制度的论争

作为教育制度的重要组成部分,招生考试制度发挥着重要的导向作用,特别是高校招生考试制度,衔接着中等教育与高等教育,向下影响中等教育的实施,向上影响高等教育的发展,几乎与每一个曾经或正在就学的高中生、大学生都发生过直接或间接的联系。毋庸置疑,高校招生考试制度对时代、社会、家庭产生的影响是巨大而深远的,因而也历来是社会关注的焦点之一。[①] 高校招生考试制度是一套极其复杂的标准规定和措施,要求把个人利益和社会利益有机地结合起来,还要全面考虑千差万别的具体情况。为了充分发挥自己的建设性作用,高校招生考试制度应当随着社会条件的变化而不断发展完善。因此,改革是永恒的主题,而围绕改革的论争也将一直持续下去。

第一节 苏联时期关于高校招生考试制度的论争

我们在第二章里已对苏联时期的高校招生考试制度作了详尽的介绍。苏联时期的高校招生特色鲜明、形式多样,在协调国家任务与毕业生质量之间的关系、预测招生政策产生的社会影响、完善过程监督和管理等方面积累了丰富的经验。苏联时期围绕高校招生考试制度曾展开激烈的论争,主要有以下几个方面:

---

① 郑若玲等:《苦旅何以得纾解——高考改革困境与突破》,江苏教育出版社,2011年,第25页。

一、高校入学：免试还是考试

20世纪40年代苏联国内首次出现了关于高校招生免试可能性的争论，即根据中学的学习成绩选拔新生，而不举办额外的入学考试。А. Х. 沙尔马扎卡什维利（А. Х. Шармазакашвили）拥护免试招生，认为高校免试招收中学优秀毕业生证明了高校对中学优秀成绩的信任，但对于中学的差等生，还是要安排入学考试。如果对中学毕业证书上的分数不信任，可以把这些分数和高校入学考试分数相比较，看哪个分数更准确、更真实、更符合高校新生真实的知识水平。同时他还指出，中学分数是中学教师经过长期考查自己学生得出的结果，是通过系统检测学生知识的方法（口试和笔试）得出来的。高校举办的入学考试，好像是一种额外的检测学生知识水平的手段，它具有一系列缺点：考试时间有限；与中学没有联系的高校教师担任主考人；按照考试成绩评估知识水平具有随意性；考试具有偶然性因素；等。取消高校入学考试，凭毕业证书上的分数直接升入大学，可以节约一大笔国家预算开支。他还强调，入学考试也使中学毕业生失去了夏季休息的机会。[1]

雅罗斯拉夫尔工艺学院院长 Е. В. 米古林（Е. В. Мигулин）建议减少入学考试科目，与此同时，用中学毕业证书上的分数来确定"入学分数"。他认为，确实应该更多地提高中学毕业证书的作用。[2] 雅罗斯拉夫尔工艺学院的经验表明，在对市立中学和农村中学毕业生的知识评估比较中可以明显地看出，毕业证书虽然不能作为确定毕业生知识深度，尤其是个别科目知识深度的客观标准，但完全忽略毕业证书也是不行的，因为它在一定程度上说明了学生的知识水平、纪律性以及学习习惯等。如果减少入学考试科目，那么，应试者就有机会深入巩固主要科目的知识，与此同时，大学入学考试的高标准能够使他们更容易从中学的学习过渡到大学的学习。在这种转变下，大学入学考试将不会看起来像是"补考"了。有些人在中学或者中等技术学校毕业几年后再去考大学，他们的中学知识可能部分或者全部丢掉了，大学入学考试对他们是否适用？他认为，虽然形式上的知识往往会丧失，但思维

---

[1] Шармазакашвили А. Х. Прием в вузы проводить по конкурсу аттестатов. Вестн. высш. шк. 1940. No14. С 1-2.

[2] Е. Н. Геворкян, И. А. Правкина, Д. А. Усанов. Приём в вузы России: Как это было и что будет. Саратов: Изд-во Сарат. ун-та, 2008: 58.

水平和综合能力会保留下来。斯大林格勒医学院院长 B. C. 尤罗夫（В. С. Юров）注意到，考生的神经需要消耗大量的能量，未通过考试的学生会受到精神上的刺激，因此，他提出了关于高校免试录取的合理性问题。①

持有相反观点的 К. 尤尔琴科（К. Юрченко）认为，实行入学选拔考试不是因为高校不相信中学的分数，而是因为不可能录取所有想上大学的人，高校必须择优选拔，吸收那些最有能力、准备最充分的年轻人。此外，有些学生的中学毕业证书上成绩一般，但他们能够坚持用功、提高自我，并在选拔考试中获得高分，这样的人也应该是高校吸收的对象。②

时任俄罗斯教育部部长 В. П. 叶留金指出：" 在残酷竞争条件下进行的高校招生考试能筛选出更加优秀的储备人才。"③ С. И. 季诺维耶夫（С. И. Зиновьев）和 Н. И. 纳扎罗夫（Н. И. Назаров）也表达了相同的看法，即在任何情况下都必须保留招生考试。这个看法是在提高专业人才培养质量口号下提出来的，因为专业人才的培养质量在很大程度上是由高校新生的知识水平决定的。④ 季诺维耶夫和纳扎罗夫认为，考生的职业定向应该是在和招生委员会的座谈过程中明确的，而座谈的结果不影响他报考该校的权利。他们还指出，可以根据高校的教学重点来增大考试题目的难度，同时题目应该符合大纲的要求。考试题目中不允许出现诡辩问题、凭借超强记忆力的问题及明显提示了错误答案的问题。Л. Н. 科尔利（Л. Н. Келль）和 А. М. 普鲁德宁斯基（А. М. Пруднинский）则指出，高水平选拔考试提出比大纲规定更高的要求是具有可行性的。⑤

有人主张高校应充分相信中学对非专业课程的评价，而且这个评价不应

---

① Е. Н. Геворкян, И. А. Правкина, Д. А. Усанов. Приём в вузы России. Как это было и что будет. Саратов: Изд-во Сарат. ун-та, 2008: 19.

② Юрченко К. Неприемлемое предложение. Против приема в вузы по конкурсу аттестатов. Вестн. высш. шк. 1941. №1. С. 9-11.

③ ЕлютинВ. П. Важнейшие задачи высшей школы. Вестн. высш. шк. 1956. №3. С. 1-9.

④ Лебедев И. И. О комплектовании высших учебных заведений. Вестн. высш. шк. 1954. №1. С. 17-18.

⑤ Зиновьев С И., Назаров Н И. Своевременно подготовиться к новому приему в вузы. Вестн. Высш. шк. 1954. №3. С. 1-8.

影响高校录取结果。也有人发表意见反对免试录取，认为免试录取加大了中学教师对中学学习质量的责任。有人表示不同意减少考试科目的提议，因为高校是以培养各个领域专门人才为目标的。还有人指出，不同学校的教育水平是不一样的，所以，不能过多相信中学毕业证书上的分数。

И. И. 列别杰夫（И. И. Лебедев）认为，中学毕业考试后，在一个半月内认真准备高校入学考试确实非常困难，可以不考虑中学毕业证书上的分数，毕业证书只作为高考报名的必备材料。入学考试大纲不应该包含中学未学的内容，学生按照统一的大纲可以在不同的地方获取知识，并用同样的标准来评估他们的知识水平。在中学大纲范围内高校和中学的主考人应具有同样的技能。① 列别杰夫强调，正确选择职业应该是考试的唯一目标，他不主张取消入学考试或免试录取，他建议针对不同的专业制定一个入学考试科目一览表，尤其赞成大量减少考试科目数量，通过入学考试分数来评估不同科目的知识水平，并且综合考虑毕业证书上的分数。

Г. П. 雷辛斯基（Г. П. Лыщинский）和 Л. Т. 佩索奇纳（Л. Т. Песочина）把大学选拔学生的方式和高等教育专家储备的质量联系起来，并指出，在完善选拔方式时应该好好研究、利用以往经验。是依据中学毕业生分数还是入学考试分数，到底哪一种考查方式对接下来的教育更好，只有通过比较大学教育的结果才能得出。他们通过在新西伯利亚电力工程学院的研究，做出了入学考试是有必要的结论。同时，在知识水平良好的中学生当中，也有一些不能在选拔考试中体现出自己应有的水平。他们认为同时考虑中学的学习成绩和选拔考试的分数更加客观合理。②

Г. А. 尼古拉耶夫（Г. А. Николаев）指出，似乎有这样一种令人信服的观点：在学习过程中，老师凭借对学生多年的了解做出的评价，比通过入学考试短时认定学生知识水平的方式更有价值，即应以中学毕业证书上的分数为基础招生。然而尼古拉耶夫并不赞同此观点，他认为不同学校对学生知识掌握程度的要求显然是不一样的。另外，以中学毕业证书上的分数为基础招生，有可能降低学生进一步完善自己知识的动力，而准备高校入学考试则

---

① Келль Л. Н., Пруднинский А. М. Когда общественность небезучастна. Вестн. высш. шк. 1967. №5. С. 14-18.

② Лебедев И. И. О комплектовании высших учебных заведений. Вестн. высш. шк. 1954. №1. С. 17-18.

会促进学生进一步完善自己的知识。他认为选拔高校新生的最合理方式就是考试。招生委员会在做出最终录取决定时应综合考虑考生在中学的学习情况、参加过哪些学术活动、社会面貌等，所有这些因素都毫无争议地应该影响到录取结果。他认为，考试分数应是招生的首要参考指标，其余因素也应当考虑。

从以上的争论可以看出，比较普遍的观点认为，高校举行入学选拔考试是必要的。招生录取的首要参考指标应是考试分数，同时还应综合考虑中学毕业证书上的学习成绩和在校表现等其他因素。

二、招生对象：中学毕业生还是劳动生产者

50年代，为了提高质量和培养能满足实践需要的专门人才，高校更多地招收拥有实践经验、在工业或农业部门工作过一段时间的人。针对该项政策的实施，在连续几年的大学校长会议上展开了激烈的讨论。同时一些相关部门，还有新闻媒体，尤其是《青年报》，都对其进行了热烈的讨论。

Н. Н. 纳扎罗夫（Н. Н. Назаров）认为，有工作经验的人能更主动地掌握学习资料，大学毕业后能更轻松地完成所承担的工作。[①] А. С. 塔塔林采夫（А. С. Татаринцев）指出，仅凭考试分数入学导致了一些不知道自己能否胜任所选择的专业，不知道所选专业是否合乎自己兴趣、是否适合自己性格和能力的人进入了大学。现有制度的不足是没有清楚大学新生对所选专业是否感兴趣。因此，举行专业座谈会被提议成为必需的程序，座谈会的任务是弄清楚每个考生的专业视野，以及在入学之前对专业的兴趣点所在。[②] 实践表明，目标明确的人都是那些拥有一定生产经验、检验过自己能力的人，他们完全知道自己想要选择什么专业。

人们把实践的缺乏看作是教育体系存在的主要缺点。有人指出，中学生从低年级开始就有必要积极投身于所选专业的实践当中。之前大学生源的缺点在于，招收的大部分学生都是中学毕业生，他们都是"死读书"的一类学

---

① Лыщинский Г. П., Песочина Л. Т. Отбор поступающих и уровень вузовской подготовки. Вестн. высш. шк. 1971. № 1. С. 19-24.

② Елютин В. П. Важнейшие задачи высшей школы. Вестн. высш. шк. 1956. № 3. С. 1-9.

生，缺乏生活经验，有时忽视体力劳动，政治思想不成熟等等①。大学教给学生们足够的理论知识，但不保证提供必要的实践，因此不得不花些时间在生产中学会技能②。招收生产者的优惠政策保证了大学生的理论与实践相结合。В. А. 萨莫赫瓦洛夫（В. А. Самохвалов）提出，首先从生产者中补充高校生源的情况更有可取性。在高等教育体系中实施函授、面授教育时，应首先进行面授，然后再进行函授教育更具现实性。此外，引进面授—函授也具有风险性，这对学术方向和学术研究有着消极影响。③ 教育体系中引进劳动教育必须抛开以下观念：一是"旧社会主要缺点之一是认为体力劳动与脑力劳动之间彼此对立"；二是"资产阶级认为存在一个永恒的现象，即一方面，大部分文化程度低的人摆脱不了从事体力劳动的命运；另一方面，只有一小部分人生来就是会思考、会管理，从事科学技术发展，进行文学以及艺术创作的"。④

持相反观点的人认为，只有最有能力的那部分年轻人应当接受高等教育。科学院院士 А. Н. 涅斯梅亚诺夫（А. Н. Несмеянов）对此观点写道："给所有人提供高等教育的机会暂时是不可能的、不必要的，也是不合理的。"中学应当给自己的学生提供专业后再让他们毕业。在这些毕业生中，有一部分，特别是艺术创作优秀的学生应当被送进大学。他在自己的著作中指出，现有的竞争考试体系有很大的偶然性，对有意向进入高校学习的人客观上没有起到促进作用。他指出，最适合在高校里学习的年龄是 17～23 岁，不能再推迟了。中等教育与高等教育应不间断，中间不应当出现一年的间隔。如果中断时间内的工作与将来专业不相关，而该专业需要不断提高职业技能的话，中断学习会导致快速退步并且跟不上节奏。他还进一步指出，白天比晚上工作效率更高。实质上，在批评面授—函授教育体系的同时，他也

---

① Назаров Н. Н. Широко открыть двери вузов для производственников. Вестн. высш. шк. 1957. №6. С. 3-6.

② Татаринцев А С. Готовясь к новому приему. Вестн. высш. шк. 1958. №1. С. 45-46.

③ Назаров Н. Н. Широко открыть двери вузов для производственников. Вестн. высш. шк. 1957. №6. С. 3-6.

④ Кондратьев К. Я Шилов Л А О некоторых вопросах университетского образования. Вестн. высш. шк. 1958. №10. С. 17-23.

指出生产工作应当在学习之后进行。①

考试刚及格的生产者没有参加竞试就被高校录取了，而一些考试获得优秀或良好成绩的中学毕业生却被淘汰了，这类现象在当时是很常见的。《高等学校通报》1965年第1期的一篇文章指出，这些为生产者提供的特权不应该降低未来大学生的质量，不应该降低招生考试的要求。招收没有准备好的人进入大学似乎是在帮倒忙：经过一两年毫无成果的学习后离开大学，并没有对国民经济起到什么作用，而招收他们的本意就是为国民经济提供储备人才。在很多情况下，工龄已经不是对所学专业有益的条件，而是成为降低要求进入大学的通行证了。②

补充高等教育生源的合理方式应当直接与解决专家储备质量的问题挂钩。③ Н. В. 切贝舍夫（Н. В. Чебышев）和 Ф. Е. 法尔伯（Ф. Е. Фарбер）指出招收新生的质量与毕业生质量之间的联系。④ 高比例招收在入学考试中取得低分数、有工龄的优惠生将导致淘汰率增加、优秀学生数量减少、能力不足的毕业生走出大学校门。因此，他们提议，为减少靠关系入学的机会，降低滥用职权的概率，应统一要求入学者的知识水平，在地区教学中心组织高校以外的招生考试。在此中心参加考试需缴费。根据考试结果，中学毕业生有权报考符合要求的任一所高校。

列宁格勒技术学院校长 В. 阿列斯可夫斯基（В. Алесковский）认为，大学招生应该不仅选拔最有学识的人，也要选拔最有天赋的人；不仅选拔记忆力好的人，也要选拔会思考的人。С. И. 拉达乌参（С. И. Радауцан）指出，招生委员会只能在考试中发现最训练有素，准备最充分的学生⑤。Н. Ф. 克拉斯诺夫（Н. Ф. Краснов）认为，为保证高校储备人才质量，高校

---

① Сиунов НС Использовать большие возможности многофакудьгетного вуза. Вестн. высш. шк. 1958. No 11. С. 3-10.

② Смирнов В. С Речь идет о повышении теоретического уровня подготовки инженера. Вестн. высш. шк. 1958. No 11. С. 14-16.

③ Закон об укреплении связи школы с жизнью и о дальнейшем развитии системы народного образования в СССР. Вестн. высш. шк. 1959. No 1. С. 14-16.

④ Краснов Н. Ф. Высшей школе - хорошее пополнение. Вестн. высш. шк. 1972. No 5. С. 3-6.

⑤ Елютин В. П. Великий октябрь и высшая школа. Вестн. высш. шк. 1967. No 11. С. 3-12.

面临着一个任务，那就是使入学者深信，他们所选专业体现的不仅是自己的志向，也是国家和社会对他们的需求。① В. П. 叶留金指出，大学招生是社会大问题之一，它涉及成千上万青年以及家庭，因此，它应该在完全符合社会要求、社会任务以及社会民主原则的条件下进行。② "选拔有学识、有天赋、爱劳动的候选人进入大学的最好方式就是通过选拔考试体系，当然，这个体系需要不断完善。"③

从以上的争论可以看出，比较普遍的观点认为，无论是中学毕业生还是劳动生产者，都应通过入学选拔考试，以较高的知识水平作为进入大学学习的前提条件。在同等情况下，有生产工作经验的人可以有优先录取的权利。

三、考试形式：笔试还是口试

В. И. 特拉汶斯基（В. И. Травинский）提出有必要在入学考试中采用科学方法选拔大学生的问题。他认为笔试相比口试更有优势，因为可以对笔试结果进行多次详细的分析。④ 为批评口试系统，他援引了众所周知的实际情况，即要求不同导致不同主考官对同一答案给出不同分数的事实。他认为，给中学毕业生面试的时间太短，考试委员会对水平相当的考生选择困难暴露了口试系统的不足之处。对于分析学生掌握的知识情况，五分制评估系统不能为其提供详细具体的指标，也没有很好地解释给出分数的原因，例如，对考生回答出并不需要重点掌握的知识点给出良好的分数，或者对考生不会作答的知识点给出优秀的分数等。在口试中，主考官给出的评估分数可能是根据自己的第一印象，而不是考生在知识水平上的高低。特拉汶斯基主张，通过笔试考查知识水平的差异更为合理（第一层次知识水平基本要求学会运用科学定律、术语及解释现象；第二、第三层次知识水平是综合分析，结合其差异性和稳定性对知识进行综合分析。属于这三

---

① Несмеянов А. Н. Возбуждать ненасытный интерес к познанию. Вестн. высш. шк. 1959. No 1. С. 18-20.

② Неустанно совершенствовать высшее образование. Вестн. высш. шк. 1965. No 1. С. 3-6.

③ Краснов Н. Ф. Высшей школе - хорошее пополнение. Вестн. высш. шк. 1972. No 5. С. 3-6.

④ Чебышев Н. В., Фарбер Ф. Е. Как улучшить качество приема?. Вестн. высш. шк. 1988. No 9. С. 21-24.

层次知识水平的考生应该能够区分科学的主要概念和观点,理清各种联系。属于第四层次知识水平的考生应该能学以致用,在所学知识的基础上能够给出自己新的解决方法)。在全国范围内同一专业的所有高校都可以统一采取这种测试方法。

一部分高校教师指出,口试的优点在于考试过程中能够较大程度地实现其教育和创造的功能,因为考试时可以提问"为什么",师生交谈过程中能够暴露学生知识链上的薄弱环节,检查学生对教材的理解程度。同时,通过个人接触可以发现有才华的学生。В. Н. 娜杰日达(В. Н. Надежда)表示:"我是口试的积极拥护者,无论是高校的入学考试,还是日常的教学考试,只有积极交流才能表现出一个人的完整的观念和知识。"

计算机在教学过程中的应用引起了人们对不同考试形式的激烈讨论。Г. А. 尼古拉耶夫(Г. А. Николаев)认为笔试很少能显示考生的主观态度,对入学考试的主考官也产生压力。他首次提出了使用计算机测试,同时发现仅仅依靠计算机评估学生的知识水平也是不合理的。关于选择法的出现,Я. И. 利辅金特(Я. И. Ривкинд)和 В. Л. 果尔巴(В. Л. Колба)认为,在数学学科上应该禁用选择法,在固定数值中寻找正确答案是不合乎数学论体系的。① 相反,Ю. Г. 戈尔斯特(Ю. Г. Горст)和 А. И. 梅留科夫(А. И. Мелюков)在自己实践的基础上得出结论,认为这个方法是有效的。他们同时也指出了选择法的不足之处:(1)学生可以猜出答案;(2)学生可能记住错误答案;(3)提前准备好的答案妨碍考生发展自主思考的能力。但这些不足之处只要通过系统设计好测试问题、合理挑选答案是可以完全消除的。他们认为选择法的优点在于,可以在短时间内考察大量考生。但是他们只向在校大学生考试时推荐选择法,并不向招生考试推荐此法。②

1972 年,教育界再次提出了关于采取测试的方式进行招生考试的问题。И. М. 亚格罗姆(И. М. Яглом)指出,选拔储备人才的最好方式是首先把提交的入学申请书分成完全不同的两类,淘汰掉那些由于学习不好而完全不能在高校学习的人,选拔剩下的那些更有能力和学识的人。实际上,优秀人才的选拔类似于奥运会举办者对体育人才的选拔。亚格罗姆认为,问题的答

---

① Радауцан С. И. Готовясь к новому приему. Вестн. высш. шк. 1968. No 5. С. 8-10.
② Краснов Н. Ф. Важный этап в жизни вуза. Вестн. высш. шк. 1970. No 6. С. 3-7.

案应该有统一标准，可以通过涵盖中学所有课程的、相对简单的大量测试题目筛选掉那些学习不好的人。他认为，第二轮考试应该体现普遍性特点，而考试的测试性特点自动解决了每所高校要求统一的问题。①

计算机技术开始运用到招生考试中，不过，其本身并不能保证对考生有一个客观的评价分数，舞弊现象仍然存在。Н. Н. 帕霍莫夫（Н. Н. Пахомов）曾举出过一个鲜明的例子，苏联国家监督委员会和高等教育部的检查组提出，一方面全国任一所高校都要求高水平的选拔考试，对入学考生有着高要求；而另一方面却发现，一年级大学生知识水平过低，这两者之间存在着不协调的现象。帕霍莫夫强调了这个结果的不可思议性，入学考试的必考科目——数学是通过计算机进行，它本应保证结果的完全客观性，但实际上计算机技术有可能保障的不是通过知识和能力入学的考生，而是通过走后门找关系进来的考生。帕霍莫夫指出，计算机技术的使用减少了招生考试中的舞弊现象，但舞弊手段仍存在于有缺陷的技术操作过程中。②

从以上的争论可以看出，笔试和口试各有优势和不足，笔试由于其评价知识水平的客观性和规模效益，成为招生考试的一种发展趋势。同时，苏联时期就已提出运用计算机技术进行统一测试的设想和实践。

四、职业定向：中学培养还是高校指导

В. П. 叶留金强调，对高等学校而言，在招生时不能够也不应当把自己的工作只局限于挑选考生上——不管这项工作做得多么深入细致和全面，而是应当积极影响青年人选择自己的生活道路，并竭力帮助他们实现自己的理想。为完成这项任务，在高等教育系统的实际工作中就产生了青年职业定向这样意义重大的活动。它包括相互联系的许多工作，如向应届中学毕业生介绍职业信息，组织职业预选，做好进入高等学校学习的各种准备。不仅如此，高等学校的招生工作正是从入学考试前的职业定向活动开始的，这项活动能培养学生的劳动态度和参加创造性活动的可贵精神，而这些不仅是今后

---

① Елютин В. П. Советская высшая школа накануне партийного съезда. Вестн. высш. шк. 1971. No 3. С. 3-13.

② Елютин В. П. Великий октябрь и высшая школа. Вестн. высш. шк. 1967. No 11. С. 3-12.

在高等学校学习时所不可缺少的，也是继续教育系统所不可缺少的。①

在 И. И. 列别杰夫（И. И. Лебедев）看来，宣传高校的系别、专业和培养特点，准备和举办入学考试，选拔和录取最优秀的人选，都是高校招生过程的重要内容和程序。② 他指出，要不断修改和完善高校招生制度，举办与中学毕业生的见面会和开放日，出版全苏高校的招生手册和每个高校的招生手册，这些措施具有重要意义。

大部分考生在入学考试中不合格的现象，使加强高校与中学联系的问题变得迫切起来。И. М. 费根贝尔格（И. М. Фейгенберг）对中学与大学之间存在的障碍作了分析。他指出，中学生已经习惯于每个提出来的问题都是可以解决的，因为所有解决该问题的信息都包含在题目内容中。而生活给出的问题中几乎从来没有足够的信息供他们解决。为了消除这种矛盾，应该让学生积极主动地寻找解决问题的必要信息，这样学生与老师一起合作解决问题便成为很自然的事情了。这种方法在普通教育中是很有难度的，实践中经常遇到的问题是没有足够条件或是条件过多，或有多种解决问题的方法和可能性。因此，需要学生积极主动去寻找条件，分析已知和未知的信息，确信自己的解决方法是正确的。③ Ф. И. 博戈亚夫连斯基（Ф. И. Богоявленский）提出，高校招生考试可以加强高校与中学之间的联系，可以发现中学教学的缺点，为中学改善教学方法提供了宝贵的材料。④ 他认为，为了发展与中学的联系，高校代表应参与到中学毕业考试中去，高校相应的教研室主任应当担任入学考试科目委员会的负责人。

М. Ф. 萨促科维奇（М. Ф. Сацукевич）和 Н. Г. 邦达连科（Н. Г. Бондаренко）强调有必要吸引中学普通教师进行就业指导工作，在学生就业指导方面应该加强中等和高等教育的联系，可以建立中学与高校就业

---

① Ривкинд Я. И., Колба В. Л. Используя перфорированную ленту. Вестн. высш. шк. 1967. No 1. С. 44-45.

② Горст Ю. Т., Мелюков А. И. Выборочный метод правомерен и в математике. Вестн. высш. шк. 1968. No 1. С. 26-28.

③ Травинский В. И. Вступительные экзамены и прогнозирование уровня знаний. Вестн. высш. шк. 1970. No 8. С. 10-14.

④ Ривкинд Я. И., Колба В. Л. Используя перфорированную ленту. Вестн. высш. шк. 1967. No 1. С. 44-45.

指导工作委员会。① 高校曾承担了固定区域的中学教学质量的直接责任。高校在分析入学考试结果的同时，还有非常重要的方面是努力改善辅助的中学和职业技术学校的教学工作。分析表明，取得入学考试最好成绩的是那些与高校有相互联系的中学的毕业生。②

从以上的争论可以得出，做好中学生的职业定向工作，须充分发挥高校在招生过程中的就业指导作用，加强高校与中学的联系与合作，采取各项积极有效的措施。高校与中学应共同承担起中学生职业定向的责任。

第二节 关于国家统一考试的论争

俄罗斯传统的高校招生考试制度都是由国家发布统一的高校招生章程，各高校依据章程自行组织入学考试、自行阅卷、自主录取。但自主招生考试也造成了各校之间招生结果不平衡、考生考试不便、腐败现象严重、高等教育机会不均等问题。针对这些问题，俄罗斯从 2001 年起试行国家统一考试制度，并经历了长达 8 年的试验期，直至 2009 年国家统一考试才作为国家法律正式实施。

国家统一考试从试行至今已有 16 年时间，过程中饱受争议和诘难，是俄罗斯最重要的和最经常讨论的教育问题之一。在国家统一考试试行之初，全俄只有两份专业报纸《教师报》和《九月一日》介绍了国家统一考试的信息，现在，据统计，有 500 多个出版物经常刊登与国家统一考试相关的问题。围绕国家统一考试，在学术界和社会各界引发了激烈的争论，并且有着非常严格和对立的立场。下面具体介绍论争的各方观点。

一、国家统一考试与自主招生考试

是国家统一考试，还是高校自主招生考试更适合、更有利于俄罗斯的教育发展和社会进步？国家统一考试的支持派和反对派都阐明了各自的观点和意见。

---

① Горст Ю. Т. ，Мелюков А. И. Выборочный метод правомерен и в математике. Вестн. высш. шк. 1968. No1. С. 26-28.

② Яглом И. М. Вступительные экзамены по математике: методика, требования. Вестн. высш. шк. 1972. С. 34-39.

（一）支持派的意见

有学者认为：国家统一考试可以抵制传统高校招生过程中的腐败现象；国家统一考试鉴定学生的知识和能力比传统考试形式更客观；提高国家统一考试要求会促进中等教育质量、教师专业技能和教科书质量的提高；国家统一考试可以提高考生应考能力，包括独立准备考试的能力；国家统一考试可以帮助到那些来自偏远地区、以前没机会到大城市参加入学考试的优秀毕业生；国家统一考试可以实现阅卷部分电脑化，可以节省时间和资金，节省评卷人员的费用；国家统一考试类似美国、以色列等发达国家的毕业考试系统，俄罗斯中学毕业证书会逐渐被其他国家承认。

Л. 格列布涅夫（Л. Гребнев）指出，国家统一考试集几个功能于一身：检验学生知识的功能、决定高校录取的功能、评估中学乃至整个地区教学质量的功能，也就是说，国家统一考试成为教育质量监测评估的一个主要指标。同时，他也强调，国家统一考试只能更准确地确定那些明显的优等生和差等生，而难以区分其他类型的学生。这也使得与国家统一考试同时试行的、彰显国家财政支持的国家实名制财政教育券难以生效。①

А. 科列斯尼科夫（А. Колесников）将国家统一考试的实行与为所有学生提供平等的教育机会结合起来，与解决教育腐败问题结合起来，与探索人才培养的教育体系结合起来。他认为国家和人民都应当为教育改革做出努力。国立高等经济学院院长库机密诺夫说："国家统一考试做出了积极贡献：中学毕业生可以自由选择高校，首都高校里来自各地区的中学毕业生人数增加了，正如苏联时期那样，有实力的高校重新开始为整个国家工作；国家统一考试对高校招生的腐败现象给予了决定性打击；社会和家长有望获得提高中学和高校教学质量的有效工具。"② 萨拉托夫国立大学领导层看到了国家统一考试体系自身所具有的优点，А. 克鲁多夫（А. Крутов）表示，国家统一考试减少了招生录取工作的人力、物力浪费，减少了招生委员会成员的个人偏好及校领导影响录取的可能性。

Л. Е. 斯穆什科维奇（Л. Е. Смушкевич）指出，国家统一考试改革是自上而下的改革，是由少数专家提出，经教育科学部审定，制定标准规范，

---

① Пахомов Н. Н. Саморазрушение. Вестн. высш. шк. 1988. №2. С. 84-90.

② Темиргалиев И. Взгляд на систему образования в процессе ее реформирования（на примере Казахстана）. Вестн. высш. шк. 1999, №4. С. 45-46.

最终成为决议。斯穆什科维奇赞同改革者应认真听取基层的批评意见和建议。他认为自上而下改革的优点在于中央给予了大量财力和人力的支持，自上而下推行国家统一考试能够最大限度地利用经济资源、现代科技、信息、教育学及心理学的潜力。他把国家统一考试的成功推行与以下条件联系起来：每个毕业生应当得到该年度自己与俄罗斯其他地区毕业生相比的知识水平评分；每个中学应当知道本校的客观排名；高校应当取消大部分入学考试，客观挑选优秀的中学毕业生；教育管理机关获取制定管理决策的依据和工具。

时任俄联邦教育科学部副部长 B. A. 博洛托夫（В. А. Болотов）在接受记者采访时指出，与国家统一考试相比，传统考试体系的缺点是，根据学生的分数是不可能对中学生的知识水平做出真实的评估，也没有必要考大学时一个月内在中学和大学里举行一样的考试。在他看来，不管是中学毕业还是高校招生，知识评估体系应该是一样的。① 时任教育科学部部长 B. M. 菲利波夫说："关于改不改革的争论已经结束，改革势在必行。相应的国家计划已经确定，现在只需要讨论实行改革的具体措施。"② 国家杜马教育委员会主席 Г. 巴雷恒（Г. Балыхин）指出，2010 年 10 月通过的《关于〈教育法〉和〈高等与大学后职业教育法〉的修正法案》③，旨在完善国家统一考试的组织和运行程序，涉及了国家统一考试运行的一些细节。法案的内容包括：国家统一考试的测试材料是保密信息，确定了监督员在进行中学生国家总结性评价时的地位和权力，还包括，可以把所发现的违法行为报告给国家考试委员会和区域教育部门等。④

俄政府总理梅德韦杰夫承认完善国家统一考试制度的必要性，"国家统一考试系统虽然不太理想，但完全是有工作能力的。这本就应该是一个活的工具，不能使用一次就成功。需要完善这个制度，思考如何使测试本身变得

---

① Далимов А. Некоторые характеристики системы тестирования в Узбекистане. Вестн. высш. шк. 1999. №7. С. 22-23.

② В. П. 叶留金：《苏联高等学校》张天恩、曲程、吴福生译，教育科学出版社：311-312.

③ Богоявленский Ф. И. Ответственность заведующего кафедрой за приемные экзамены. Вестн. высш. шк. 1952. №5. С. 49.

④ Лебедев И. И. О комплектовании высших учебных заведений. Вестн. высш. шк. 1954. №1. С. 17-18.

丰富。"他认为"与人文科学相比，国家统一考试制度更适合精密科学，但整体上，这是一个国际系统，我们将沿着这条路前进"①。

俄罗斯总统普京支持国家统一考试，2007年2月，普京签署联邦修正法，把举行国家统一考试正式列入教育法中，从2009年起，国家统一考试在全俄罗斯所有区域内实行。在给联邦大会的国情咨文中普京不止一次地提出国家检验知识过程透明的重要性，指的就是国家统一考试。他认为国家统一考试的试验总体上是成功的，他极大地减少了高校招生考试中的腐败行为，给那些天才学生和边远地区、低收入家庭的孩子提供了上全国最好大学的机会。

（二）反对派的意见

国家统一考试在一些高等院校遇到阻力，受到批评。俄罗斯科学院院士、数学家、莫斯科国立大学校长B. A. 萨多夫尼奇是国家统一考试的主要反对者，早在2003年他就在俄罗斯教育开放论坛上公开质疑国家统一考试的必要性和合理性。他认为，在当今复杂的教育形势下，选拔有才华的青年无疑是一件关系到国家民族未来的大事，不能只是采取一刀切的方式。各个高等学校应该进行自主改革，否则就有可能使一些有天分的青年失去继续深造的机会。②他还把俄罗斯近年来高等教育质量下降的原因归结为大量商学院增加的结果，而进行国家统一考试可能会加重这一过程。③他说，他曾经参与过很多国家对中小学生课业水平评估的试验，这些国家在学生最后进入高校的测试中都无一例外地进行以高校为单位的专业性考试。他认为，每一所大学都应当有自己的选才标准及对未来学生的不同要求，实施国家统一考试将使基础教育丧失特色，让所有的学生都在同一教育标准上苦苦挣扎，"它会使孩子的想象力完全泯灭，扼杀掉那些天才的学生，断送俄罗斯教育的未来"。萨多夫尼奇认为可以把国家统一考试定位为中学毕业考试的替代品，其作用还包括调整和确定各高校的招

---

① Фейгенберг И. М. Задачи в школе, в вузе, в жизни. Вестн. высш. шк. 1975. №4. С. 12-16.

② Богоявленский Ф. И. Ответственность заведующего кафедрой за приемные экзамены. Вестн. высш. шк. 1952. №5. С. 49.

③ Сацукевич М. Ф., Бондаренко Н. Г. Внимание абитуриенту. Вестн. высш. шк. 1979. №8. С. 26-28.

生数量和专业水平。①

俄罗斯一些有实力的高校校长对他的观点表示赞同。萨多夫尼奇还指出，国家统一考试不能作为衡量中学毕业生知识水平的唯一标准，师生面对面交谈进行考试的优点在于老师在考试过程中不仅能够检测学生的知识水平，还能够看出学生的可塑性及逻辑思维能力。他称国家统一考试是"庸才的锻造厂"，"高校必须考虑学生其他方面的能力，统一考试只是片面强调学生的学习而已"。② 对于国家统一考试增加了落后地区中学毕业生进入名牌大学机会这一说法，萨多夫尼奇对此有不同的意见，他认为可以通过邀请独立委员会严格监督考试过程、制定专门的农村地区优秀中学毕业生搜寻计划等方式实现传统招生制度的现代化。③

俄罗斯著名几何学家、国际数学教育委员会执行委员、数学教育家 И. Ф. 沙雷金（И. Ф. Шарыгин）也不赞成实施国家统一考试。他指出把中学毕业考试与高校招生考试合二为一，让不打算进入高校进一步学习深造的人也参加这种考试，而且是"一考定终身"，违背了教育原则中容许学生犯错误的权利。④ 莫斯科国立鲍曼技术大学校长 И. 费奥多罗夫（И. Федоров）也对国家统一考试的必要性和合理性表示怀疑。他说，"我担心，国家统一考试将我们培养学生的工作一笔勾销。机械的考试可能会导致一些学生被著名技术大学的表象所迷惑，因某些偶然因素进入技术大学学习，但是到后来要么觉得很无趣，要么觉得很吃力。"⑤

俄罗斯著作权协会院士、1990—1992 年担任教育部长的 Э. 德涅普罗夫（Э. Днепров）指出，尽管目前社会上热烈讨论国家统一考试，但 20 年后它依然是值得讨论的问题。就考试本身而言，德涅普罗夫认为应该把考试的意义和考试的程序区分开来。他认为所提倡的国家统一考试在俄罗斯得到彻底实施还要 20 年，他提议国家统一考试只能在考试

---

① Шашло Т. М., Левченко М. В. Главные аспекты связи. Вестн. высш. шк. 1974. С. 29-33.

② Е. Н. Геворкян, И. А. Правкина, Д. А. Усанов. Приём в вузы России. Как это было и что будет. Саратов: Изд-во Сарат. ун-та, 2008: 78.

③ Кузьминов Я. Образование: Россия с ЕГЭ. Ведомости. 2009. №9.

④ Трушин А. Большая перемена. Прямые вести. 2007. № 3. С. 32-35.

⑤ Трушин А. Большая перемена. Прямые вести. 2007. № 3. С. 32-35.

程序制定完善后实施。① 国家教育改革委员会工会负责人就高校招生制度改革回答《俄罗斯报》记者问时说："最主要的是提高义务教育的质量，而不在于义务教育的时间是否是 12 年，也不在于是否实行国家统一考试。"②

二、国家统一考试与教育公平

（一）国家统一考试能否扩大高等教育机会

时任教育科学部部长 B. M. 菲利波夫认为，国家统一考试在改变形势，实行国家统一考试后，莫斯科地区的大学生有 25％是莫斯科人，75％来自其他地区，而在以前则刚好相反。国家杜马教育委员会主席格里高利·巴勒恒列举了国家统一考试的优点：国家统一考试使教育领域的腐败现象大大减少；减轻了中学生的负担，因为他们不用在两个月内既要参加毕业考试，又要参加入学考试；给偏远地区的青年提供了获得高等教育的平等机会，在实行国家统一考试期间，俄罗斯高校此类大学生增加了 20％～30％。③ M. 科罗廖夫（M. Королев）表示，各个地区，尤其是莫斯科地区的一些高校有自己的招生要求，而如果没有收费昂贵的培训教师的指导，要达到这些要求是很难的，"高要求"背后隐藏着学生家长的"高付费"。与此相反，国家统一考试体系为全国各地区制定了统一的标准和要求。④

分析 2001—2003 年国家统一考试的结果，B. 西雷赫（B. Сирых）特别指出，国家统一考试提高了俄罗斯边远地区学生进入名牌大学的可能性，来

---

① С. Лесков, Жирная двойка. Известия. 2008. №132（132127657）. 22 июня, С. 6.

② Алексеев Ю. Реформе быть!. Парламентская газ. 2002. №27（907）. 7 февр. С. 4.

③ Федеральный Закон《О внесении изменений в Закон Российской Федерации "Обообразовании" и Федеральный Закон "О высшем и послевузовском профессиональномобразовании" в части совершенствования Единого государственного экзамена》.

④ Госдума одобрила поправки по совершенствованию процедуры ЕГЭ. http://www.proforientator.ru/index.php…

自农村地区的大一新生数量增多。① Л. 格列布涅夫（Л. Гребнев）指出，因为国家统一考试的实施，来自外省的中学生拥有了更多的机会，因此，就引起了工作安置率下降的问题。② 由于计划分配已经失效，大部分重点大学的毕业生都在首都就业，他们在首都能找到薪水更高的工作岗位，而地方的工作岗位则由地方高校的毕业生来担任，这些地方高校一般是非重点大学。

С. 列斯科夫（С. Лесков）在总结国家统一考试的优缺点时写道：根本不存在完美的体制，国家统一考试制度也不例外，国家统一考试的缺点比以前的体制要少。他强调了国家统一考试最突出的优点就是提高了社会的公平与公正性。③

然而，国家统一考试能扩大高等教育机会的说法也引起质疑。数据表明，有很多农村中学生的国家统一考试成绩不及格，原因在于，国家统一考试的一些考题包含专业元素，而农村学生都没有接触过这些元素，只有州府和共和国中心的一些规模较大的中学才教授这些知识。虽然国家统一考试允许毕业生报考离家远的高校，不用花路费，只把报考材料邮寄就可以。但是，在家长每月工资只有5000~10000卢布的情况下，在莫斯科供养一个大学生是不现实的。有60%的全日制大学生没有宿舍住，大城市的生活费用要高出奖学金几倍，而俄罗斯大部分老百姓生活水平低下。因此，问题的关键不在于考试形式，而在于缺乏实际的社会保障。与其花费数十亿实施国家统一考试，不如把奖学金提高到实际的最低生活标准，这样教育改革的效果将会马上显现。④

还有人认为，国家统一考试将限制民众获得高等教育的权利，因为不仅国家总结性评价取决于国家统一考试成绩，获得高等教育的机会也取决于它。根据2010年的成绩，有1/4的毕业生没有通过国家统一考试，他们只

---

① Медведев: ЕГЭ не идеален, но работоспособен. http://www.gazeta.ru/news/lenta/2010/05/18/n_1496121.shtml

② 付耕南:《俄罗斯国家统一考试透析》，东北师范大学硕士学位论文，2006年，第17~18页。

③ Образование, которое мы можем потерять. Сборник под редакцией В. А. Садовничего. http://www.mccme.ru/edu/index.php?ikey=articles, 2003-03-01.

④ Единый государственный экзамен отучит детей думать, считает ректор МГУ. http://www.mmonline.ru/entrance.php?mid=4395, 2003-10-25.

能获得中学教育证明。在经济危机的条件下，没有通过国家统一考试的很多人都面临纠结的命运，他们既不能继续学习，也不能工作。国家杜马教育委员会副主席 B. 舒杰果夫（В. Шудегов）认为，设定国家统一考试最低分数的条款是违反宪法的。参加两个必考科目而没有参加选考科目考试的毕业生，应当能够获得中学毕业证书，只是这样的成绩上不了大学。

国际商业管理学院第一副校长 E. 达柏林卡瓦（Е. Добренькова）教授认为，国家统一考试限制了学生获得高等教育的权利，按照她的观点，没有通过国家统一考试的那些人，只有一条通向高等教育的路：先上专科学校，然后无需统考成绩按专业直接考入任何一所高校的二年级或三年级。那些因统考分数不够而没有考上国立高校的人，有两种选择：或者进入国立高校的自费班，或者进入非国立高校学习。①

（二）国家统一考试能否战胜教育腐败

实行国家统一考试的一个目标就是抵制以往教育体制中存在的腐败现象。时任俄联邦教育科学部部长 С. 富尔先科（С. Фурсенко）认为，国家统一考试使腐败现象减少了，报考时直接或幕后的贿赂减少了。② С. 列斯科夫（С. Лесков）指出，国家统一考试的重要成果就是破坏了高等教育经济的"阴影"部分。因为没有了对来自高校的辅导教师的需求，高等教育领域的腐败程度大大降低。据 И. 阿巴吉娜（И. Абанкина）透露，辅导教师一个月的税前工资可以达到 10 万卢布。③ 国家统一考试还促使高校教师丢下辅导教师的工作，专心从事科学研究。国家教育服务工作者 А. 达利莫夫（А. Далимов）确信，萧条时期盛行的腐败随着统一测试系统的实行而消失了，农村中学毕业生进入大学的数量增加了。④

时任俄联邦教育科学部副部长 В. А. 博洛托夫指出了高校招生制度改革

---

① Л. Мутмебьярова, Когда нет злой училки. Общая газ. 2001. №24 (410). 14-20 апр. С. 2.

② Молодцова В. Ломоносов пришел в Москву учиться пешком. И ничего — выучился. Рос. газ. 2001. №163 (2775). 23 авг. С. 3.

③ 倪明、张奠宙：《俄罗斯高考改革及其启示》，《中国考试》2005 年第 4 期，第 55~57 页。

④ Молодцова В. Карьеристы, на выход. Рос. газ. 2001. №208 (2820). 25 окт. С. 5.

的必要性。他认为一些辅导教师与招生委员会有某些联系，他们清楚该校招生考试的特点。他还指出获奖学生的知识水平与必要的水平不相符，而国家统一考试消除了这些矛盾。国家统一考试分为三个层次的测试，前两个层次的测试借助于计算机评分，第三个层次的测试由专家委员会来评定。① 时任俄联邦教育科学部部长 B. M. 菲利波夫在其文章中讨论了俄联邦教育体系现代化的方案，其中包含了招生考试体系的改革，指出教育资助体系没有根本措施是行不通的。他指出一些反对国家统一考试的论据都是虚构的，绝大多数对中学毕业考试和高校入学考试的不满，正是来自那些被录取的学生及其家长。②

国家统一考试被认为能够有效防止招生录取的受贿行为。时任俄联邦教育科学督察署署长 Л. 格列波娃（Л. Глебова）宣布，2008 年所有参加国家统一考试的毕业生中提出申诉的不到 1%，而七年前不认同测试结果的达到了 50%。③ Л. 格列波娃指出国家统一考试实施过程中舆论的重要作用，并提出进一步增强舆论宣传的重要性。同时，高校的招生形式应尽可能地采用符合现行社会经济体制的最佳方式。市场经济条件下，收费教育服务得以实践，社会生活中各领域的营私舞弊成分迅速扩大，尽管国家统一考试存在着不足，但是它的反腐败作用可能成为选择高校招生考试制度的决定性因素。

而莫斯科国立法学院院长 O. 库塔芬恩（O. Кутафинн）则指出，实施国家统一考试无法根除腐败现象。如果之前行贿发生在高校录取时，那么实行新的考试体系，行贿还会发生在颁发中学毕业证书时。因此，反腐不应该从实施国家统一考试开始，而是从改善社会道德状况及法制文化开始。"营私舞弊、受贿行为是一种环境，现在和未来一直存在，国家统一考试也无法避免。在中学还有可乘之机，这是不可避免的，也做不了防护。"

---

① Днепров Э. Минобразование не дает реализовать задуманное. Известия. 2001. №157（25995）. 29 авг. C. 3.

② Федеральный Закон《О внесении изменений в Закон Российской Федерации "Обобразовании" и Федеральный Закон "О высшем и послевузовском профессиональномобразовании" в части совершенствования Единого государственного экзамена》.

③ Госдума одобрила поправки по совершенствованию процедуры ЕГЭ. http：//www.proforientator.ru/index.php…

根据2006年招生工作结果及社会学研究数据，А. 阿列克谢耶夫（А. Алексеев）和 К. 福明（К. Фомин）证实，20％的中学毕业生是通过行贿而成为大学生的。① 就像 К. 卡卢金娜（К. Калугина）所说的那样，不采用经过考验的苏联教育体制，而采用"海外敌人"游说的另一种体制，这使得"正在成长的一代智力水平普遍下降"②。卡卢金娜也指出国家统一考试营私舞弊的一种新形式：在考试的前一天，考题从上级传到需要的人，专业人员答题并将答案通过非法手段得以传播。В. 斯维特洛娃（В. Светлова）分析了国家统一考试反腐效果不明显的原因，"如果有成百上千个人在冥思苦想怎样防止国家统一考试作假，那么就有几十万人在绞尽脑汁地想如何绕开这条规则"③。她举了一个篡改答案的例子，考试时，老师们不仅悄悄地给考生提示，还让他们用铅笔答题，然后自己再用圆珠笔写上正确的答案。

根据消费者权利保护组织的资料，尽管国家号召统一考试要根除腐败，但并没有取得预想的效果。根据俄罗斯教育服务消费者权利保障局和内务部经济安全局的评估，2010年教育系统的腐败现象增加了，而且受贿现象从大学转到了中学，这在俄罗斯成了国家统一考试反对者的一个重要证据。消费者权利保护组织认为，用于国家统一考试的贿赂资金大约55亿美元④，而内务部评估教育领域的腐败资金为15亿美元。国家统一考试没有战胜腐败，只是腐败形式发生了变化。内务部承认，腐败现象从高校招生委员会转移到了中学，现在中学存在受贿行为，而且很多中学生奥赛被利用成为报考大学的工具。经济安全局预测，腐败现象会因为实行国家统一考试而呈增加趋势。⑤

与普遍的观点相反，国家统一考试的课外辅导市场并没有减少，教育科学部部长本人也证实了这一点，很多家庭增加了用于准备国家统一考试的课

---

① Молодцова В. Учитель должен хотеть идти в школу. Рос. газ. 2001. №145 (2757). 1 авг. С. 5.

② Долотов В. Экзамен на коррупцию. Деньги. 2009. №9，

③ Королев М. Дверь в вузы открывается для лучших. Саратов. Столииа Поволжья. 2001. №155 (338). 21 авг. С. 2.

④ Сирых В. О едином экзамене замолвите слово. Парламентская газ. 2003，№205 (1334). 4 нояб. С. 5.

⑤ Лесков С. Не экзаменом единым. Известия. 2007. № 14 (27298). 29 янв. С6.

外辅导费用。① 俄联邦教育科学督察署署长 Л. 格列波娃指出，必须对培训班进行监管，让他们对中学生进行就业指导，而不是重复中学大纲。因为检查所有的培训班是不现实的，她建议完善培训班许可证制度，比如，发放短期许可证，申请延长许可证期限要充分考虑公民的意见和诉求，如果出现违规情况，应停止下发许可证。因缺乏有效监管，五花八门的"参考书"和"考试指南"得以出版，围绕国家统一考试正在进行带来巨额利润的商业活动。

Л. Д. 库德良夫采夫（Л. Д. Кудрявцев）提醒国家统一考试的考卷、答案、公费名额以及学位证书有可能因行贿而买卖，各方压力影响着教师和阅卷考官。因此，库德良夫采夫得出结论，彻底实行国家统一考试的必要条件之一是把俄罗斯变成一个真正的公民社会，一个具有健康稳定的社会舆论的民主法制国家。

（三）国家统一考试能否优化国家教育财政

引入国家统一考试还有一方面原因是经济问题，特别是由于影子经济趋势加强，及高校招生考试腐败严重等等。时任俄联邦教育科学部部长 B. M. 菲利波夫指出，国家统一考试制度可以带动教育经济机制的变化，优化联邦高等教育资金的使用。根据高等学校招生情况在国家预算和商业运作基础上，遵循"教育资金应紧跟学生"的原则，对所需资金比例进行评估，进一步开发教育贷款经济模式，确保国家和个人共同出资获得高等教育。其目的是促进好学生去著名高校接受优质教育，更重金打造优质高校吸引好学生。因此，实施国家财政义务机制需要国家统一考试作为工具测试学生水平，国家支付金额的计算依据是国家统一考试成绩。

Л. 列夫·普罗佐罗夫（Л. Прозоров）指出，中国大学生可以向国家贷款缴纳学费。为适应改革，俄罗斯学生进入高校学习应该有国家专项财政的支持，数额应取决于学生的成绩和家庭条件。列夫·普罗佐罗夫指出，改革的意义在于现有的体系无论是从经济条件，还是从教育质量的角度出发都不符合国家要求。总统曾明确提出教育引进财政外资金的必要性，曾批评现有

---

① Гребнев Л. Российское образование:《провинциализм》навсегда? Высшее образование в России. 2008. No 3. C. 70.

的高校招生制度。因为在现有的高校招生制度下,大量资金进入培训教师的口袋,而非成为国家的税收。实质上,目前所提倡的教育改革是对现有的高校招生制度的改革,采用新的高校招生规则——取消培训,吸引学生和家长们为教育付费。① 国家统一考试的试行计划与国家财政支持同时进行,国家财政支持的试行要以所有科目国家统一考试的高通过率为前提。国家财政支持应该有不同的等级,这些等级由国家统一考试成绩来决定,公费生应当有权选择专业。

К. 基里洛娃(К. Кириллова)直接表明国家统一考试将与财政支持体系密切相关,换句话说,学习不好的学生将为其接受的高等教育付费,学生的分数将决定国家对该生所在高校的拨款。学生可以申请国家助学贷款,助学贷款年限为10年,就读期间必须偿还贷款利息。贷款期限因人而异,可以延期,申请贷款要证明偿还能力。② Л. 穆哈梅季雅罗娃(Л. Мухамедьярова)指出,莫斯科地区有些高校教师担心新形式的国家统一考试及国家实名制财政教育券制度会导致自费生比重上升。А. 科列斯尼科夫(А. Колесников)认为改革的本质不在于12年的义务教育,也不在于国家的财政支持,而在于教育需求者和消费者的变化。教育的需求者和消费者不是国家,而是人民群众。他认为国家的利益在于进行必要的改革,在一定程度上拓宽教育的资金来源。③

И. 费奥多罗夫(И. Федоров)对国家统一考试和国家财政支持之间的联系持否定态度,因为两者之间的联系使得国家财政支持的公费名额有流向非国立高校的可能性。国家统一考试的反对者强调与之紧密相关的国家财政支持的模糊性,一方面,国家统一考试似乎能够扩大高等教育普及面,而另一方面,国家财政会急剧减少预算拨款。О. 库塔芬恩(О. Кутафинн)就国家财政支持扩大学生择校范围这一问题,提出了自己的疑问。他说,对于父母工资收入低于最低生活标准的大部分学生来说,没有资金资助他们从边远

---

① С. Лесков, Жирная двойка. Известия. 2008. №132 (132127657). 22 июня, С. 6.

② Единый госэкзамен: зло или благо для российского образования? http://svpressa.ru/society/.

③ ЕГЭ нанесёт вред не только образованию, но и экономике страны. Редакция "КапиталаСтраны" http://www.kapital-rus.ru/index.php/articles/article

地区到大城市上学,国家财政资助也起不了作用。库塔芬恩认为,国家不加快经济运转周期,不提高人民生活水平,而指望教育改革能够大显神通是大错特错的。①

В. М. 菲利波夫提出,实行国家统一考试的同时,已经在考虑用何种方式来平衡学生在物质条件上的差异。他认为,现行体系下针对农村地区学生的定向招生有90%的名额属于经济独立的孩子。他也表达了高校招生录取与国家财政支持的结合应该促进教育体系由财政支持转向劳动力市场的投资。菲利波夫还谈到,高校扩招未来将会因人口结构和教育质量的下降而前景黯淡。②

(四) 招生优惠政策是否合理

针对中学生奥赛的获奖者和中学优秀毕业生的优惠政策受到质疑。时任教育科学部部长 А. 富尔先科 (А. Фурсенко) 认为,中学生奥赛能够发现最有才能的孩子,因为这种竞赛是一种不太正式的知识能力测试,相对于普通考试而言,它使竞赛参加者的心理得到解放。正如 В. А. 萨多夫尼奇所说的那样,"奥林匹克运动员"从来没有因为学业不及格而被所在学校开除,相反的是,他们是大学的骄傲。③ Т. 查伊 (Т. Цай) 坚信针对获奖者的政策是必要的,应该完善这一体系,尤其是提升学校的责任感。所有学科的五分制年度考核应从 7 年级开始,而不是从 10 年级开始,这样就能够大大减少获奖者的数量。④

中学生奥赛获奖者和中等职业学校的优秀毕业生可以通过面试进入大学。比如,2002 年特维尔国立技术大学有 192 名获奖者申请人文系的 92 个名额,面试时他们需要完成三道数学题和听写。结果能够完成听写的不到一半,甚至有零分的情况。这在一定程度上说明中学老师对学生掌握知

---

① Фурсенко А. ЕГЭ уменьшил взятки. http://mon.gov.ru/ruk/ministr/int/6314/

② Абанкина И. Деньги на вуз. Прямые вести. 2007. No 3. C. 38-39.

③ Далимов А. Некоторые характеристики системы тестирования в Узбекистане. Alma mater. 1991. No7. C. 22-23.

④ Филиппов В. М. Высшая школа России перед вызовами XXI века. Высшее образование в России. 2001. No1. C. 5-15.

识的要求不高以及为了确保录取享有优惠而刻意引导。① 同时学生家长对入学考试中会用更难的题目选拔，甚至淘汰获奖者产生了质疑。② В. М. 菲利波夫同意该观点，他指出在 1998—2002 年间有 50% 的获奖者没有通过第一轮考试，而且高校可能录取签约学校的毕业生作为公费生。要改变这种现状就应当实行国家统一考试。他认为，国家统一考试更加客观，考试录取相对独立，排除了教师的个人影响。③ 2004 年萨拉托夫州的 239 名中学金质奖章获得者和 970 名银质奖章获得者中，分别只有 54% 和 40% 能够通过面试。④

Н. 布拉耶夫（Н. Булаев）认为，"那些获得奖章并在国家统一考试中也获得高分的学生不需要额外的优惠政策"。О. 斯莫林（О. Смолин）则认为，"取消优惠政策，中学生就会失去刻苦学习和完成中学学业的兴趣"⑤。Л. 格列布涅夫（Л. Гребнев）对于"创新"奥赛的额外作用表示怀疑，"中学生奥赛存在至今，除了免试上大学外，没有发挥其他明显的作用"⑥。

2013 年，联邦教育科学督察署署长 Л. 格列波娃建议把一些优惠政策从招生阶段改为学习阶段。她认为，"应该把优惠政策提供给那些已考上大学、但经济条件较差的学生。有权免试报考的优惠生这么多，我们不能保证招生平等的可能性。一些优惠政策还是 20~30 年前制定的，而按照国际惯例，实行这样的政策一般不超过一年。应该把报考时的优先权给成绩优秀的中学毕业生，优惠生凭借规定的最低分数免试上大学是不公平的"⑦。

---

① Переяслова М. Поступит ли сибирский парень в МГУ. Парламентская газ. 2001. №77. 25 апр. С. 4.

② Филиппов В. М. Высшая школа России перед вызовами XXI века. Высшее образование в России. 2001. №1. С. 5-15.

③ Пенкина О. Казус по заказу. Поиск. 2008. №24-25（994-995）. 20 июня. С. 8.

④ Ачексеев А., Фомин К. Вооружены знаниями до зубов. Саратовский расклад. 2006. № 26（134）. 27 июля - 2 авг. С. 7.

⑤ Калугина К. ЕГЭ себя окончательно дискредитировал. Саратовский расклад. 2007. № 21（174）. 21-27 июня. С. 7.

⑥ Светлова В. Большие маневры в образовании. Новые времена. 2007. № 9. 9-15 марта. С. 8.

⑦ ЕГЭ и коррупция. http:// www.s-pravdoy.ru/protiv-korrupcii/.

三、国家统一考试的科学性

（一）国家统一考试是否符合国际趋势

2003年俄罗斯加入博洛尼亚进程，推动了教育的国际化。Л. 莫洛佐娃（Л. Молодцова）认为，国家统一考试符合国际趋势和国际教育标准。她用数据说明，世界上有超过80％的国家实行统一考试或国家测试，忽略这一点将不可避免地导致俄罗斯教育体系的落后。① 莫洛佐娃以中国为例，中国的全国统一考试（即高考）也同样代替了中学毕业考试和高校入学考试。国家统一考试体系与信息网络的使用相联系，未来将得到广泛推广。俄罗斯在80年代就已开始进行招生考试测试系统的试验。②

В. 沙德里科夫（В. Шадриков）和 Н. 罗基纳（Н. Розина）指出了测试体系在其他各国的差别。在英国和美国，测试由专门机构组织，面向所有想考大学的学生；在法国和德国，测试在中学进行；在日本，第一轮测试由隶属于教育部的国家考试中心组织，第二轮测试由各高校组织；在以色列，高校不举行任何形式的入学考试，录取依据毕业证书上的会考成绩和在电脑上完成的"智力测验"。"智力测验"测试学生母语词汇量、英语水平以及逻辑思维和数学思维能力。③

О. 库塔芬恩（О. Кутафинн）认为，美国以测试为基础的高校招生制度与俄罗斯高校的要求不相符。在美国，测试面向全美的中学生④，有专门的机构批改试卷，并根据学生的分数和志愿把学生送入大学。每个高校都设定自己的录取分数线，同时必须考虑中学毕业证书上的分数和学校的评价。学生递交申请并阐述自己的择校理由，测试和递交申请都是要收费的，一次测试的费用为30美元，递交申请的费用从25到75美元不等。录取后享受国

---

① Долотов В. Экзамен на коррупцию. http：// dlib. eastview. com/browse/doc/19707389.

② Фурсенко А. ЕГЭ уменьшил взятки. http：// mon. gov. ru/ruk/ministr/int/6314/.

③ Прозоров Л. Папа найдет мне хорошего репетитора. Рос. газ. 2001. №74（2686）. 14 апр. С. 7.

④ Киршлова К. Не учишься на пятерки иди в Сбербанк. За кредитом. Парламентская газ. 2001. №112（743）. 21 июня. С. 5.

家财政的资助，助学计划包括提供助学金和利率较低的贷款。有趣的是，在这种测试制度实施了几十年之久的美国也有很多反对者。2001年5月，纽约一些8年级学生在父母的支持下抵制自然科学科目的考试，以此来反对考前的高强度训练。学生和家长认为，考前高强度训练破坏了学科学习的循序渐进，不利于深入学习。

　　H. 赫梅利克（Н. Хмелик）以英国为例，在英国，像阅卷这样严肃的事情是不会交给电脑来操作的。英国的考试体系最大限度地给予学生展示其创造力的机会，这体系远比电脑测试要昂贵。赫梅利克称俄罗斯现行的考试体系是英国体系和美国体系的奇怪杂交体。试卷中只有10%是开放性问题，需要学生独立思考。客观题由计算机阅卷，主观题由地区教育机关组织专家阅卷，而他们的公正性也值得怀疑。他认为，这种俄罗斯式的杂交体是滋生腐败的沃土。①

　　某些国家统一考试的反对者认为，世界上许多国家都在反对这种测试制度，西班牙已经废除了该制度。② 美国某些高校使用这种测试制度已成为欧洲，甚至是美国国内所取笑的对象。这种制度传统上被认为是美国大众教育水平落后的一个原因（一些顶尖大学不算在内），也是成为美国经常需要从西欧、苏联、印度等国家聘请专家的原因之一，因为这些国家按照其他原则选拔培养大学生。俄罗斯却坚决地贯彻西方国家已经淘汰的制度，听而不闻俄罗斯一些权威教师、科学家和专家所强调的，国家统一考试制度会降低中学教育质量的反对声音。

　　虽然测试已经逐渐成为某些资本主义国家教育系统评估知识的主要形式，但他们采用这样的制度并不是偶然的。用系统的和批判的眼光看待世界的教育水平和能力，能阻止人们暗箱操作。俄罗斯的教育系统仍然在试图教孩子们思考，而不是生产"生物机器人"。国家统一考试和西方教育标准的其他副本是我们教育倒退和普及性降低，最终导致整个民族自我菲薄的明显例证。③

---

　　① Колесников А. Плача за жизнь. Известия. 2001. No 106（25944）. июня. С. 2.
　　② Киршлова К. Не учишься на пятерки иди в Сбербанк. За кредитом. Парламентская газ. 2001. No 112（743）. 21 июня. С. 5.
　　③ Чурилов В. Нет ничего опаснее реформаторского зуда. Парламентская газ. 2001. No 217（848）. 17 ноября. С. 5.

В. А. 萨多夫尼奇举例说明，对测试的合理性表示怀疑的正是那些已经实行多年测试的国家，这些例子收录在纽约出版的 П. 萨克斯（П. Сакс）的《标准化的智慧》一书中。该书作者分析测试体系得出结论，测试体系形成定势思维，不是以知识的理解为目的，而是被动的背诵知识。在讨论国家财政支持时，萨多夫尼奇指出，这是效仿美国，但是，美国这样的公费名额只针对普通中小学，而不是大学。美国的反对者们认为，"公费生"会导致学校为了提高声誉和学生的社会认可而投机倒把。因此，一些曾经组织过全国统一考试的国家后来都放弃了，西班牙教育部部长曾声明西班牙回归普通考试的意向。萨多夫尼奇说："我们无权拒绝我们实行了两个半世纪的教育制度……在新世纪，我们不能再重蹈别人的覆辙，没有经过全面科学论证的国家决策将不会被采纳。"[①]

（二）国家统一考试能否测试知识和能力

在传统考试体系中是由教师直接评分，而国家统一考试则由不与地方学校发生联系的考试委员会进行阅卷，并选择了没有感情色彩的机器参与测试，保证了检测毕业生知识水平的公平性和有效性。А. И. 索尔仁尼琴（А. И. Солженицын）认为，国家统一考试不排除考生展示自己观点、证明并坚持观点的可能性，国家统一考试能够筛选出"有天赋、有逻辑思维、能独立思考的人"[②]。В. А. 谢芭（В. А. Щепа）指出，对毕业生的阅读能力制定标准不仅可行，而且很有必要。国家统一考试具有检测知识质量的客观性。[③]

还有一些人的立场是：国家统一考试可以用于招生考试，但需附加由高校自己组织的口试。某重点大学校长认为，国家统一考试将是选拔中学毕业生的主要方式，但应赋予高校加试选拔的权力。如果一些专业能用国家统一考试完成所有的选拔功能，那么这些专业就是低入学选拔专业，例如物理、化学等。一些特别热门的人文专业（如心理学、法律、外语、社

---

① Чурилов В. Нет ничего опаснее реформаторского зуда. Парламентская газ. 2001. №217（848）. 17 ноября. С. 5.

② Е. Н. Геворкян, И. А. Правкина, Д. А. Усанов. Приём в вузы России. Как это было и что будет. Саратов: Изд-во Сарат. ун-та, 2008: 65.

③ Е. Н. Геворкян, И. А. Правкина, Д. А. Усанов. Приём в вузы России. Как это было и что будет. Саратов: Изд-во Сарат. ун-та, 2008: 75.

会学等）必须要进行加试考核，因为只根据统考成绩不能挑选出合适的人选。高校关注于选拔合适的学生，关注于保留自身影响力，高校不会放弃自己对招生工作的影响，附加考试和中学生奥赛就是施加影响的主要方式。

而 И.Ф. 沙雷金认为，俄罗斯传统的教育制度不仅是苏联教育体系的产物，也是沙皇俄国以来历史进程中国民教育的产物。他提醒说，实行国家统一考试的损失远比收获要大。[①] 某师范大学教研室主任认为："我不否认统一测试的重要性，但是，在测试中我看到的仅仅是附带能力，而不是检测学生多方面的能力。测试是一种较快捷经济的淘汰方法，使用该方法不仅仅把没知识的人剔除，还会把思维活跃、有才华的孩子给埋没。"一些教师认为，作为知识评估形式的国家统一考试与俄罗斯现存教育体系相矛盾。国家统一考试模式本身不适合我们的教育体系，它重复着西方的经验，而且国家统一考试模式实际上只会使人成为计算机的附庸，填写一堆表格、调查表等等。

国家统一考试面临的主要弊端是必然导致中学生"片面应试"，这可能会导致中学生的惯性思维。一些老师已经开始删除教学大纲中未在统考题目中反映的内容。某师范院校高级讲师表述："最后只剩下训练，训练出的只是解决问题的熟练工，而不是真正的行家里手。我认为，国家统一考试的结果会导致教育水平的急剧下降，导致中学生理论思维水平下降"。某大学招生委员会秘书说："教学任务的关键是教会人思考，而我们教给11年级的毕业生学会猜题目的预测能力。只靠预测获取分数，却没学会思考，那么他只会成为半吊子。"

А. 马克西莫夫（А. Максимов）反对国家统一考试的主要原因是，"不可能通过国家统一考试去评估学生的思考能力和表达思想的能力，这样就导致了统一对个性的控制，死读书的人多于肯动脑筋的人"[②]。К. 卡卢金娜（К. Калугина）完全同意他的看法，认为："以考查知识规律为目的的测试题不能发现学生的智力潜能，而且考试时每个人都因时间的限制没有充分的

---

① Цай Т. В защиту золотых медалистов. Известия. 2003. №117 (26434). 5 июля. С. 5.

② Медалисты делают по 40 ошибок в диктанте, поступая в вузы. Неделя области. Саратов. 2002. №13. 18 июля.

思考时间，也存在偶然蒙对正确答案的可能性。"① 一些高校领导者和教师认为，国家统一考试题目有30%的概率可以预测到答案，如果考虑到预测正确答案的可能性和单纯堆砌习题，显然很容易教会学生通过考试的方法。与之相反，外语和物理教师则认为，外语和物理的国家统一考试对于中学生来说很难，学生们的知识水平存在很大差异，特别是城市和农村学生之间。

В. 阿瓦涅夫（В. Аванесов）指出，为了创建合格的俄罗斯教学测试系统，必须对一些关键问题进行审查：评估的设置、测试方法的可行性、测试中心和国家统一考试的经验。科学家、教育家、教师们都注意到，国家统一考试的制定者希望用一套统一的考题同时对不同类别的考生（中学毕业生和大学新生）进行质量鉴定，这是错误的想法。阿瓦涅夫不止一次地指出，对中学毕业生的大规模测试基本上是检查教育培养质量的最低标准，而考大学完全是另外一个问题，是选择未来职业。测试要求体现各种能力，是考生进入自己感兴趣的专业和实现专业培养连续性的途径。没有用于鉴定中学毕业生和选拔不同专业大学生的统一方法，选拔大学生的测试内容应依据专业要求而定，而测试难度应依据招生名额而定。②

国家统一考试的倡导者也承认，不可能只凭借国家统一考试选拔出有才华的学生。他们不主张传统的考试形式，提出可以将中学生奥赛作为选拔手段。奥赛是一种使用非传统方法的体系化的考察形式，是一种集中测试，一种统一考试，只是使用了另一种组织形式。相应地，应该扩大奥赛的科目清单，高校可以根据奥赛结果免试录取优胜者。

（三）考试形式采用笔试还是口试

关于考试形式引发了学者和教育界的广泛讨论。来自哈萨克斯坦的 Н. 杰米尔加里耶夫（Н. Темиргалиев）教授认为，可以在高校选拔新生的初步阶段采取统一测试形式，主要的专业考试可以是笔试形式，也可以是单独与老师交流的口试形式。有质量的考试要求考生有高水平的职业技能。③

---

① Филиппов В. М. О сгоревшей школе и《некачественных》медалистах. Рос. газ. 2002. №161 (3029). 28 авг. С. 3.

② Ткач А. Экзамены закончились, экзамены начались. Парламентская газ. 2002. № 134 (1014). 18 июля. С. 3.

③ Клименко Ю. По результатам ЕГЭ- справка о неуспеваемости. Саратовские вести. 2004. №12 (3169). С. 2.

А. 埃普什捷因（А. Эпштейн）对比了不同的考试形式，指出笔试的优点在于它的普遍性，可以大规模测试、比较和分析；而口试的优点在于，师生交谈过程中能够暴露学生知识链上的薄弱环节，检查学生对教材的理解程度。①

В. А. 萨多夫尼奇用切身的经历谈口试的益处。1958年，来自乌克兰哈尔科夫州的农村小伙子萨多夫尼奇报考莫斯科大学力学数学系。在口试中，他不知道"对数"的概念，考官是位著名学者，碰巧问到他这个问题，于是他向考官说明情况，考官启发式地问他互为反函数的"指数"，他回答正确。最后，他得到了五分，最终进入了莫斯科大学力学数学系，后来成为著名数学家。但当时若是笔试，他注定不及格。②

某工程大学教研室主任也持有类似观点，选拔具有高层次思维水平的创造性人才和国家统一考试是完全不同的两回事，我认为现在由优秀教师参与的口试选拔体系已经足够完善了，这与那些形式主义的测试是不同的。某师范大学系主任认为，国家统一考试还存在一个不足，即未来的大学生会失去口头语言表达的技巧，以前用口试检验思维逻辑和论述能力，而现在通过国家统一考试的大学生们，在第一学期要通过口试就会遇到困难和挑战，原因就在于，不仅在中学不设口试，在高校入学考试时也未经历口试。

俄罗斯科学院记者团成员 Л. Д. 库德良夫采夫（Л. Д. Кудрявцев）借鉴其他国家的经验，认为单独以文本形式的考试对于任何知识的检测都是不合适的。借助这类文本形式的试卷可以检测反应能力、获取信息的能力和解决问题的能力，但不能检测出学生的创造力和科研方面的天赋。那些思维不是很敏捷、思考得比较慢的人也可以成为真正的学者、工程师、设计师、医生等各行业专家。③ 因此，他得出结论：人类目前还没有想出比笔试与口试相结合更好的考试形式。

---

① Смолин О. Н. О проекте нового базового федерального закона обобразовании в Российской Федерации. http://www.smolin.ru/duma/audition/2010-10-13.htm.

② Гребнев Л. Российское образование:《провинциализм》навсегда? Высшее образование в России. 2008. №3. С. 70.

③ Зегонов О. Льготы при поступлении в ВУЗы могут сократить. http://Infox.ruwww.infox.ru/science…2009/01/14/Lgotyy_pri…

（四）测试材料的合理性与安全性

国家统一考试作为评估知识水平的工具，人们关注的核心问题是测试材料的内容、结构、信度和效度。国家统一考试能否测试人文学科的逻辑性和推理方法；国家统一考试如何对不同层次和专业特点的高校统一要求；在教学周期内用一次性测试还是多次测试来评估成绩；在国家统一考试的基础上举行附加考试的必要性；如何测试学生的创造性和在各种竞赛中显示出的专业特长；等。

有学者指出，国家统一考试是多重目的三种题型相结合的测试方法。在建立统一的知识评估标准时出现的主要问题之一是测试材料的设计不够完善。测试材料的 A 部分和 B 部分，克服了缺少统一的知识评估标准的问题。这一标准能评估具体地区、具体学校的实际状况，确定中学生的培养水平，以及能采取措施弥补教师的疏漏。但是，C 部分的统一评估标准问题没有解决，C 部分要求考生全面回答所提出问题，由地区教育管理机关组织专家评分。对于人文学科来说，制定统一的标准特别难，例如文学和历史；而对于理工学科来说，制定统一标准则相对容易。这就引申出国家统一考试作为知识评估体系的适应性问题。[①]

当讨论高校根据国家统一考试成绩招生的合理性时，高校教师建议根据高校特点确立不同规则。某地区教育质量中心主任建议：现在，所有的高校和专业都使用统一的测试题目，这不合理。建议把测试题目再进行细化，重点大学、工程大学、师范大学，每所学校的特点不同，优势不同，要求也应不同。国家统一考试题目有 3 个模块：A 模块评估基础知识、B 模块评估综合知识和逻辑能力、C 模块评估创造性知识。应当设计不同难度系数的习题，每所学校、每个考生根据需要自由选择。应根据高校特点和要求区别对待国家统一考试成绩。

研究分析，国家统一考试的测试材料主要有以下不足：（1）俄罗斯教育系统对测试材料不习惯不适应；（2）选择题不是总能反映出学生的实际知识水平，因为部分答案可以随机选择。测试材料主要考察所学知识的质量，对鉴定创造性知识和能力不太适用；（3）人文学科的试题里有错误考题，有的答案也饱受争议；（4）没有考虑中学的专门化，无论是偏人文科学的，还是

---

① В. Молодцова，В инситут без блата. Рос. газ. 2001. №77（2689）. 19 апр. С. 2.

偏自然科学的中学生都进行同样必选科目的毕业考试；（5）不能只凭一份测试材料既检查中学的培养质量，又评估名牌大学新生的知识水平，用同一种方法测试不同类别群体的水平，其准确性肯定是非常低的；（6）测试材料的问题还在于，这些材料都是被随机研究出来的，与教学大纲和学生实际所学内容不完全符合。

此外，专家们强调，测试材料的安全性需要完善。计算机处理系统不是很理想，存在"漏题"现象，一些地区或居民点总能考出好成绩，并不是因为这里的学生知识水平高，而是因为地方偏远和缺乏监管。考试过程中出现了题目信息在互联网泄漏、违反国家统一考试程序、使用手机和解答器等问题。这些问题一方面与教育领域的腐败问题相关，另一方面是教师道德标准降低、片面追求学生成绩、拒绝客观测试造成的。这些都使系统评估知识的客观性遭到质疑，因此，特别需要加强对国家统一考试的社会监督，程序要公开透明，给予申诉机会等。

四、国家统一考试与中学教育质量

关于国家统一考试能否促进中学教育质量和高校生源质量的提高，国家统一考试的支持派和反对派都阐明了各自的观点和意见。

（一）支持派的意见

高等学校对国家统一考试最大的期望是建立教育规范体系，而建立教育规范体系的前提是首先建立统一的知识评估标准体系。В. И. 兹沃尼科夫（В. И. Звонников）和 М. Б. 切雷什科瓦（М. Б. Челышкова）称国家统一考试是评价国家教育质量的基础，在此基础上可以实现对教学质量的检查，发现不符合国家教育标准的学校，评估教师的工作成果。在回答"是否应该创新知识水平的评估系统"时，兹沃尼科夫和切雷什科瓦指出，传统的知识评估体系存在很多不足，其中包括缺乏现代教学技术来保证教学大纲的适应性和可行性；评估知识水平的重点是记忆教材内容，而不是理解知识和运用能力；考官主观性及个人偏好的影响；缺乏评估知识的标准规范和统一尺度。① 考试是为了促进学习，这是知识评估改革创新的基础。

---

① Мирошникова Н. М., Никитин А. В. Внедряется подсистема 《Прием》. Вестн. высш. шк. 1986. №6. С. 29-30.

兹沃尼科夫和切雷什科瓦首先强调的是要防止有意或无意的伪造学生成绩的做法，防止教师以教学检查的名义打分。考试正是教学评估的有效方式，国家统一考试深入开展的过程，实质上是考试深入进行，考试材料、模型和技术不断得到完善的过程。

有学者强调，国家统一考试比传统考试形式更能客观地鉴定学生的知识和能力，能比较不同中学和地区的教育质量。国家统一考试的要求，能提高教育质量、教师专业技能和教科书质量，促进学生备考。随着国家统一考试在俄罗斯的推行，教育管理机关有了大量客观的数据材料。国家统一考试的实行对中学教育的一系列积极影响开始显露，一些学校开始寻找能提高统考成绩的后备力量，开始重新检查、修订教学计划，为了提高基础学科而不再开设选修课程，对经验丰富的教师需求增加，提高技能的形式多样化，等等。

传统考试形式可以展现学生的创造力，然而传统考试固有的特点是盲目性，测评方式和结果的不合理利用，没有统一的测评方式和标准，存在主观性，等等。Н. Ф. 叶夫列莫娃（Н. Ф. Ефремова）根据罗斯托夫州的经验得出结论，利用国家统一考试结果可以检查教学质量，客观评价教育体系现状，促进教育体系的过程完善和信息化建设。叶夫列莫娃称高质量的考试是长期不懈劳动的产物，考试需要不断被完善。国家统一考试是管理教学质量的手段，是在全国范围内建立统一的教育评估体系的方法。国家统一考试为中学间和高校间的竞争创造了条件。以国家统一考试为依据的招生机制缩小了中学课程和高校录取条件之间的脱节。另外，国家统一考试使监控中学教学质量变得可行。这首先就要求提高中学教师的职业水准，中学的教师和管理者们已经开始为此努力，在提高中等教育质量方面取得了一些改进，这是国家统一考试最主要的积极成果之一。国家统一考试还促进了学校领导、学科委员会、教育管理机关关注如何提高中学教师、培训班教师的职业水平，保障农村地区大学前准备教育的教学质量，保障培训形式的灵活性、机动性和多样性。

谈及按照国家统一考试结果招收的大学生的知识素养，短期分析表明，在统考中获得高分的大学生正在证明自己的能力，高分考入大学和热门专业的大学生，其知识水平仍很高。大学生的考试成绩证明了统考结果，某工程大学校长根据本校数据指出，通过统考入学的大学生，其知识素养有所提高。他称："我们与 2001 年做了整体比较，2002 年入学的大学生素质比

2001年入学的高出近40%。这没什么可感到奇怪的,这靠的完全就是不放松的精神,达到这种程度靠钱是买不来的。"同时,通过统考进入师范院校的大学生,由于专业与其他大学不同,其知识水平仍停留在以往较低程度,或有甚者比以往降低了一些。

时任教育科学部部长A. 富尔先科（А. Фурсенко）指出,高校招生制度的完善是一个长期的繁重的过程。这个过程参与者的任务就是使国家统一考试成为全国每个地区管理教育质量的有效手段,以及营造一个统一的教学监测评价环境的方式。①

（二）反对派的意见

国家统一考试的主要不足在于它的一次性,仅凭一次考试结果不是十分可信,应该在学生长期的学习过程中监测他们的知识水平,但这样做需要大笔财政开销。同时,还存在盲目追求统考成绩而改变教学内容的风险。Н. Ф. 叶夫列莫娃（Н. Ф. Ефремова）指出对国家统一考试的评价褒贬不一,从完全否定到广泛运用需要一个过程。② 持反对意见的俄罗斯国家杜马教育与科学委员会副主席A. 切尔内绍夫（А. Чернышов）断言道:"教育质量变得越来越差,而教师层面上的受贿却越来越系统化,贯穿整个国家统一考试,并且牵涉到每一位参加考试的人。"③ 他认为,学生在不知道评估标准的情况下去参加考试,而试卷被运送到莫斯科,由莫斯科寄出分数,并且不能补考,这种做法侵犯了宪法赋予学生的公平获得信息的权利。

有学者指出,国家统一考试的实施使得基础教育的教学内容、教学标准、教学科目、教学目标、教学方法、教学质量评估手段等必须做出相应的改革。学校必须运用现代教育技术,根据新的评价指标和程序组织教学活动。国家统一考试的特点导致教学内容压缩,实验室工作和教育教学研讨会的数量减少,学生的学习习惯向应试方向转变。中学一些学科的教学方法改成"应对"国家统一考试的教学方法,中学生学习的是怎样准备国家统一考

---

① Эпштейн А. Система высшего образования Израиля в эпоху перемен. Высшее образование в России. 2000. No 6. С. 138-149.

② Ковалькова Н., Ковалькова Л. Как учат в американских университетах. Alma mater. 1998. No11. С. 15-18.

③ Хмелик Н. Единый экзамен. Саратовские вести. 2001. No134 (2710). сент. С. 3.

试，而不是学科本身。这种情况的严重后果是学生缺乏系统思考、创造思维、口语和书面表达的能力及独立探索精神。

测试作为教学过程的一个元素，在合理限度内使用会带来益处，但不能作为教学过程的基础。国家统一考试最终会把教育系统带偏到死记硬背正确答案的轨道上去，有独立创造精神和创造能力的人才培养受到制约。微软公司总裁比尔·盖茨是计算机考试的主要批评者，他说："如果我们不脱离实际上正孕育低能儿的知识鉴定测试系统，我们就会失去民族的智力潜能。"①计算机测试负责的是客观题，定位于标准的、统一的、简化的答案。在合理限度内，这种手段可以评估具体学科知识，但数学和物理老师强调，它们抹杀了活跃的思维，使学生们转向基础传统知识。计算机无法评价文学和历史知识，不能保证作历史分析。儿童作家和翻译家 М. 雅思诺夫（М. Яснов）认为"国家统一考试的文学科目是犯罪，文学不能也不应该是公式化的"，"应该学会思考所读过的东西，而不是猜测枯燥问题的答案"②。

西伯利亚联邦州的大学校长联合会主席 Н. 普斯托夫（Н. Пустовой）指出"现在所有大学的 1~2 年级都开设附加课，目的是赶上良好水平"。莫斯科国立大学计算数学和控制系教授 В. 苏哈姆林（В. Сухомлин）确信，"毫无疑问，作为统一的学生鉴定形式，国家统一考试的实施给优质教学、发展才能、培养国家栋梁正带来很大的损失"。莫斯科国立大学校长 В. А. 萨多夫尼奇指出"莫斯科国立大学的所有院系每年进行的俄语、数学、社会学知识测验显示出，一年级学生只有一少半及格，很多院系的一年级学生不及格人数达到 80%。因此可以得出结论，中学培养水平开始下降。这是很大的问题，应该尽快采取措施"③。

国家统一考试的主要危险在于：为准备统考，中学把教学大纲变成只针对考试科目，而把其他非考试科目的课程数量尽量压缩。比如，几年前还有

---

① Единый госэкзамен: зло или благо для российского образования? http://svpressa.ru/society/.

② Поломошнов А. Ф., Габибов А. Б., Денисов А. Д., Колосова Н. Н., Мотько С. М., Поломошнов П. А., Пойда Е. Е., Полякова Н. А., Поцелуева О. Н., Хоменко Т. В., Чебуракова М. С., Чумакова Т. Н., Янова Э. Н. Российская реформа высшего образования: итоги и перспективы. п. Персиановский, 2011: 268.

③ Садовничий В. А. Образование для России 21 века //Пока не поздно — уже опаздываем. М., 2002. С. 93-104.

60%联邦主体的中学里讲授经济学和法学，现在它们在教学计划中变为选修科目，而且教学时间缩短。结果不仅这些科目的职业培养受到损失，受到损失的还有学生的社会化以及在成人世界中的经济和法律行为能力。[1] 这与20世纪90年代所倡导的"除了形成世界观所必需的科目之外，还要发展个性和独立判断能力，使公民不至于成为庸人"的教育人文化相脱节。

  国家统一考试试行期间，大量关于国家统一考试的讨论和评述见于媒体的宣传报道和专家访谈。支持派关注教育的公平性和俄罗斯教育的国际化，反对派关注大学的生源质量和高校的办学特色。国家统一考试正式实行至今，讨论的焦点更多地集中在如何完善国家统一考试制度，如何与各校的办学特色相结合，如何根据各校的需要选拔合适的人才。俄罗斯总统普京支持国家统一考试，他不止一次在年度国情咨文中强调，国家统一考试将会极大地减少高校招生考试中的腐败行为，促进教育公平，给那些天才青年和边远地区的青年提供上全国最好大学的机会。

  近些年来，国家统一考试的所有方面都为人们所熟知，并且得到了充分的讨论。媒体上发表的关于国家统一考试的言论主要是反对者的言论，他们批评了国家统一考试在具体实施过程中的缺点，而支持者的话语相对较少。这是因为，每一种招生考试模式的优缺点都会被反复比较，在其中一种模式占优势的情况下，评论家往往就把注意力集中在它的缺点上。高校招生考试制度应当与时俱进、充分论证，随着社会的发展变化而不断改革完善。实现招生考试制度公平性与科学性统一的目标，需要长期不懈的奋斗和努力！

---

[1] Солженицын А. И. Образование для России 21 века //Школьников учат по не правильным учебникам. М.，2002. C. 105-111.

第七章 俄罗斯高校招生考试制度的公平性问题

教育公平是社会公平的基础，而入学机会公平是教育公平的重心，是评价高校招生考试制度的最重要指标。社会不同群体获得高等教育机会的差别，不仅受到其社会地位、经济状况、居住地区等条件的影响，还受到高校招生考试制度的正常规则和非正常因素的作用。本章着重对俄罗斯自主招生考试和国家统一考试的公平性问题进行探讨，阐述影响高等教育入学机会的非正常因素，并以社会学视角从国家统一考试的结果来分析高校招生的公平性问题。

第一节 自主招生考试的公平性问题

自主招生考试是俄罗斯传统的高校招生考试模式，实行多年已形成了比较成熟的方法和体系，为俄罗斯选拔、培养了大批专门人才，为国家建设和社会发展做出了积极贡献。但"物盈则亏、法久终弊"，再好的制度实行久了都会出现弊病，更何况招生考试这样一种本身利弊兼具、影响重大的制度。[①] 这也是事物发展变化的一个普遍规律。自主招生考试过程中产生的教育公平问题和寻租腐败问题日益凸显，造成社会不公，引起了民众不满，这是导致俄罗斯高校招生考试制度改革的一个主要原因。

一、自主招生考试的非正常影响因素

俄罗斯实行自主招生考试阶段，高校享有充分的招生考试自主权，但由

---

① 刘海峰：《高考改革论》，浙江教育出版社，2013年，第12页。

于缺乏有效的监督保障，一些非正常规则和影响因素发挥着作用，对招生结果产生影响。

（一）校长推免名单

在高校的招生过程中存在着"校长推免名单"，校长手里拥有5%～10%的录取名额。"校长推免名单"里常常出现某些地方官员、杰出人物子女的名字，以及能给高校带来利益的、有依赖关系的和保障高校教育活动的人员的家属。这是高校生存的必要工具，同时也是高校及其校长在该地区内外保持威望的手段。"校长推免名单"可以解决许多问题，比如，学校与本地区和其他地区的合作问题。

有的大学校长直接说："我需要名额来解决大学的生存问题……我需要5%～6%的名额，保证我录取应当录取的人，这些人是与学校利益相关的人。这些名单由政府确定，因此我拿到的是已成型的名单。我们无法干预名单的内容，一旦有人在名单上，就意味着其可以上大学。在招生过程中，不能随意增加或删减名单上的人员。"[①] 在这种机制下，校长可以间接影响本校的招生过程，甚至招生不靠分数高低，只靠走后门，这是实际存在的。校长对名单上的人徇私，还可能采用不同的方式，比如：组织初试，虽然初试按要求定为考试的一部分，但是考生有可能拿到必需的参考书和考题；委托招生委员会的老师在考试中帮助考生，如由老师口述，学生完成答题；用符合入学要求的考卷替换原来不及格的考卷、修改卷面减少错误等。

一些高校领导层成员也认为，在某些情况下完全避免"校长推免名单"是不可能的。70%以上的校长通过招生程序为高校争取到保障教学活动的物质基础，筹备到资金或教研室设备等。

（二）招生委员会秘书长

高校招生委员会秘书的主要职责是协调工作，即负责校长和其他校领导之间、校长和教师之间、校长和家长之间、学科委员会负责人和成员之间的协调工作。而招生委员会秘书长则是负责组织招生考试、帮助校长及时有效

---

① А. С. Заборовская, Т. Л. Клячко, И. Б. Королев, В. А. Чернец, А. Е. Чирикова, Л. С. Шилова, С. В. Шишкин. Высшее образование в России: правила и реальность. М.: Независимый институт социальной политики, 2004: 185.

完成招生工作的负责人。秘书长常由熟知法律的人担任，以保证与考生和考生家长之间交流顺畅。秘书长与考生家长的相互交流遵循正常规则，建议家长找一些有经验的家教或参加高校考前培训课程，根据考生情况调整报考策略，等等。

秘书长常常以这种形象出现，既保护校长免受考生家长的围堵，又负责接待高校拟招收的特定人员。对这些特定人员的招收工作规格高，使用非正常规则，对外不宣扬。校长授权秘书长一些独立影响招生的权力，秘书长在招生过程中要考虑很多因素，最有可能影响他的毫无疑问是校长的建议，另外还有系主任、教研室主任、威信高的教授、熟人的请托，以及与学科委员会负责人、成员及副秘书长达成的约定等。

招生考试过程中，秘书长的主要任务就是把考生和主考官分开，为考卷设定编码，避免评卷教师看到考生名字，防止产生不公正和腐败。但如果秘书长使用非正常规则，与主考官合作或在试卷上做一个不易察觉的标记，就有可能影响考试进程和考试结果。有些高校招生委员会在招生过程中同时执行两套规则：一套是正常规则，适用于所有人；另一套是非正常规则，适用于"圈里人"或"朋友圈人"。校长对招生委员会的工作负有领导监督责任，清楚秘书影响招生的各种可能性。当出现入学考试丑闻时，校长有权选择笔试替代口试的方式，以及迅速替换监考委员会成员，以保证对招生的领导力。秘书长有很多资源可以影响招生过程，有人常常使用这些资源，但并不意味着所有秘书长都使用非正常规则，一些人仍遵守自己的职责和道德准则。

（三）校长的管理团队

校长的管理团队也有影响招生考试的机会和可能性。在俄罗斯高校，第一副校长的职权仅次于校长，分管教学工作的副校长紧随其后。两位副校长有可能影响校长，并向校长要求给自己的关系人选提供优惠政策。除了这两位副校长外，在校长的管理团队中，威信最高的不是按照官阶高低排序，而是成员与校长的私人关系程度。对校长的忠诚度、为高校做出的贡献、长期友谊、以前共事过等等才是产生这种影响的理由。校长最感兴趣的是那些请托者能够以什么形式帮助学校，或者他们拥有怎样的社会关系和社会资本。

作为校长与请托者之间的联系人，副校长首先要评估请托者，看其要求在校长眼里有多大可行性，可否解决，值不值得为其托关系，帮忙或者用

"迂回渠道"。有的副校长在高校的威信很高，校长也不得不认真考虑并做出让步，但是建立在不能损坏学校声誉和形象的前提之下。

大部分校长关心教师子女的入学请求，但不是对所有教师，只是对一部分威望高、工作时间长、对校长忠诚的教师。如果校长严格限制管理团队的权力，这时教师队伍自身的非正常关系网就会起作用。那些没有能力影响招生的人，努力与招生委员会的工作人员、熟人搞好关系，虽然可能性很小，但有时也能获得期望的结果。

（四）自费生转公费生

高校建立优秀自费生、夜大生和函授生的奖励机制，将最优秀的自费生转为公费生，同时将学习不努力的公费生转为自费生。该机制能激发大学生们好好学习，保证大学生之间的交流。教师们对这一机制持支持态度。

自费生转公费生在每学期结束后进行调整，首先考虑的是那些家庭困难且学习优异的学生。他们需要提交父母的工资收入证明，并且考试成绩都在3分以上。但在实际执行过程中，学习优异的自费生转为公费生并不是那么简单，里面隐含着竞争，有时要看家长的能力，优秀自费生也不是总能成功。在某种程度上，这一机制从激励竞争机制变为了对自己人的保护机制。

有研究表明，高校校长和其他领导在一定程度上利用自费生转公费生的机制实现高校必招学生的"软"着陆，把高校内部大学生的流动变为高校必招学生的合理保障机制，这极大地降低了高校领导层的风险程度。另外，这一机制还可以起到"后备机场"的作用，可以使有关人员，如系主任、教研室主任把自己的关系户弄到想去的大学，虽然过程时间长，但是形式正规安全。

当然，这一机制并不是无条件实施，需要申请人具备一定的条件，既应通过课程要求并学习积极主动，还应具有一定的知识储备。这些要求对于一些大学生来说并不容易，随着时间的推移和复杂的"拉长招生"，有些人不得不因为知识水平低或学习不积极而退学。同时，校长也不是在任何情况下都能使用该机制，校长也不愿意冒着不遵守规定的风险。

（五）家长们的高考策略

俄罗斯的学生家长为了自己的孩子能够接受高等教育，在经费方面进行了充分的准备。根据2005年"社会观点"基金会发起的社会调查，在2000名受访者中，约2/3的受访者希望孩子接受高等教育，约1/3的受访者愿意为保证孩子考上大学而行贿。

为帮助孩子考上大学，家长们不惜花钱给孩子补课或接受专门培训，包括请高校教师来给孩子单独辅导，尽最大可能帮助孩子。某地区80%的家长准备为教育花钱，为考大学花钱。城市里的家长尤其如此，农村的家庭收入较低，所以准备程度也低些。

受访的家长们更倾向于使用"混合方式"保证自己的孩子能考上大学。经济条件好的家长报考尽可能多的高校，使用所有额外渠道和可能性，以便更有把握，把风险降到最低。一位受访家长说："如果我有钱，我会毫不犹豫地把钱送给能帮孩子考上大学的人。"① 很多家长认为，接受高等教育、有大学文凭更容易找到工作。在担忧孩子未来的同时，也反映出家长们对招生体系的不信任。

大多数受访者指出，家长们为教育的花费正在逐年增多。一些低收入家庭也开始关注于孩子的教育投入。虽然农村家庭收入低、缺少高校所在城市的社会关系资本，但农村家长为孩子考大学和今后的学习花费，也在积极做着准备。

二、招生优惠政策的非正常影响因素

在俄罗斯高校的招生录取中，根据法律规定，可以向一些考生群体提供优惠政策，如中学奖章获得者、残疾人和孤儿、中学生奥林匹克竞赛获奖者，以及定向招生培养等，采用免试、面试、通过入学考试而免于竞试、专门考试等方式录取。这些优惠政策在促进拔尖人才的选拔和为社会弱势群体提供高等教育机会方面发挥了积极作用，但在执行过程中也遇到了这样或那样的问题。

（一）中学奖章获得者

重视招生质量的高校，都尽可能提高中学奖章获得者的录取比例。如果中学正确制定和严格执行奖章获得者政策，那么对于大学来讲是非常有价值

---

① Мониторинг экономики системы образования. Выбор образовательной стратегии детей：ценностииресурсы. Информационный бюллетень. 2002. №1.

的资料，可以选到具有较高水平的学生。大学的声望越高，专业的知名度越高，录取到的奖章获得者就越多。2003年某重点大学在录取时，一个名额有2.5个奖章获得者竞争。在4500人的招生计划中，有1200人是奖章获得者。奖章获得者的主要判定标准就是中学毕业生中最优秀的学生，他们应当是极少数的群体。奖章获得者在各个地区的培养质量和判别标准差别很大。有些中学一个班级就有4~5个奖章获得者，不得不让人对其数量增加的原因产生怀疑，而且在平均教学水平远远低于城市中学的农村中学，奖章获得者的实际培养水平也不可能同城市中学奖章获得者的培养水平一致。有些凭借优惠政策入学的农村大学生，在今后的学习成绩上，可能与自己的优惠地位不相符。

获得奖章的过程，同其他教学评分一样，有可能成为学生家长同老师之间的交易。有些奖章获得者的学习成绩还不如非奖章获得者，他们在大学低年级就有被淘汰或者失去奖学金的。正是出于这些原因，奖章获得者未必名副其实，一些高校开始在奖章获得者中进行选拔，具体做法是：将中学获得奖章的5分，看作是76分，高校设定更高的录取分数线；或者奖章获得者首先要通过面试，考题源自中学教材，只要所得分数大于2分，即使没有通过面试，还可以参加普通的竞试选拔；如果得了2分，就不能继续参加考试了。①

奖章获得者的知识水平还受到实际培养特点的影响。俄罗斯的中学多年前就已经专业化了，有文科中学、实科中学、普通中学、专业学校和夜校等多种类型，相应的中学生奥林匹克竞赛也专业化了。有的学生在人文学科奥林匹克竞赛中获得好成绩，而他的理工学科的评分则会低一些，反之亦然。当奖章获得者进入大学某些专业时，如经济学专业，既要求通过文科考试也要求通过数学考试，其知识上的相应不足常常会显露出来。奖章获得者中知识水平较高的常见于语言学科的毕业生。

许多大学教师认为，绝大多数的奖章获得者都是具有一定主见的中学生，他们比较积极地获取知识，勤奋刻苦并且有工作能力和执行力。虽然

---

① А. С. Заборовская, Т. Л. Клячко, И. Б. Королев, В. А. Чернец, А. Е. Чирикова, Л. С. Шилова, С. В. Шишкин. Высшее образование в России: правила и реальность. М.: Независимый институт социальной политики, 2004: 160.

存在着许多冒牌的奖章获得者，但毕竟占少数，可以忽略不计。城市奖章获得者和农村奖章获得者在培养质量上的差异，在后来的学习过程中常常被克服了。农村奖章获得者学习更勤奋，他们只知道学习，没有剑术，没有舞会，能分散他们学习注意力的诱惑非常少。父母把未来的希望寄托在他们身上，希望孩子好好学习，他们虽然基础文化知识较弱，但是很快能追赶上来。

（二）残疾人和孤儿的录取

只要入学考试成绩合格，不用经过竞试选拔就可以录取的有残疾人、孤儿、军人等。通常，残疾人、孤儿、军人在高校招生中所占比例不大，从0.5%到10%不等，这取决于不同的学校。在各个年份中，这类人员所占的比例都比较稳定，在不同的专业比例有所不同。在俄罗斯中部的科技类大学，这一比例为零，因为重工业部门对残疾人的限制较多，因此，残疾人尽量选择与电脑相关的专业。受教育水平较低的优惠者，更愿意选择不是很知名的大学，比如师范类大学，某师范大学录取的公费生中有10%是属于这类优惠者。①

进入大学以后，这类优惠者如果没有通过学期考试，则可能被淘汰，淘汰率处于平均水平。一般孤儿学生能够在大学里较好地沉淀下来，他们学习成绩优异，因为他们很清楚，他们不能指望任何人，他们需要这一切。

（三）中学生奥赛获奖者

中学生奥赛，包括各个高校自己主办的赛事，是提供入学优惠政策的重要机制。各个高校对奥赛获奖者的录取机制有所不同，有些高校不需要考试，有些则要举行面试或者专业考试，这和奖章获得者的录取类似。

高校组织中学生奥赛是发现有天赋、有特长学生的重要方式，还有一个目的是吸引学生选择那些不是很热门的专业，如数学、物理、化学、生物、俄语和文学等。2003年的奥赛获奖者中，每100人中有99人得5分，于是，2004年教育部为此发布公文，将奥赛获奖者的比例

---

① A. C. Заборовская, Т. Л. Клячко, И. Б. Королев, В. А. Чернец, А. Е. Чирикова, Л. С. Шилова, С. В. Шишкин. Высшее образование в России: правила и реальность. М.: Независимый институт социальной политики, 2004: 162.

控制在 10％。① 有地区性质的奥赛，还有中学应届毕业生的奥赛，目的是吸引中学应届毕业生到自己的大学，争取优秀生源。有相当多的中学生参加了这些竞赛。

但是一些教师认为，举办中学生奥赛会导致一些负面的结果。社会上举办各种竞赛培训班，对孩子们进行专门训练，这样会导致孩子的畸形发展，导致大多数情况下把他们培养成了短距离赛跑运动员，使其彻底失去了成为马拉松运动员的能力。在这些获奖者中，甚至是国际奥赛的获奖者中，有的都不具备在地区级大学学习的能力。

需要特别指出的是，由于奥赛优惠的录取政策，以及奥赛的组织不如大学入学考试严密规范，因此，不可避免地出现了暗地里交易贿赂的现象，有人甚至将其作为进入大学的捷径和简便易行的方式。

（四）定向招生

定向招生是用于培养某方面专业人才而单独划分出来的名额，在中学应届毕业生中进行单独选拔录取。这些专业人才是联邦主体和地方教育机构所需要的，最常见的是教师以及农业和林业所需求的专业人才。定向招生的好处是保证农村的人才供应。定向招生的名额由高校自主决定，主要考虑到地区和地方权力机关的需求，各个地区和地方的管理机关研究并且预定定向生名额。每所高校的定向生分配比例不同，师范大学定向生比例可以达到 50％～60％，其他高校从 1％～2％ 到 18％～20％ 不等，这取决于地区的条件。②

1. 定向招生名单

在确定了总的定向招生名额之后，地区管理机关批准该地区各个高校具体的定向招生名额，并和教育管理机关一起研究确定定向招生的学生名单。

---

① А. С. Заборовская, Т. Л. Клячко, И. Б. Королев, В. А. Чернец, А. Е. Чирикова, Л. С. Шилова, С. В. Шишкин. Высшее образование в России: правила и реальность. М.: Независимый институт социальной политики, 2004: 162.

② А. С. Заборовская, Т. Л. Клячко, И. Б. Королев, В. А. Чернец, А. Е. Чирикова, Л. С. Шилова, С. В. Шишкин. Высшее образование в России: правила и реальность. М.: Независимый институт социальной политики, 2004: 164.

定向招生是根据国民经济建设的需要，按照企业、机关、学校的需求来确定定向招生名额，但实际的执行情况却不同于文件中所规定的。比如，中学应届毕业生的家长来到符合条件的某企业，付费拿到定向名额。如果学生家长在该企业或者该地区有一定地位，那么，拿到这种定向资格不是很难，通常付费的不是企业而是家长自己。费用不是很高，大约3000卢布，只是要一次性支付所有学费。

定向生名单由所在地区通过考试选拔确定，一般2~3人。定向生名单会集到教育管理机关，并由教育管理机关进行监督。当然，名单中大部分是地区领导和名人的孩子，也有一些普通人，这些孩子很容易安排到工作。定向生毕业后基本上不愿意回到家乡，其中最优秀的人才，最终都可能留在城市。

定向招生是地方权势人物和地方官僚干预高校录取进程的合法方式。通常，定向招生是针对那些偏远地区和乡村、小城市，是大城市孩子不愿意去的地方。实际情况是定向招生名额首先落入各级地方领导的手中，然后才会到达农村和贫困家庭的孩子手中。

教育部要求定向招生的选拔不能少于2人竞争1个名额，但是这个规定常常形同虚设。通常划拨了10个名额，进行选拔时要有20个人，其中一半的人可以只报名不参加考试，或者是大家都知道的二分学生；或者为了自己的孩子能够考取，拉上两个比较弱的候选人，他们绝对不能考上或者要求他们不要考上。这种策略是存在的，面对大众也是清白的。因此，定向选拔毫无疑问是有投机机会的。这种情况在农村更为常见，特别是地方官员，为了让自己的孩子能够接受免费教育，于是在定向选拔录取中暗箱操作。还有另外一种情况是当1个名额有多人竞争并且分数比较平均时，如6~7个人竞争1个名额，而不是按照规定的2~3个人竞争1个名额时，许多地区会请求增加名额。[①]

2. 定向招生的教育拨款

定向招生有三种拨款方式：

---

① А. С. Заборовская, Т. Л. Клячко, И. Б. Королев, В. А. Чернец, А. Е. Чирикова, Л. С. Шилова, С. В. Шишкин. Высшее образование в России: правила и реальность. М.: Независимый институт социальной политики, 2004: 166.

（1）财政拨款。定向招生名额由地方和联邦主体的管理机关确定，而教育经费依靠财政拨款。这种方式传统上用于师范类大学和非热门专业的录取。

（2）委托培养。企业或者联邦主体的管理机关和地方自治机关（通常位于其他地区），同高校签署专业人才培养合同并且全额支付教育经费。这种方式常被用于有需求的专业。

（3）补充付费。企业或者地区管理机关派遣中学应届毕业生进入定向招生的财政拨款名额，但是要为其支付补充教育费用。这种录取按照以下方式进行：某一地区管理机关向高校发出申请信，申请高校从该地区招收某一专业的定向生。高校同地方管理机关签署专业人才培养合同，20%的预算名额划为定向招生，由地方管理机关为这些预算名额支付费用。这就意味着，高校从预订这些专业人才的单位获得了补充资金，补充国家财政拨款。这种付费被官方看作是补充教育付费或者赞助，实际上这常被看作是高校的额外收入。地方管理机关为需要的专业人才支付学费，学费一年支付一次。比如：一个考生得了 75 分没有通过入学考试，而定向生考了 65 分就通过了。这些付费用于大学里教授这些学生的教师，使这些学生的知识达到规定的水平。

很显然，第二和第三种方式更有利于高校，但高校也积极按照第一种方式进行定向招生，因为对各个加盟共和国的管理机关和教育机构的支持非常重要，但也有一些负面因素，越来越多的孩子考入付费名额，而且都是有关系的。

3. 定向招生的成效性

多年的实践表明，定向招生基本上能够实现文件要求的功能，在较大程度上保证了为地方培养优秀专业人才，保证了高校实现自身的利益，但缺少一个能够监控定向生毕业去向的有效机制，待遇较低的岗位无人问津，国家订单不能完成。在某地区，定向生定向就业率不足 25%。定向生订单不能完成的最突出问题在于招生体制本身，由于缺少对定向招生的严格监督，使其成为了实现高校领导利益的工具。通过定向招生，高校校长拥有了额外机会，可以满足高校和地方管理机关的一些要求。地方管理机关全权确定定向生名单，高校通过定向招生，与地方管理机关建立良好关系，亦可以解决学校和教师的需求。

三、自主招生考试对高等教育机会的影响

自主招生考试使高校享有充分的自主权，有灵活制定招生考试政策的空间，各高校和各专业的招生考试规则都不尽相同。与此同时，国家对高校招生考试的监管力度低，招生违规利益交换现象较普遍，寻租和腐败问题严重。招生政策以及一些正常和非正常因素影响着社会各群体获得高等教育的机会。

招生录取结果体现了不同社会阶层接受高等教育的差异性，主要表现为：（1）在公费生的录取上，以普通竞试为基础的招生机制是主要的和有效的，它保证了社会各群体的考生在冷门专业和中等竞争专业中拥有相近的成绩和支付学费的能力。热门专业和高竞争专业的录取倾向于精英院校、精英教育或者存在某些违规利益交换关系，这些专业的录取对象主要来自较高社会阶层或高收入家庭。（2）以单独竞试为基础的定向招生机制保证了竞争力较弱的农村学生或小城市学生至少可以就读冷门专业，也保证了地方精英阶层的子女就读中等热门专业和热门专业的可行性。（3）对于热门专业来说，大学学习期间的花销（不含学费）是重点，住宿费的问题对农村大学生而言尤为重要，甚至可以影响他们是否决定入学。

不同类型高校的招生对象也体现出差异化特点，表现为：（1）对于非常热门的高校和院系，招生对象是出身于高收入和上层社会群体的考生，招生规则和教育费用都会据此做出微调。（2）对于中等热门的高校和院系，关注自身威望和教育质量，定位于吸引有一定天赋的青年，通过竞争选拔的方式招收优秀的中学生。（3）对于不热门的高校和院系，只关注自身生存，定位于吸引那些准备就读冷门专业的农村或小城市青年，如技术类和师范类高校，采取积极措施吸引农村学生，并设置了形式多样的大学前培训，来弥补高校教育所必需，但普通中学教育又欠缺的知识；（4）对于经济条件不是很好的高校，学校和教师收入途径有限，校领导看重的是在招生和教学过程中的收费。

社会各阶层授受高等教育的机会不均等，高等教育与人口结构特点相脱节。对于低保障家庭和农村学生而言，主要是接受最普通的、冷门专业的高等教育，而几乎不可能接受精英高等教育。收入水平和社会地位对于进入哪类高校和专业产生着重要影响。因此，推行新的招生考试制度是

"冲破"社会各阶层接受高等教育的机会差异化、使之机会均等的必要手段。

第二节 国家统一考试的公平性问题

国家统一考试的推行，提供了衡量考生知识水平和能力的标准尺度，降低了高等学校影响招生考试的可能性，减少了因经济因素和招生舞弊所衍生的不公平现象，招生考试的客观性和高等教育的公平性大大增强。但在国家统一考试的实施过程中，由于缺乏组织大规模选拔性考试的经验，在程序设计、技术操作和招生监管中还存在某些漏洞，仍存在着一些影响高等教育入学公平的因素。

一、国家统一考试的非正常影响因素

国家统一考试极大地削弱了高校校长和招生委员会的权力，"校长推免名单"的数量被缩减了，但并没有完全消失。校长们确信："这种情况是不可能完全杜绝的，只要还有人情、偏见、裙带、腐败……存在，没有哪种体系能彻底消除这一切，国家统一考试也不能解决这个问题。"还有人认为："国家统一考试不会影响到推免名单，高校永远可以开后门，例如举办创作竞赛、奥林匹克竞赛、定向招生、先读夜校再转全日制等。国家统考体系不是绝对化的，总有办法可以避开。"随着国家统一考试的推行，定向招生的数量也在猛增，尤其是在那些声望高、位于发达地区的高校，就恰恰说明这一问题。

虽然实行国家统一考试以后，作弊的可能性明显下降了，但某些人仍会寻找可乘之机或使用某些仪器设备设法提高国家统一考试成绩，比如，通过花钱买到好的统考成绩。作弊过程是有组织的：组织者负责联系顾客和执行人，顾客指考生，执行人是大学生、研究生或教师，他们负责答题。在中学里安排自己人，考试时通过他把考题转交给执行人并获得答案，再转交给顾客。对于执行人来说，这是不错的外快，只要获得好的统考成绩（100分中的80分）就可以获得15000卢布。一个替人答题赚取外快、不愿透露姓名的大学生说道，通常低于85分的成绩由一个人完成，85～95分由两个人完成，96～98分由三个人完成，最后，要求100分时由四个人完成。顾客通常要求：80、85、95、98、100分。价格与分数成正比，100分可以值

60000卢布。答题在中学的单独办公室、辅助用房或考生家里完成。中学的自己人也可以获得自己的那份酬劳，还要打点观察员，使他们不干扰；还要付费安排考场座位和办公室，并提前告知考生，使他们有时间决定如何完成考试，是独立完成还是求人帮助。有时办起来比较简单：考生直接付费给老师，使他们不干涉在考试时使用移动电话和网络资源。[1]

而获得好成绩的最简单方法就是花钱购买。价格是依据成绩鉴定是否合法、分数多少和在哪个地区来确定。合法性和非法性之间的差别在于，卖主是否把考生的信息资料登记到俄联邦教育科学督察署的资料库内。最实惠但不太安全的方法是价值7000~15000卢布的假鉴定，这种鉴定只适合不通过资料库核对的情况。而登记到资料库的合法成绩鉴定的价格是60000卢布，西伯利亚的某些地方便宜一些，价格30000卢布。鉴定的价格最高可以达到5000美元。[2]

针对以上情况，俄联邦政府采取措施，严厉打击国家统一考试中的违法行为，情节严重者追究刑事责任，有效遏制了招生考试过程中的违法犯罪行为。同时，随着国家统一考试组织程序和监督技术的完善，一些非正常因素的影响逐年降低。为避免考场作弊，由高校代表和中学教师各占50%的比例参与组织考试，并且遵循交叉原则，中学教师不能监考自己的中学，只能监考其他中学，事先不知道具体考点，考试当天才通知；设置考点负责人，主要组织者是高校教师，而不是中学校长；考点选在偏远中学或专门地点，严格选拔有经验的监考人员，并在教室里安装摄像头；考试的组织人员由中学和高校挑选推荐，所有领导岗位都由高校教师担任。高校教师在国家统一考试中的主导地位既保证了考试实施的质量，又保证了高等学校对考试评分的认可。

因此，只要对国家统一考试的组织程序和监督程序执行到位，那么统考体系能够给出相对客观公正的评价，这也是国家统一考试最主要的优点之

---

[1] Поломошнов А. Ф. , Габибов А. Б. , Денисов А. Д. , Колосова Н. Н. , Мотько С. М. , Поломошнов П. А. , Пойда Е. Е. , Полякова Н. А. , Поцелуева О. Н. , Хоменко Т. В. , Чебуракова М. С. , Чумакова Т. Н. , Янова Э. Н. Российская реформа высшего образования: итоги и перспективы. п. Персиановский, 2011: 258.

[2] Долотов В. Экзамен на коррупцию. http://dlib.eastview.com/browse/doc/19707389.

一。同时，俄联邦教育科学部要求俄罗斯奥林匹克竞赛委员会创新奥赛组织机制以保障活动的公平、透明和公信力；减少定向招生名额，把名额分给确有需要的地区和机构。

二、国家统一考试对高等教育机会的影响

国家统一考试促进了教育公平的实现，它使不同地区、不同学校、不同家庭背景的考生能够在同一平台上竞争，遵循"分数面前人人平等"的原则，为每位考生提供了公平、均等的高等教育入学机会。国家统一考试实行以后，对社会各阶层的考生产生影响，特别是农村、偏远地区和低收入家庭的考生有了更多上大学的机会，高校招生录取过程中的腐败现象也相应减少。与此同时，我们还应看到，国家统一考试只是影响高等教育入学机会的因素之一，影响教育公平的因素和产生的问题还有很多，有些并非国家统一考试所能解决。

（一）对农村、偏远地区和低收入家庭考生的影响

国家统一考试的实行在某种程度上为提高农村和偏远地区的高等教育普及率创造了条件。对于这些地区的考生而言，明显的好处是不需离开居住地就可以参加考试，尤其是那些家庭经济条件不是很好的考生，有了更多接受高等教育，特别是高质量教育的机会。某工科大学校长认为："国家统一考试让每个孩子都评估一下自己的能力，然后有的放矢地选择高校。对于农村孩子而言，这将是个激励因素，高等教育变得更加具有可行性。"国家统一考试对于来自农村、偏远地区和低收入家庭的有才华的孩子来说，能够进入知名高校学习的可能性增大。时任教育部部长 B. M. 菲利波夫认为，国家统一考试在改变形势，毕业生可以与多所高校联系，高校也可以选择更适合该校的学生。国家统一考试比传统方式要透明和民主得多，他列举了实行国家统一考试后莫斯科地区的大学生数据：现在 25％的学生是莫斯科人，75％的学生来自其他地区，而在以前则刚好相反。通过对实施国家统一考试的总结分析，С. 列斯科夫（С. Лесков）指出，国家统一考试使青年的流动性和高等教育的普及率得到了提高。数据显示，国家统一考试实施后，重点大学里来自外地的大学生数量增加了 2％，来自农村地区的大学生数量增加了 10％～15％。①

---

① Лесков С. Не экзаменом единым. Известия. 2007. № 14 (27298). 29 янв. С6.

但是，农村考生在国家统一考试中也处于相对不利的位置。农村中学的教学质量不可能大幅改善，教学条件也不会有实质性变化。农村中学拥有资质的教师数量不足，其中很多人不会使用现代化教学设备，包括电脑、网络等。农村中学毕业生在物质和思想领域脱节于高质量的大学前培训，缺乏就业指导和职业设计。"由于客观原因，我们不能将具有优质师资条件的城市学生与缺乏相应资质师资的偏远地区学生作对比，他们是完全不同的情况，他们不能相互竞争，"某工科院校教研室主任强调，"我们不相信会出现对于来自农村、城镇、城市的所有人都平等的机会，虽然中学制定了统一的体系、统一的标准，但是获得的素质却各不相同。"

高等教育可行性的问题不仅局限于高校的入学门槛，而且扩展到整个学习期间。高等教育质量在一定程度上还取决于家庭对学生在校学习期间的财力支持，因为在学习期间，即使是公费生也要支付额外的教育服务费用，外地学生还要负担额外的住宿费用。国家统一考试让低收入家庭的考生获得了接受高等教育的机会和可能，但中学毕业生和高校大学生的物质保障不足并没有随着国家统一考试的实行而得以解决。对于低收入家庭的考生而言，他们可能会因家庭困难而望而却步，因为大城市的生活费用要高出奖学金几倍，有 60% 的全日制大学生没有宿舍住，离家近的高校要比其他高校（尤其是位于莫斯科和圣彼得堡的高校）更有吸引力。

（二）对辅导教师和补习班的影响

实行国家统一考试的一个目标就是抵制以往教育体制中存在的腐败现象。时任俄联邦教育科学部部长 С. 富尔先科（С. Фурсенко）认为："国家统一考试使腐败现象减少了，报考时直接或幕后的贿赂减少了。"幕后的贿赂主要指辅导教师，辅导教师多数情况下是高校教师，他们一开始就向中学毕业生担保能考入该高校，并不是因为传授知识而是因为担保获得报酬。①С. 列斯科夫（С. Лесков）指出，国家统一考试的重要成果就是破坏了高等教育经济的"阴影"部分。因为没有了对来自高校的辅导教师的需求，高等教育领域的腐败程度大大降低。

实行国家统一考试以后，部分辅导教师失去雇主，一些辅导教师降低了

---

① Фурсенко А. ЕГЭ уменьшил взятки. http：// mon. gov. ru/ruk/ministr/int/6314/

价格。И. 阿巴吉娜（И. Абанкина）指出，辅导教师一个月的税前收入可以达到 10 万卢布。① 国家统一考试促使高校教师丢下辅导教师的工作，专心从事科学研究。某师范大学招生委员会秘书长指出："以前高校教师借助补习班可以使收入提高 3～4 倍，现在大约为 2 倍。"②

国家统一考试对于不同的辅导教师的影响是不同的，对于那些只查缺补漏、传授知识的辅导教师的需求没有减少，而那些除了传授知识还保证考入某大学的辅导教师的实际收入减少了。辅导教师很快意识到，既然可以辅导中学生以传统形式通过大学考试，那么也可以辅导他们成功通过国家统一考试。补习班服务市场上不仅有高校教师，还有中学教师，而且中学教师正在排挤高校教师。通常，中学教师为 10 年级以前的学生开设补习班，而高校教师则担任 11 年级以后的辅导教师。某师范大学招生委员会秘书长认为，国家统考体系缩小了高校教师的能力，扩大了中学教师的能力，中学教师处于源头。高校教师受教育水平更高，所以需求程度还像以往一样，而中学教师获得了新的机会。大约 40%～50% 的孩子都有辅导教师，甚至学习优秀的学生，因为害怕考试风险也早早地雇用辅导教师。然而，如果以前寄希望于高校教师能够帮助学生考上大学，那么现在很多高校教师只是帮助学生应对国家统一考试，不能保证被高校录取。③

除了个人的辅导教师外，还有帮助毕业生准备国家统一考试的各种培训班。培训大纲里包括了解测试材料的结构和内容、练习填写考试表格、电脑测试训练、对国家统一考试的心理准备，以及完全模拟国家统一考试等。这样的培训班，依据不同的学科，24 个学时的价格大约 5000 卢布。

俄罗斯教育基金会主席 С. 科姆科夫（С. Комков）指出，俄罗斯家长们为中学生准备国家统一考试所支付的平均费用为 30000 卢布，这只是一个科目的费用，根据报考大学的要求，必须进行 4～5 个科目的考试。在莫斯科，根据不同的学科、准备报考的大学、培训教师的水平，准备一科考试的补习

---

① Абанкина И. Деньги на вуз. Прямые вести. 2007. No 3. С. 38-39.
② А. С. Заборовская, Т. Л. Клячко, И. Б. Королев, В. А. Чернец, А. Е. Чирикова, Л. С. Шилова, С. В. Шишкин. Высшее образование в России: правила и реальность. М.: Независимый институт социальной политики, 2004: 342.
③ А. С. Заборовская, Т. Л. Клячко, И. Б. Королев, В. А. Чернец, А. Е. Чирикова, Л. С. Шилова, С. В. Шишкин. Высшее образование в России: правила и реальность. М.: Независимый институт социальной политики, 2004: 342.

班费用从 10000 到 70000 卢布不等。①

（三）对各类高等学校的影响

国家统一考试的实行对高等学校产生了深远影响：（1）对于不景气的高等院校来说，面临的主要问题是学校和教师的生存问题。国家统一考试会加速这类学校的生源减少，从而导致学校的经费短缺和生存困难。（2）国家统一考试对于中等发展前景的高等院校的影响较小。他们有相对固定的生源，不担心失去影响招生的杠杆，并且来自政府和社会精英方面的外部压力减小。（3）发展前景好的精英院校，承受着来自政府和社会精英的较大压力。对于这些院校的领导者而言，在遵守国家统一考试规定的前提下，如果不能保证录取社会精英阶层的考生，将会影响到学校社会资本的贬值，这也是精英院校领导者对国家统一考试持否定态度的原因之一。

因此，对精英院校制定只按照国家统一考试成绩来实施招生的政策非常困难，这类高校可以按照不同的招生规则：一部分学生来源于国家统一考试，一部分学生来源于高校自主举行的入学考试，一部分学生来源于奥林匹克竞赛。

第三节　从国家统一考试结果看高校招生的公平性

国家统一考试实施的目的是为了更有成效地评估教育活动成果和优化高校入学考试制度，提高高等教育的公平性，使不同阶层、不同区域、不同条件的学生获得平等的高等教育入学机会。那么实施国家统一考试以后，考试结果反映出的公平性情况如何，我们可以通过俄联邦教育科学督察署对 2009 年首次国家统一考试结果的统计数据了解整体情况。

俄联邦教育科学督察署以参加俄语科目考试的学生作为基数，定量确定参加 2009 年国家统一考试的中学毕业生总数。② 各科目的国家统一考试的情况如下，详见表 7-3-1。

---

① ЕГЭ не победил коррупцию-теперь взятки берут в школах, признали в МВД. http：//www.gazetaprotestant.ru/index.php/morality/8344.

② В. С. Собкин, Д. Адамчук, Ю. О. Коломиец, И. Д. Лиханов, А. И. Иванов. Социология образования//Социологические исследование результатов ЕГЭ. М.：Институт социология образования РАО, 2010：12.

表 7-3-1 参加 2009 年各科目国家统一考试的中学毕业生

科目	人数	占毕业生总数的百分比	国家统一考试平均分
英语	76811	8.0	59.4
德语	4782	0.5	44.2
法语	2203	0.2	59.4
西班牙语	181	0.1	75.0
生物	157217	16.3	52.3
地理	33919	3.5	49.6
物理	205540	21.3	48.9
化学	74263	7.7	54.3
信息学	69145	7.2	56.2
历史	185442	19.2	48.0
文学	50969	5.3	52.3
社会学	446699	46.3	56.7

资料来源：В. С. Собкин. Социология образования. М.：Институт социологии образования РАО，2010.

一、性别差异

俄语和数学科目国家统一考试的结果显示，女生的成绩高于男生。女生的俄语成绩平均分为 59.3 分，男生为 54.5 分；女生的数学平均分为 44.4 分，男生为 43.7 分。男生和女生之间俄语成绩的区分非常明显。除了俄语和数学外，其他科目考试由学生自己选择。其他科目的对比评价有两个重要指标：平均分和通过率，这两个指标可以说明学生对本科目的兴趣和积极性，详见表 7-3-2。

表 7-3-2 男生和女生通过国家统一考试各科目的平均分和通过率

科目	女生的平均分	男生的平均分	女生的通过率（％）	男生的通过率（％）
英语	60.4	57.1	9.7	5.7
信息学	57.7	55.6	3.3	12.1
社会学	57.6	55.0	53.2	37.5
化学	55.0	52.8	9.1	5.8
文学	53.8	45.2	7.8	2.1
生物	52.7	51.4	20.8	10.5
物理	49.7	48.6	9.9	35.7

续表

科目	女生的平均分	男生的平均分	女生的通过率（%）	男生的通过率（%）
地理	49.5	49.8	2.9	4.2
历史	48.3	47.5	21.0	16.9
德语	44.6	43.0	0.7	0.2

资料来源：В. С. Собкин. Социология образования. М.：Институт социологии образования РАО，2010.

如表7-3-2所示，几乎所有科目的分数都显示女生比男生高，不仅在社会学、文学、历史、英语等人文学科，在自然学科也是如此。男生获得物理和信息学高分的比例高于女生，表明他们将进入理工类技术高校。

国家统一考试反映出女生在某些科目上的知识水平更高，表明从中等教育过渡到高等教育存在着性别差异，而女生更占优势。原因之一可能是师范专业的女性化，俄罗斯教师中的女性比例超过80%。这种现象在其他国家同样存在，只是程度不同。应注意到这种性别差异的社会影响和后果，因为按照国家统一考试结果，男生进入高校的机会降低，将来可能会引起在家庭角色模式和职业关系上的变化。

二、学校差异

俄罗斯的中等普遍教育机构分为文科中学和实科中学、专业学校、普通中学和夜校几种类型。不同类型学校的毕业生国家统一考试的结果也是不一样的。图7-3-1显示的是他们参加国家统一考试必考科目——数学和俄语的平均分。

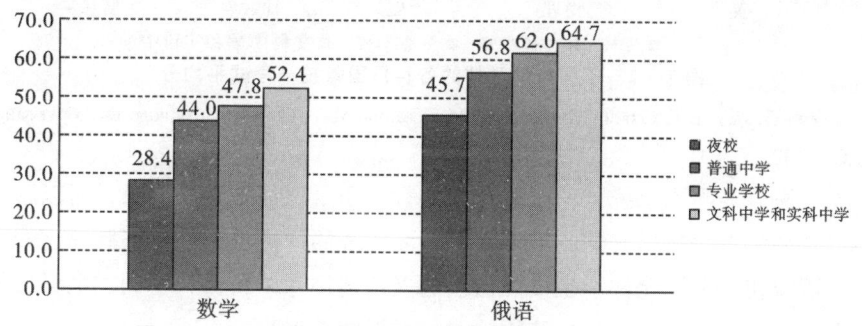

图7-3-1 不同类型学校的数学和俄语国家统一考试平均分

资料来源：В. С. Собкин. Социология образования. М.：Институт социологии образования РАО，2010.

数据表明，数学和俄语平均分最低的是夜校，其次依次为普通中学、专业学校、文科中学和实科中学。如果比较夜校和普通中学毕业生的考试成绩，夜校的培养水平根本不能令人满意。夜校的社会职能之一是支持社会弱势群体，为他们提供获得中学教育的机会，进而有获得高等教育的可能性，为非脱产的青年提供社会纵向流动的机会和渠道。采用国家统一考试形式对这种教育类型的影响很大，所以有必要修改教学内容和教学形式，提高培养质量。

文科中学和实科中学的学生比普通中学的更成功（见图7-3-2），这一点有重要的社会意义。因为文科中学和实科中学学生家庭的社会成分与普通中学不同，特别是在教育程度、经济状况、家长的职业和社会地位上。从国家统一考试结果可以得出结论：在中等教育领域存在着不平等，来自更高社会阶层的子女得到更优质的教育，他们将子女教育作为"社会资本"而有更高的投入，这也是普遍的社会现象和社会规律。

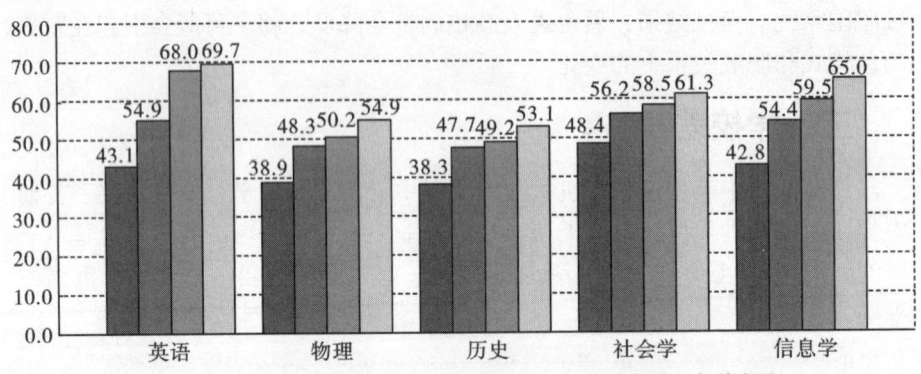

图7-3-2　不同类型学校的各科目国家统一考试平均分

资料来源：В. С. Собкин. Социология образования. М.：Институт социологии образования РАО，2010.

这充分表明国家统一考试符合作为教育质量评估工具的要求，可以区分不同类型学校对教学大纲的掌握水平，而传统的评价形式并不能胜任这一任务。国家统一考试允许学生按照自己的兴趣选择考试科目，不同类型学校的毕业生选择科目的平均数也值得关注，详见图7-3-3。

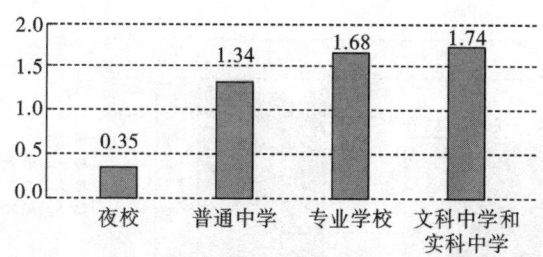

图 7-3-3　不同类型学校的毕业生人均选考科目数量（门）

资料来源：В. С. Собкин. Социология образования. М.：Институт социологии образования РАО，2010.

图 7-3-3 表明，夜校的学生最不积极，毕业生人均选择考试科目为 0.35 门，约 65% 的夜校毕业生甚至放弃选择，不打算进入大学。随着学校地位和层次的提高，普通中学、专业学校、文科中学和实科中学的毕业生人均选考科目数量依次增加。该项指标不仅测出毕业生选择考试的积极性，而且能够看出毕业生定位自己进入大学的可能性。例如，一所高校必须考外语，而另一所必须考历史，在形势不确定的情况下，必须参加这两个科目的考试，学生把握不好自己的实力，犹豫不决。数据显示，更高层次学校的学生对获得高等教育的定位更明确，而且努力寻找进入高校的最佳方法和策略。

三、城乡差异

农村和城市的中学毕业生通过国家统一考试的情况差异如何，本书以农村地区、人口低于 5 万的小城市、人口在 5 万至 45 万的中等城市、人口超过 45 万的大城市为例，说明不同类型居住地的毕业生通过国家统一考试的情况，详见图 7-3-4。

图 7-3-4 表明，农村和城市毕业生的数学成绩差异不大，而俄语成绩农村明显低于城市。这种情况可能是因为农村学校的学生在民族共和国使用母语作为日常交流手段，他们在实践中巩固俄语知识的机会大大减少。特别是以下数据证实，详见表 7-3-3。

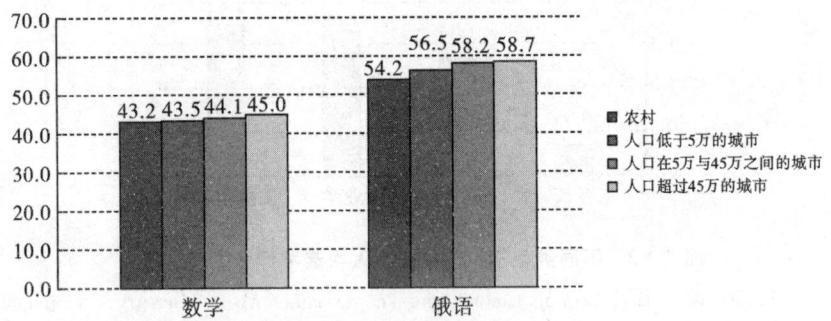

图 7-3-4 不同类型居住地毕业生的数学和俄语国家统一考试平均分

资料来源：В. С. Собкин. Социология образования. М.：Институт социологии образования РАО，2010.

表 7-3-3 民族共和国农村和城市毕业生通过俄语国家统一考试平均分

民族共和国	农村毕业生的俄语国家统一考试平均分	人口低于 45 万的城市毕业生的俄语国家统一考试平均分
马里共和国	59.0	63.4
印古什共和国	56.0	60.2
达吉斯坦共和国	53.0	57.2
萨哈（雅库特）共和国	51.3	55.6
科米共和国	54.2	58.5
北奥塞梯-阿兰共和国	53.1	57.9
卡巴尔达-巴尔卡尔共和国	51.7	56.2
鞑靼斯坦共和国	51.5	55.4
哈卡斯共和国	51.2	57.5
图瓦共和国	50.8	54.5

资料来源：В. С. Собкин. Социология образования. М.：Институт социологии образования РАО，2010.

俄语成绩在农村和城市的差别不仅表现在民族共和国，在俄罗斯其他地区亦是如此。比如，诺夫哥罗德州农村学校毕业生的俄语平均分为55.8分，城市为61.9分；特维尔区相应为56.5分和61.4分；布良斯克州相应为56.9分和62分。因此，在分析国家统一考试俄语成绩的影响因素时，必须考虑到民族特点和区域独特性。

居住地因素的影响还表现在选考科目上，如信息学和英语，详见图 7-3-5。

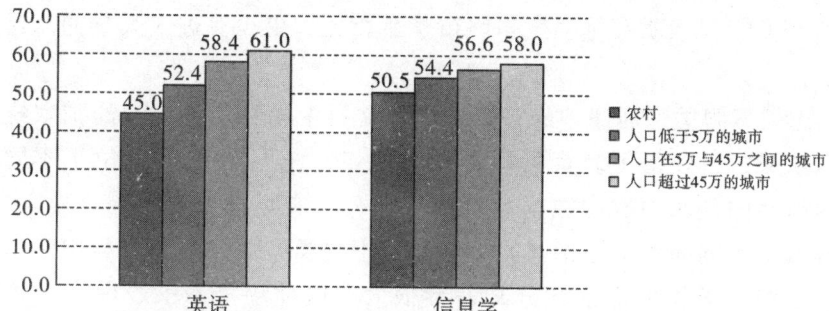

图 7-3-5　不同类型居住地毕业生的信息学和英语国家统一考试平均分

资料来源：В.С.Собкин.Социология образования.М.：Институт социологии образования РАО，2010.

图中数据表现出这两个科目在不同类型居住地的教育质量有明显差异，越大型居住地国家统一考试的平均分就越高。信息学的考试成绩反映出不同类型居住地信息化程度：大城市的学生教学设施先进，拥有广泛的信息网络，发达的网络和信息技术影响和激励他们学习掌握信息学科。外语的情况也相类似，在现代化大城市中使用外语的频率远远高于其他地区。

农村学生生物学的通过率高于其他地区，为 22.2%，小城市为 15.8%，中等城市为 14.9%，大城市为 13%。

从国家统一考试结果不仅看出学生掌握教育大纲的水平，而且，一定程度上反映了青少年社会化的特点。从不同类型居住地学生的选考科目数量可以看出考生的选择积极性，详见图 7-3-6。

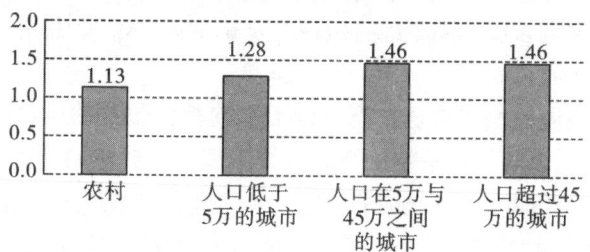

图 7-3-6　不同类型居住地的毕业生人均选考科目数量

资料来源：В.С.Собкин.Социология образования.М.：Институт социологии образования РАО，2010.

图 7-3-6 表明，农村学校毕业生选考的积极性最小，人均选考科目为 1.13 门，低于 5 万人的小城市为 1.28 门，更大型城市的指标相同，为 1.46 门。这表明农村学生与城市学生相比，更少有进入大学的意愿和策略。

比较不同类型居住地的普通中学、文科中学和实科中学的国家统一考试结果，可以得出教育的社会文化特点，详见图 7-3-7。位于不同类型居住地的普通中学的数学和俄语平均分，实际上没有不同，换言之，掌握教学大纲的水平是相同的。但位于不同类型居住地的文科中学、实科中学的数学和俄语平均分却差异很大，这种趋势不仅表现在必考科目，还表现在外语（英语、德语、法语）、物理学、信息学和社会学等选考科目上。

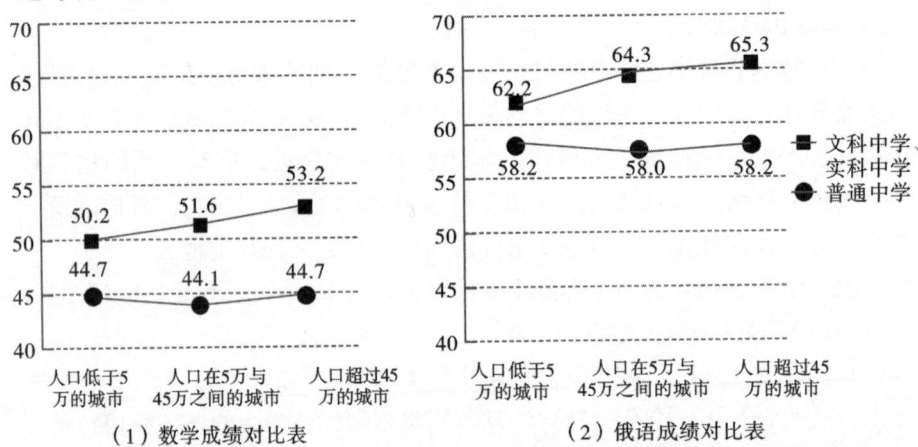

（1）数学成绩对比表　　　（2）俄语成绩对比表

图 7-3-7　不同型居住地文科中学、实科中学和普通中学的数学和俄语国家统一考试平均分

资料来源：В. С. Собкин. Социология образования. М.：Институт социологии образования РАО，2010.

图 7-3-7 表明，城市居住类型原则上影响教育服务的质量。一方面，随着城市的扩大，希望给孩子特殊类型教育的居民人数增加，提出提高教育质量的要求；另一方面，在大城市出现了中学教育劳动力市场的特殊竞争情况，允许选择具有更高专业水平师资的专科学校，从而确保更高的教育质量。

四、区域差异

国家统一考试的结果存在着区域差异。例如，一些民族共和国的俄语平均分大大超过俄罗斯的全国总平均分（57.2 分）：莫尔多维亚共和国为 62.4 分，马里共和国为 62.3 分，楚瓦什共和国为 61.4 分，卡尔梅克共和国为 61.1 分。这些民族共和国的俄语平均分与俄罗斯的专业学校的平均分相仿。相似的情况出现在数学科目：俄罗斯数学的全国总平均分为 44.5 分，莫尔多维亚共和国为 57.9 分，马里共和国为 51.8 分，楚瓦什共和国为 52.3 分，卡尔梅克共和国为 51.6 分，卡拉恰伊－切尔克共和国为 54.8 分，这些共和国的数学平均分甚至与文科中学和实科中学在同一水平线上。

这些民族共和国在两门必考科目上的较高成绩能够反映出一些情况和问题：到底是用什么资源（人力、物力、技术、组织管理、财务、科研等）或什么原因实现统考的高成绩，是否存在一些积极的经验或者非正常的因素。

在分析国家统一考试在各地区的结果与经济、社会和文化因素对教育影响之间的关系时，选取俄罗斯中部联邦区的沃罗涅日州、利佩茨克州和图拉州作为比较对象，因为这三个地区居民结构较为相似。沃罗涅日州、利佩茨克州毕业生的国家统一考试成绩比图拉州更好些。俄语平均分结果分别为 60.6 分、60.8 分、56.6 分；数学考试平均分分别为 49.2 分、53.5 分、41.2 分。

比较学校教育条件的重要指标[①]：（1）发展教育的固定资产投入。沃罗涅日州的教育投入是 9.383 亿卢布，利佩茨克州是 5.935 亿卢布，图拉州是 2.719 亿卢布。图拉州的教育投入在绝对数量上显著低于利佩茨克州和沃罗涅日克州，而且利佩茨克州人口低于图拉州。（2）教育系统有偿服务的规模，按人均计算，沃罗涅日州是 1056 卢布，利佩茨克州是 816 卢布，图拉

---

① В. С. Собкин，Д. Адамчук，Ю. О. Коломиец，И. Д. Лиханов，А. И. Иванов. Социология образования//Социологические исследование результатов ЕГЭ. М.：Институт социологии образования РАО，2010：28-29.

州是 717 卢布。(3) 高等教育的学习费用。利佩茨克州高校的学习费用一学期平均为 18359 卢布，沃罗涅日州为 15260 卢布，图拉州为 12121 卢布。我们发现，教育基础收费越高的地区，学生国家统一考试成绩越高。换言之，在一些地区，付费教育与高等教育联系在一起，和国家统一考试成绩联系在一起。为了争取公费名额，激励学生取得更高的国家统一考试成绩。(4) 沃罗涅日州大城市的文科中学和实科中学、专业学校、普通中学的毕业生占 7.9%，利佩茨克州占 7.7%，图拉州只有 1.3%。渴望给孩子更好的教育是人力资本投资战略。类似的情况和地区对比在其他联邦主体也得到了验证。总之，地区分析说明，特殊经济机制对学生掌握教学大纲和国家统一考试成绩的影响。

通过以上分析，表明不同性别、不同类型学校、不同类型居住地、不同区域考生的国家统一考试结果的差异。这里反映的是深层次的教育公平问题，不仅是教育的难题，也是社会的难题。国家统一考试是在自主招生考试导致教育机会不公平、腐败现象严重、考生的社会流动受到限制的背景下产生的，保障教育公平和社会公正是俄联邦政府推行国家统一考试的首要选择和基本原则，招生政策的根本目的是在教育机会公平的基础上选拔正确的人才，因此，衡量招生制度合理性的基本尺度在于其是否以教育公平为原则并促进高校甄选出最优秀和最合适的人才。[1] 虽然实行国家统一考试以后，教育的公平和平等问题依然存在，但影响教育公平的因素很多，有些并非国家统一考试制度所能解决。相对传统的自主招生考试，国家统一考试在促进教育公平与社会公正方面已向前迈进了一步，它从根本上维护了高等教育机会均等，保证了高等教育领域的社会公正。С. 列斯科夫（С. Лесков）指出："根本不存在完美的制度，在这一点上国家统一考试也不例外，国家统一考试的缺点比以前的制度要少。社会上流传着关于苏联教育是世界上最好教育的说法，这是个无法证明并且有危害性的神话。"他强调了国家统一考试最突出的优点是提高了社会的公平与公正性。[2]

---

[1] 邵海昆、柴亚红：《俄罗斯 2014 年高校招生政策内容及分析》，《考试研究》2015 年第 3 期，第 54 页。

[2] Лесков С, Жирная двойка. Известия. 2008. №132（132127657）. 22 июня. С. 6.

制度是实现社会公正的关键，制度本身并不是目的，制度只是达成目的的手段。对制度的公正性、正义性的评估根据是它是否有助于权利、机会和资源的公正分配。① 平等的机会只有在一个将不平等的范围控制在狭小的限度内的社会中才能实现。② 只有财富和收入的不平等控制在狭小的范围内，教育平等的预期才会真正实现。

---

① 布莱恩·巴利：《社会正义论》，曹海军译，江苏人民出版社，2012年，第21页。
② 布莱恩·巴利：《社会正义论》，曹海军译，江苏人民出版社，2012年，第2页。

第八章 俄罗斯高校招生考试制度的启示和借鉴

"在教育方面进行任何一种改革的结果,都不是在最近一个期间,而是在整个一代人生活的期间才能充分显示出来。"[①] 俄罗斯的国家统一考试从试行到现在不过十几年时间,"始生之物,其形必丑",更何况是这样一种本身利弊兼具、影响重大的制度。俄罗斯社会各界对国家统一考试的评价褒贬不一,实行过程中也遇到重重阻力,受到各种因素的干扰,有些并非政策本身的问题。俄罗斯的高考改革在不断的博弈、调整和修正中前行,现在对它的是非功过下结论还为时过早,还需要时间和事实的检验和证明,但俄罗斯改革中的一些特殊的经验和做法可以为我国的高考改革提供借鉴和参考。

第一节 两种招生考试制度的优点与不足

进入21世纪,俄罗斯由于传统自主招生考试的种种弊端而转向引入标准化的国家统一考试。我国近年来的改革趋势则是由传统的全国统一考试逐渐转向多元化选才,自主招生考试作为多元化选才的主要方式,成为高考改革的重要内容。自主招生考试与国家统一考试各有利弊,或扬长避短,或取长补短,或兼而有之,选择最适合本国国情和传统的制度是中俄两国面临的共同任务。

---

① C.A.科斯塔年:《教育经济学的对象和方法》,教育科学出版社,1981年,第10页。

一、自主招生考试的优点与不足

（一）自主招生考试的优点

1．自主性

高校拥有充分的招生自主权。各高校在命题、考试、评分和录取环节拥有充分的自主权，学校可以根据自身的办学定位、办学规模和办学特色，选拔符合学校要求的合适人才。

2．灵活性

自主招生考试的形式灵活，通常以口试为主，或者口试与笔试相结合。这种考试形式可以较全面地考查考生的综合素质和各方面能力，为特殊人才和创新人才的选拔提供了途径。

3．多样性

自主招生考试能够促进学生发展的多样性。由于各高校根据各自需求设置选才标准，为具有不同能力、发展优势和个性特长的考生提供了充分的选择机会，多元化的人才选拔促成了学生发展的多样化。[①]

4．积极性

自主招生考试可以调动地方政府和高校的办学积极性，因地制宜发展高等教育，激励高校提高教育质量，办出特色和水平，促进区域之间、高校之间的竞争和交流。

（二）自主招生考试的不足

传统的高校自主命题、单独招考在多个环节上容易滋生腐败，国家宏观调控、监督管理难度大，带来某些不利影响：

1）教育不公平现象突出，自主招生考试限制了来自贫困家庭和农村、边远地区考生的高等教育入学机会。

2）不利于国家对整个高等教育布局的调整，对高等教育学科结构和各区域发展产生负面影响。

3）各校单独组织招生考试的成本较高，全国各地的考生都要到高校所

---

① 刘进：《中国高校自主招生公平问题研究》，北京理工大学出版社，2015年，第84～85页。

在地参加考试,加重了高校与考生的经济负担,浪费了大量人力、物力、财力和时间。

4) 各高校单独招考不具有可比性,不利于在较大范围内公平选拔人才,不利于比较考生知识水平的高低和学校教学质量的差异。

5) 自主招生考试容易受到人为因素的干扰,成绩评定易受考官个人主观因素的影响,如不喜欢考生的体形、情绪不好等。

6) 自主招生考试由于监管困难,容易产生寻租和腐败,需要高度的社会诚信和法治作为保障。①

二、国家统一考试的优点与不足

(一) 国家统一考试的优点

国家统一考试与其他的测试形式相比,具有诸多优点:

1. 公平性

国家统一考试提高了入学选拔的信度和效度,减少了因经济因素和招生舞弊导致的考试不公平现象,给贫困考生和农村、边远地区考生提供了接受优质高等教育的机会。国家统一考试具有提升文化教育水准、维护教育公平和社会稳定、促进社会阶层和区域流动的功能。

2. 客观性

用国家统一考试作为中学毕业考试和高校入学考试,与传统的口试和笔试相比有很多优越性。首先是评价的客观性。国家统一考试过程中减少了人为因素的干扰,统一标准化的试题和统一评定考试成绩的方法,能更为客观地鉴定学生的知识水平。

3. 可靠性

国家统一考试利用现代测试原理和测试技术研究测试工作及分析测试结果,保证了鉴定学习成果的准确性和可靠性。测试材料经过鉴定评估和抽样核准,并设有专门的信息安全系统,考试结果的可靠性和安全性得以体现。同时,国家统一考试作为标准检验方法和鉴定系统具有开放性和透明性。②

---

① 张亚群:《高校自主招生与高考改革》,中国社会科学出版社,2012 年,第 46 页。

② Единый государственный экзамен в системе образования Российской Федерации. 2012. http://www.bibliofond.ru/detail.aspx?id=521306.

国家统一考试标准测试题库可以保证学生自由进入（通过电脑或出版物），做好练习和准备。

4. 普及性

国家统一考试的优越性还在于提高了高等教育的普及性。国内任何地区的考生都可以报考国家顶尖大学。考生可以通过邮局邮寄或发送电子邮件的形式递交报考材料，然后在高校网站上关注自己的排名，并根据自己的排名选择高校。国家统一考试扩大了考生的分布范围。

5. 可比性

国家统一考试是中等教育大纲掌握水平的评估工具，同时也是中等学校教学质量的评估工具，因其可比较性，对学校、地区、区域、联邦各级教育管理的决策产生影响。

6. 经济性

国家统一考试能够减轻考生家庭的经济负担，使考生及其父母摆脱不必要的担心和财务上的花费。另外，也节省了各校组织考试的人力、物力、财力和时间。

（二）国家统一考试的不足

尽管国家统一考试有着诸多的优越性，但也存在着某些难以解决的问题：

1) 国家统一考试偏重共性测量，忽视个性因素，不利于学生创造性和个性的发展，在评估考生知识和智力的实践应用方面有所欠缺。

2) 国家统一考试会导致学生片面应试、加重学生学业负担、压抑求异思维，造成中学素质教育缺失，使检验知识水平逐渐变成了形式。

3) 用一把尺子衡量各种层次和类型的高校，不利于选拔人才的有效性，不利于发挥高校选拔人才的自主性和积极性。

4) 在备战国家统一考试阶段，学生、老师和家长都承受着很大的心理压力。

5) 一部分高校教师和中学教师对测试材料的科学性和合理性不满意，认为测试材料不能有效地评价和区分出考生的知识水平，考试技术还有待完善。

6) 国家统一考试不能够从根本上消除腐败，有转移腐败的可能性。

第二节 俄罗斯高校招生考试制度改革的特点

俄罗斯联邦独立伊始,为保持高等教育的衔接与过渡,高校招生考试制度继续沿用苏联时期的自主招生考试。21世纪初,为顺应政治、经济体制改革和教育国情、国际合作的需要,俄罗斯经历了从高校自主招生考试到全国统一考试的变革,并逐步发展为以国家统一考试为基础的多样化的招生考试形式。综观俄罗斯的高校招生考试制度改革,既有民族性、本土化的特点,又有开放性、国际化的一面。

一、改革由政府主导、自上而下推行

俄罗斯的国家统一考试制度是以提高教育公平、惩治招生腐败、维护社会稳定、开拓国际教育市场为目的,由政府主导,自上而下推行,体现国家意志和利益的高校招生考试制度改革。这种教育领域的国家行为与俄罗斯的文化传统、教育传统是分不开的,俄罗斯传统的村社思想、集体主义精神、统一国家观念、强国思想是改革的文化根源。自普京任总统后,为了重塑俄罗斯的大国形象,其在政治、经济、外交、社会、教育等领域都进行了相应的改革,实行国家统一考试是教育现代化改革的重要方面。面对俄罗斯的社会转型需要来自社会各方面的同心协力,因此加强统一意识、协调各种矛盾、解决社会公平等问题尤为重要。俄罗斯期望通过实行国家统一考试解决原有教育领域中的问题,同时希望借助此举可以加强中央对教育的控制与管理。① 确实,转型期的俄罗斯缺乏成熟的公民社会基础,社会监督和相应机构也不完善,实行国家统一考试有其合法性和合理性,是国家加强监督与控制教育质量的有力保障。

二、改革经过充分论证、循序渐进

俄罗斯国家统一考试制度从2001—2008年经历了长达八年的试行,从个别地区和高校的先行试点,到全国各联邦主体和高校、中等专业学校的全

---

① 孙春梅、赵亮:《俄罗斯国家统一考试及其对我国的启示》,《煤炭高等教育》2007年第1期,第61~63页。

面铺开。试行期间国家统一考试和高校自主考试两种制度并行,这不仅有利于比较两者的优劣,总结试点的经验教训,修改完善改革方案,还充分考虑到广大民众的接受程度,给社会、学校、家长、考生充分的心理调适时间。试行期间,政府大力推行,各联邦主体和学校自愿参与。改革草案公布在联邦教育科学部的官方网站上,民众可以对草案提出意见和建议,再经过充分的论证和试验,逐步过渡推进。这种渐进式的、非强制性的改革不仅可以减少改革的盲目与激进,而且更有利于社会的接受和认可,维护社会的长治久安。

考试制度只有与时俱进,适应社会的发展,发挥积极的作用,才能具有长久的生命力。随着国家统一考试的正式实施,联邦教育科学部根据各方的意见建议和每年的具体情况,依然在调整改进国家统一考试的形式和内容,完善考题的设计和评价标准,提高测试的技术和信息安全,增强考试的科学性和合理性,力求实现公平选才和科学选才的目标。

三、统一性与多样性相结合

从 20 世纪世界各国高校招生考试的宏观情况看,从分散走向统一是一个大趋势,其间存在一定的规律性。从分散走向联合,将各高校自身发展中具有共性的部分统一起来,以达到高效、公平和具有可比性,是考试制度发展的内在要求。[①] 随着社会的进步和发展,人才需求的多元化要求建立既能测出考生的共性部分,也能测出区分特殊人才的个性部分的考试制度。大众高等教育的多样化也要求不同类型的高校,根据培养目标确定差别化的招生标准。

俄罗斯的高校招生考试制度在统一性的基础上又具有多样化的特点,即国家统一考试成绩是高校录取新生的基本依据,同时给予特定群体一定的优惠政策,赋予部分高校举行入学加试的权力,赋予部分专业举行创造性加试的权力,考生的个人成就量化为分值计入总分。这样既能发挥统一高考的规模效应,也能兼顾各高校的办学自主权和办学特色,以及考生个体的能力和优势。

四、培养天才儿童、照顾弱势群体

俄罗斯历来重视对天才儿童和特长人才的发掘培养,通过举办奥林匹

---

① 刘海峰:《高考改革论》,浙江教育出版社,2013 年,第 237 页。

克学科竞赛和各类知识技能竞赛等办法和渠道,积极发掘特长人才并采取有效措施支持培养。2008年,俄罗斯政府颁布的《2020年前俄罗斯联邦社会经济长期发展构想》明确提出了建立保障儿童早期发展的教育服务体系,发现和支持天才儿童和特长人才成长是俄罗斯教育系统需要优先完成的任务。2010年,时任俄罗斯总统的梅德韦杰夫批准的国家教育倡议书《我们的新学校》同样要求更新教育标准,支持天才儿童的发展。[1] 2013年,新《俄罗斯联邦教育法》第77条"对杰出才能人员的教育"的规定,体现了俄罗斯对智力超常儿童和特长人才教育的关注和支持。

在俄罗斯的招生政策中,还体现了以人为本的原则和人性化关怀的特点。根据考生的生活状况、对国家的贡献以及社会的需要,规定一些优先的录取办法,如对国家有贡献的人员享有免试或优先录取的权利,为残疾人、孤儿等弱势群体拨出专门的公费录取名额,不与正常考生产生竞争,这也是俄罗斯的一项社会福利政策。另外,国家统一考试安排有备用时间,如果考生由于身体原因或其他被允许的情况,不能在规定时间内参加考试,还可以在备用时间参加考试。对盲人、聋哑人等残疾考生和健康状况异常的考生,根据他们的个体特点,提供专门的设备和仪器来保障入学考试的顺利进行。

五、社会各界监督高校招生考试

俄罗斯的国家统一考试由法律部门、教育部门、大众媒体、学生家长及其他社会团体组成的社会监督系统进行全程监督。自2011年起,联邦教育科学部正式实施国家统一考试社会监督员制度,社会监督员有权在不影响和干扰国家统一考试工作的前提下执行监督考场秩序、监督国家统一考试的申诉及处理、举报考试违纪情况等,重点监督国家统一考试各阶段工作的公正和透明。社会监督员由地方教育管理机关选拔,联邦教育科学部进行资格审核,并赋予其"联邦社会事务监督员"的身份和称号。社会监督员必须参加专业培训,培训内容由教育科学部与劳动和社会保障部共同确定。各行各业的社会人士都有机会成为社会监督员。[2]在俄罗斯的国家统一考试机制还不

---

[1] 王森:《俄罗斯联邦〈教育法〉中教育法律规范的新变化》,《外国中小学教育》2013年第12期,第5页。

[2] 赵春露:《俄罗斯高考社会监督员须参加专业培训》,《世界教育信息》2014年第2期,第73页。

成熟、不完善的情况下，成立社会监督系统，号召社会各界的广泛参与是十分必需和必要的。

同时，招生信息公开透明是贯穿俄罗斯招生各阶段的基本原则。联邦教育科学部要求各高校在招生过程中要通过学校门户网站、热线电话、信息宣传栏或"学校开放日"活动等方式公布本校章程、国家教育许可证、国家认证书和本校招生简章等信息文件。并在网站和信息宣传栏里及时公布和更新以下信息：招生专业和名额、各科目最低分数线、申请公费入学（包括免试、特殊权利、定向、普通竞试等）的学生名单、申请自费入学的学生名单、考生的国家统一考试成绩及录取名单等。[①] 若高校要举行入学加试，还需公布入学加试的科目、方式、时间和地点，参加入学加试的学生名单、加试成绩和总成绩及录取名单等。

第三节 俄罗斯高校招生考试制度的启示和借鉴

我国近年来一直在进行高考制度改革的探索，从原来的单一国家统考录取，到部分省市自主命题考试招生、部分高校联合考试招生，再到部分高校自主选拔录取，改革的趋势是逐步由国家统考录取向各高校自主招生考试的多样化形式发展。可见，两国改革的方向和趋势正好相反，但从另一个角度又可以看作是相向而行、殊途同归，目标都是实现高考制度的公平性、科学性和多样性。俄罗斯的国家统一考试在某种程度上是学习了中国高考的经验和做法，而俄罗斯走过的道路和积累的经验教训，很可能是我们在未来道路上将会遇到的问题及其解决途径。21世纪以来，俄罗斯的国家统一考试制度在争议中坚持不断前行，这对我国正在进行的新一轮高考改革提供了有益的启示和借鉴。

一、高校招生考试制度应首重公平

大众高等教育的多样化带来高等学校和学生的多样化，让高等学校按照各自的办学定位和办学特色挑选学生，也让学生能够按照自己的个性特点，

[①] 邵海昆、柴亚红：《俄罗斯2014年高校招生政策内容及分析》，《考试研究》2015年第3期，第54页。

合理选择高校，获得长远发展。俄罗斯反其道而行之，由传统的高校自主招生考试转向标准化的国家统一考试，主要原因是高等教育面临严峻的公平问题。教育公平是社会公平的重要基础，而入学机会公平是教育公平的重心，是民众评价高校招生考试制度合理与否的最重要指标。俄罗斯传统自主招生考试的积弊带来不同阶层、不同地域及城乡之间学生入学机会的差异，受人为因素干扰滋生腐败造成不公平现象，引发社会各界的强烈不满，不得不转向相对更公平的国家统一考试制度。这对我国目前正在进行的高考改革具有警示作用。

高考制度承担着巨大的社会责任，它不仅是人才选拔的方式，而且具有维护社会公正的功能；它既是确保高等学校新生质量的关键，也直接对基础教育起着导向作用。高考的竞争实质上是人们政治和经济地位等社会竞争在教育领域的高度"浓缩"，涉及众多的利益相关者，是一个敏感而复杂的问题。由于历史与文化的影响、国情与现实的需要，高考的公平性问题在我国备受关注。① 统一高考在维护教育公平、社会公正方面发挥了重要作用，具有强大的生命力。我国的高考改革应避免"重蹈俄罗斯的覆辙"，避免"一放就乱，一统就死"。探索建立分类考试、综合评价、多元录取的具有中国特色的现代教育招生考试制度，必须在确保高等教育机会公平和社会公正的前提下进行。

二、建立招考分离、二次考试模式

在国家统一考试的组织方面，为保证考试的公正透明，并为考生提供多次补考机会和减轻其心理压力，俄罗斯成立了常年工作的社会独立考试机构。截至 2014 年 7 月 16 日，俄罗斯共批准建立了四个社会独立考试中心，联邦教育科学督察署计划每个联邦区至少建立一个。② 从 2015 年起，考生可以在独立考试中心参加不限次数的国家统一考试补考，实现了一年多次考试，直到获得理想的考试分数。高校录取新生依据：国家统一考试成绩＋部分高校、部分专业的入学加试成绩＋考生的个人成就的二次考试模式。随着

---

① 郑若玲等：《苦旅何以得纾解——高考改革困境与突破》，江苏教育出版社，2011 年，第 238 页。
② 邵海昆、柴亚红：《俄罗斯 2014 年高校招生政策内容及分析》，《考试研究》2015 年第 3 期，第 54 页。

高等教育的发展,考试规律的内在要求,预计今后俄罗斯举行入学加试的高校和专业范围将逐步扩大,个人成就的内容也将逐渐增多,二次考试选拔录取将成为俄罗斯高校招生考试制度的主要特色。二次考试选拔模式将统一考试和自主考试结合起来,既能发挥统一高考的公平效益和规模效应,又能结合各高校的办学特色,扩大高校的招生自主权,兼顾考生个体的综合素质和能力,有利于实现高考公平选才与科学选才的目标。一个公正的体系应该给人们第二次(或更多的)机会,这样,开始失败的人就不会永远被关在本可以通过进一步努力就进入的大门之外了。[①]

建立社会独立考试机构、实行社会化考试、探索某些科目一年多考的办法,也是我国高考改革的讨论热点之一。上海从2017年起,统一高考科目为语文、数学、外语3门,不分文理;英语一年考两次,可选择其中较好的一次成绩计入高考总分。思想政治、历史、地理、物理、化学、生命科学6门科目设合格性和等级性考试,由全市统一命题、统一组织考试、统一阅卷。普通本科院校可根据办学特色和定位,以及不同学科专业人才培养需要,从这6门普通高中学业水平等级性考试科目中,分学科大类(或专业)自主提出选考科目范围,最多不超过3门。构建高中学生综合素质评价体系。自主招生在统一高考后进行,高校依据高考成绩和学校自主考核情况,并参考普通高中学业水平考试成绩和高中学生综合素质评价信息,选拔具有学科特长和创新潜质的优秀学生。[②] 可见,在我国部分省市已逐步向招考分离、一年多考迈进,外语考试先行先试,建设外语标准化考试题库和标准化考场,为今后其他科目逐步推行标准化考试积累经验。部分高校在统一高考基础上进行自主考核,设立面试(或技能测试)环节,向二次考试模式发展。这符合国际上高校招生考试改革的趋势:统一考试的范围逐步扩大,并向二次考试方向发展。第一次为全国性或大范围的统一考试,由专门的教育考试服务机构承办;第二次为高校自行举办的入学考试。

[①] 布莱恩·巴利:《社会正义论》,曹海军译,江苏人民出版社,2012年,第54页。

[②] 《上海市深化高等学校考试招生综合改革实施方案》http://gaokao.eol.cn/中国教育在线.2014-09-19。

三、改革应通盘考虑、稳中求进

鉴于高校招生考试制度的复杂性和敏感性,高考改革应充分考虑国情,包括教育制度、社会制度、社会发展阶段,以及民众的认可程度等,避免改革中的畏难心理和急躁情绪。公平与科学往往存在矛盾,高考改革如果不通盘考虑,极容易出现顾此失彼的局面。高考改革"万变不离其宗",无论考试形式和内容如何变化,都应始终坚持公平与科学选才的原则,尽量在两者之间求得基本的平衡。① 改革要平稳地推进,使改革带来的社会震荡降到最低,宜采用渐进式改革,稳中求变、变中求稳。我国近年来高考制度在不断改革探索,特别是某些省份改革频繁,每过两三年就要改一次,改革方案也过于复杂,可操作性差,导致学校、考生、家长、教师心理压力较大,怨声载道,与改革的初衷背道而驰。相比之下,俄罗斯的高考改革目标明确,多方论证,规定较长时间的试行期。在试行期内采用两种考试制度并存的方式,并及时总结经验教训,扬长避短,循序渐进,逐步完善。这种改革的过程和推行的方式值得我们学习和借鉴。

四、加强中学生职业指导

对中学生的职业指导是俄罗斯高校招生工作的一大特色,对中学生的未来职业定向产生了积极影响,不仅满足了国家各项事业发展的需要,而且使中学生能够按照自己的个性特点,合理选择高校和职业,获得适合而长远的发展。职业定向是对个人的职业发展方向给予一种有明确目的的引导。对职业的社会意义和熟练掌握该职业的途径了解得越清楚,选择职业的可靠程度也就越大。职业定向活动能培养学生的劳动态度和参加创造性活动的可贵精神,而这些不仅是在高校学习过程中,也是在今后的工作过程中所不可缺少的。② 高等学校在招生时不应当只局限于挑选新生,而应当积极影响中学生选择自己的生活道路,并竭力帮助他们实现自己的理想。做好职业定向指导包括相互联系的许多工作,如向应届中学毕业生介绍职业信息、组织职业预选、做好进入高校学习的各种准备等。

---

① 刘海峰:《高考改革论》,浙江教育出版社,2013年,第243页。
② В. П. 叶留金:《苏联高等学校》,张天恩、曲程、吴福生译,教育科学出版社,1983年,第314页。

我国高校每年转专业的大学生数量众多，大学毕业后转行的人员也不在少数，造成了国家人才资源的浪费。这说明对中学生的职业指导还未引起政府和教育界的足够重视，这方面的工作严重缺失，应当认识到对中学生的职业指导无论是对学生个人、学生家庭，还是对社会需要、国家建设都具有重要的意义。学习和借鉴俄罗斯的做法，通过制定相关政策、加大经费投入，采用各种措施和渠道加强对中学生的职业指导，可以通过出版物以及期刊、电视、广播等各种大众媒体向中学生传播职业信息；每年出版《高等学校招生指南》详细介绍全国高等院校的专业设置、教学大纲、毕业去向等情况；高等学校在全国各地举办"对外开放日"，通过报告、座谈、书面材料和实地参观等形式帮助中学毕业生多渠道、全方位、深入实际地了解自己所要报考的高校和专业；企业家、大学教师、大学生到中学做有关职业选择的专题报告；设立专门的信息咨询机构为中学毕业生提供职业咨询，使其明确未来的职业方向和奋斗目标，切实了解所选择的职业内容和本人能力，努力学习与实践，实现个人职业选择和社会发展需要的双赢。

五、提升教育质量是根本

国家统一考试制度在实现国民教育机会均等、为高等学校选拔合格新生、平衡各地高等教育水平、改善高等教育布局、提高高等教育整体质量等方面发挥了重要作用。国家统一考试不是"万能钥匙"，亦有其局限性，无法解决教育公平和社会公正的所有问题。只有加大国家财政教育投入，逐步消除区域、城乡、学校之间的差异，提高普通教育质量才是根本。

普通教育资源和教育水平的差异，使农村贫困地区和边远山区的孩子从一开始就输在起跑线上，处于不利的竞争位置。而那些生活在大城市和教育发达地区的孩子，社会资源和教育资源丰富，甚至得到一对一的专门辅导和训练，视野开阔、知识面广、兼顾才艺，这些都是农村孩子可望而不可即的。所以，改进公共教育，提高普通教育质量，降低财富和收入的不平等，才能使孩子们能够获得相对平等的机会和更高品质的教育。

同时，高等学校不仅要把好考试招生这一入口关，还要把好毕业出口关。不少学生和家长认为考上大学就万事大吉了，只要在大学四年不犯违反校纪校规的"大错误"都能顺利毕业，教师对学生也是采取"能放就放"的态度，这导致一部分大学生学习懈怠，不思进取。因此，必须提升高等学校的教学质量和学生学习质量,严格高校毕业生的考核评价制度,树立终身学习的理念,只有这样,才能切实为国家和社会培养优秀的专门人才,促进学生的终身发展。

六、名牌高校精英教育、普通高校大众教育

俄罗斯的高等教育机会分配权主要是优质教育资源的分配,而不是受教育权的分配。据统计,俄罗斯高校招生数量超过中学毕业生数量,因此只要有意愿,原则上都可以获得高等教育,区别在于公费还是自费。大学的入学竞争压力主要是来自权威大学或学术地位较高的高校,或者是热门专业。[①]最近几十年在高等教育体系中发生了结构功能的改变:形成大众普及高等教育和精英高等教育两个子系统,并且将长期持续发展下去。高校之间在资源上存在的差距日益扩大并有增长趋势,现在具有重要意义的竞争并不是进入一所大学,而是进入正确的大学。社会永远是分层的,社会职业也永远是分类的,当多数或所有适龄青年都有机会接受高等教育的时候,社会便会从重学历变为重"学校历"了。这是水涨船高的结果,也是学历社会高等教育发展的必然规律。[②] 任何一个国家,优质高等教育资源总是有限的,不可能满足所有人的需要。因此,树立"名牌高校精英教育、普通高校大众教育"的理念,搭建高等教育的立交桥,鼓励各类高校办出特色和水平,使每个人都能根据自身的条件、特点和能力获得适合自己的高等教育是今后的发展方向。

---

① 李莉:《大学与政府——俄罗斯高等教育与国家崛起》,社会科学文献出版社,2012年,第169页。

② Liu Haifeng, Wu Qiong. Consequences of College Entrance Exams in China and the Reform Challenges. Journal of Educational Policy (Korean), Volume 3, No.1, 2006: 7-21.

结　　语

马克思说："一切发展，不管其内容如何，都可以看作一系列不同的发展阶段，它们以一个否定另一个的形式彼此联系着。……任何领域的发展不可能不否定自己从前的存在形式。"[①] 教育上的改革也正是以否定它自己从前的存在形式进行的。俄罗斯在各个历史时期里，通过高校招生考试制度的改革来调整大学生源的数量和质量，满足国家政治、经济、文化发展的需要。招生考试制度被不断补充、修改和完善，其中有些条例在某一时期失去效力，某一时期又被重新采用，从中可以看出国家政策的导向和传统文化的影响。而最根本的变化发生在国家政治、经济体制巨大变革的时期。俄罗斯在举行大规模职业选择的招生试验、协调国家任务与毕业生质量的关系、预测招生政策产生的社会影响、完善组织过程的监督管理等方面积累了相当丰富的经验。

21世纪初，俄罗斯高校招生考试制度发生了根本性变革，由传统的高校自主招生考试转变为国家统一考试。这是在自愿基础上逐步推行的渐进式改革，改革历经了八年试验才正式实行。改革过程中虽备受争议、褒贬不一，但经过充分的论证和试行，广泛听取社会各界的意见和建议，在尊重传统文化的基础上吸纳外来经验，并根据每年的具体情况不断改进和完善，使国家统一考试制度逐步趋向科学化、合理化和多元化。

俄罗斯从高校自主招生考试向国家统一考试的变革，充分证明了统一考试具有强大的生命力。虽然统一考试并不完美，存在着某些缺陷和负面作用，但统一考试是顺应大规模考试自身发展规律的产物。作为一种大规模考试，追求效益是最为现实的考虑。由国家主持的统一考试，无论在经济效益

---

① 中共中央马克思恩格斯列宁斯大林著作编译局：《马克思恩格斯全集》第四卷，人民出版社，1958年，第329页。

抑或在保证考试的科学性、权威性和公平性上，都强于各校单独招考。统一考试在为国家节省了大量人力、物力、财力和为考生提供经济便利的报考条件的同时，也保证了新生的质量，使新生水平良莠不齐的现象得到改观。统一考试正是从制度上排除了考试以外人为因素的干扰，以考试成绩而不是以金钱、权力为录取标准，才有效保证了考试的公平与健康发展，从而使全体国民享有了平等参与并接受高等教育的竞争机会。[①] 因此，今后我国的高考改革应充分考虑现实国情和文化传统，适应国家政治、经济体制的发展要求，遵循考试制度的内在规律，坚持以统一考试为基础的多元化的招生考试制度，走循序渐进的改革创新之路。

中俄两国的高校招生考试制度作为两种改革趋势的典型代表，其改革趋势可以看作是相向的运动，殊途同归，最终找到一个最佳的契合点。其宗旨都是希望集单独考试和统一考试的优势于一身，扬长避短、臻于完善，实现高校招生考试制度的公平效益与科学选才的目标。

[①] 郑若玲等：《苦旅何以得纾解——高考改革困境与突破》，江苏教育出版社，2011年，第4~5页。

参考文献

中文专著

[1] В. П. 叶留金. 苏联高等学校 [M]. 张天恩，曲程，吴福生，译. 北京：教育科学出版社，1983.

[2] Н. А. 康斯坦丁诺夫，等. 苏联教育史 [M]. 北京：商务印书馆，1996.

[3] 沙巴也娃. 教育史 [M]. 邰爽秋，等译. 北京：人民教育出版社，1955.

[4] 麦丁斯基，天枢，子诚译. 世界教育史（下）[M]. 北京：五十年代出版社，1953.

[5] 贺国庆，王保星，朱文富，等. 外国高等教育史 [M]. 北京：人民教育出版社，2006.

[6] 刘海峰. 高考改革论 [M]. 杭州：浙江教育出版社，2013.

[7] 刘海峰，等. 高校招生考试制度改革研究 [M]. 北京：经济科学出版社，2009.

[8] 刘海峰. 高考改革的理论思考 [M]. 武汉：华中师范大学出版社，2007.

[9] 教育学名词审定委员会编. 教育学名词 [M]. 北京：高等教育出版社，2013.

[10] 肖甦，王义高. 俄罗斯教育变革探讨 [M]. 广州：广东教育出版社，2008.

[11] 王义高，肖甦. 苏联教育70年成败 [M]. 北京：北京师范大学出版社，1999.

[12] 肖甦，王义高. 俄罗斯教育10年变迁［M］. 北京：北京师范大学出版社，2003.

[13] 王义高. 世界教育大系——苏俄教育［M］. 顾明远，梁忠义主编. 长春：吉林教育出版社，2000.

[14] 朱小曼，В. П. 鲍利辛柯夫，等. 20—21世纪之交中俄教育改革比较［M］. 北京：教育科学出版社，2006.

[15] 邱洪昌，林启泗. 十国高等学校招生制度［M］. 北京：航空工业出版社，1994.

[16] 于钦波，杨晓. 中外大学入学考试制度比较与中国高考制度改革［M］. 成都：四川教育出版社，2000.

[17] 张亚群. 高校自主招生与高考改革［M］. 北京：中国社会科学出版社，2012.

[18] 郑若玲，等. 苦旅何以得纾解——高考改革困境与突破［M］. 南京：江苏教育出版社，2011.

[19] 李莉. 大学与政府——俄罗斯高等教育与国家崛起［M］. 北京：社会科学文献出版社，2012.

[20] 刘省非. 教育市场化——转型期俄罗斯高等教育改革研究［M］. 北京：人民出版社，2013.

[21] 顾鸿飞. 俄罗斯非国立高等教育发展研究［M］. 厦门：厦门大学出版社，2012.

[22] 张男星. 俄罗斯高等教育体制变革［M］. 长春：吉林教育出版社，2002.

[23] 吴式颖. 俄国教育史——从教育现代化视角所作的考察［M］. 北京：人民教育出版社，2006.

[24] 潘德礼，薛福岐. 列国志——俄罗斯［M］. 北京：社会科学文献出版社，2005.

[25] 王秀卿. 高等学校招生考试理论研究［M］. 北京：航空工业出版社，1994.

[26] 张民选. 高校招生考试制度改革研究［M］. 上海：上海教育出版社，2008.

[27] 上海外国语学院苏联研究所. 苏联高等教育文件汇编［G］. 上海：上海外语教育出版社，1986.

[28] 上海师范大学教育系编译组. 外国教育发展史资料（近现代部分）[M]. 上海：上海人民出版社，1976.

[29] 符明娟. 比较高等教育 [M]. 北京：北京师范大学出版社，1987.

[30] 高凤仪，石湘秋. 当今俄罗斯教育概览 [M]. 郑州：河南教育出版社，1994.

[31] 钟亚平，张国凤. 苏联—俄罗斯科技与教育发展 [M]. 北京：人民教育出版社，2003.

[32] 康乃美，蔡炽昌，等. 中外考试制度比较研究 [M]. 武汉：华中师范大学出版社，2006.

[33] 吴世淑. 国外高等学校招生制度 [M]. 海口：南海出版公司，1992.

[34] 贾非. 考试制度研究 [M]. 成都：四川教育出版社，1995.

[35] 黄福涛. 外国高等教育史 [M]. 上海：上海教育出版社，2003.

[36] 王清华. 苏联高等教育的历史和现状 [M]. 长春：吉林教育出版社，1985.

[37] 卫道治. 莫斯科大学 [M]. 长沙：湖南教育出版社，1995.

[38] 王立科. 英国高校招生考试制度研究 [M]. 武汉：华中师范大学出版社，2008.

[39] 唐滢. 美国高校招生考试制度研究 [M]. 武汉：华中师范大学出版社，2007.

[40] 李木洲. 高考改革的历史反思——基于制度变迁的视角 [M]. 武汉：华中师范大学出版社，2014.

[41] С. А. 科斯塔年. 教育经济学的对象和方法 [M]. 北京：教育科学出版社，1981.

[42] 布莱恩·巴利. 社会正义论 [M]. 曹海军，译. 南京：江苏人民出版社，2012.

[43] 刘进. 中国高校自主招生公平问题研究 [M]. 北京：北京理工大学出版社，2015.

[44] 刘精明. 教育公平与社会分层 [M]. 北京：中国人民大学出版社，2016.

[45] 杨聚鹏. 大学组织在自主招生政策执行中的机会主义行为研究 [M]. 西安：陕西师范大学出版社，2015.

中文期刊

[1] 顾鸿飞. 俄罗斯大学入学考试制度——国家统一考试探析 [J]. 比较教育研究, 2006 (5): 59-61.

[2] 杨广云, 高燕. 俄罗斯国家统一考试初探 [J]. 湖北招生考试, 2007 (7): 61-64.

[3] 杨广云, 高燕. 俄罗斯国立高校三种入学考试制度之博弈 [J]. 教育与考试, 2009 (2): 50-53.

[4] 王森. 俄罗斯联邦《教育法》中教育法律规范的新变化 [J]. 外国中小学教育, 2013 (12): 1-7.

[5] 刘海峰, 李立峰. 高考改革与政治经济的关系 [J]. 教育发展研究, 2002 (6): 34-38.

[6] 穆哈敏特加诺娃. 俄罗斯高等教育现代化进程中的质量问题 [J]. 教育研究, 2006 (8): 48-54.

[7] 单春艳, 肖甦. 俄罗斯高等教育层次结构及学位制度的改革与现状评述 [J]. 比较教育研究, 2008 (9): 46-50.

[8] 肖甦. 俄罗斯高考辅导业消费透视 [J]. 教育与经济, 2003 (3): 60-62.

[9] 姚加惠. 试析俄罗斯高等教育"立交桥"的构建 [J]. 高等教育研究, 2013 (7): 90-97.

[10] 邵海昆, 陈骁. 俄罗斯高考: 历史与现实 [J]. 教育与考试, 2015 (2): 34-39.

[11] 邵海昆, 柴亚红. 俄罗斯 2014 年高校招生政策内容及分析 [J]. 考试研究, 2015 (3): 49-55.

[12] 安德烈·多布罗沃利斯基, 郭明磊译. 俄罗斯高等教育的发展现状和改革方向 [J]. 重庆高教研究, 2015 (2): 3-5.

[13] N. D. 尼康德罗夫. 2000 年以来俄罗斯的教育改革趋势 [J]. 教育科学研究, 2013 (5): 36-41.

[14] Mashkina Olga. 俄罗斯人才培养挑战及高等教育创新探索——以莫斯科大学为例 [J]. 创新人才教育, 2015 (4): 82-87.

[15] 杜劲松, 彼得勒索娃 I. A. 俄罗斯高等教育改革现状评析 [J]. 比较

教育研究，2014（8）：63-67.

[16] 何峰. 俄罗斯高校招生考试制度：承袭与改革 [J]. 国际观察，1999（2）：55-56.

[17] 张俊勇，张玉梅. 俄罗斯国家统一考试改革历程及对中国高考改革的启示 [J]. 考试研究，2012（4）：9-15.

[18] 高凤兰. 俄罗斯国家统一考试实施状况分析 [J]. 外国教育研究，2011（4）：75-80.

[19] 宗菲菲，孙河川，马建云. 美国、俄罗斯高校入学考试制度比较研究——从分权走向集权 [J]. 民办教育研究，2008（1）：88-92.

[20] 李莉. 俄罗斯国家统一考试十年发展述评 [J]. 俄罗斯中亚东欧市场，2011（10）：49-54.

[21] 王黎明. 相向的改革：中俄高考制度的改革与发展趋势 [J]. 黑龙江高教研究，2008（8）：85-87.

[22] 李莉. 相背而驰、殊途同归——比较分析中俄高等教育入学考试及变革趋势 [J]. 西伯利亚研究，2011（4）：73-78.

[23] 孙春梅，赵亮. 俄罗斯国家统一考试及其对我国的启示 [J]. 煤炭高等教育，2007（1）：61-63.

[24] 倪明，张奠宙. 俄罗斯高考改革及其启示 [J]. 中国考试，2005（4）：55-57.

[25] 郑畅. 高校自主招生之公平：中俄比较 [J]. 兰州大学学报（社会科学版），2011（5）：151-154.

[26] 崔庆玲，马娟. 俄罗斯高考改革与我国高考的比较评析 [J]. 教学与管理，2014（4）：81-83.

[27] 徐明. 俄罗斯国家统一高考与独立招生对教育的影响——莫斯科大学实证分析 [J]. 复旦教育论坛，2006（3）：75-78.

[28] 刘淑华. 实名制国家财政券：俄罗斯高等教育财政体制的可贵探索 [J]. 比较教育研究，2005（9）：41-46.

[29] 高燕，余斌. 俄罗斯高校招考制度：改革与思考 [J]. 高教探索，2010（4）：53-58.

[30] 付耕南. 俄罗斯国家统一考试制度述评 [J]. 外国教育研究，2007（1）：42-46.

俄文专著

[1] Е. Н. Геворкян, И. А. Правкина, Д. А. Усанов. Приём в вузы России. Как это было и что будет [M]. Саратов: Изд-во Сарат. ун-та, 2008.

[2] А. С. Заборовская, Т. Л. Клячко, И. Б. Королев, В. А. Чернец, А. Е. Чирикова, Л. С. Шилова, С. В. Шишкин. Высшее образование в России: правила и реальность [M]. М.: Независимый институт социальной политики, 2004.

[3] Поломошнов А. Ф., Габибов А. Б., Денисов А. Д., Колосова Н. Н., Мотько С. М., Поломошнов П. А., Пойда Е. Е., Полякова Н. А., Поцелуева О. Н., Хоменко Т. В., Чебуракова М. С., Чумакова Т. Н., Янова Э. Н. Российская реформа высшего образования: итоги и перспективы [M]. п. Персиановский, 2011.

[4] А. И. Аврус. История российских университетов [M]. Саратов, 1998.

[5] В. А. Садовничий. Россия. Московский университет. Высшая школа [M]. М., 1999.

[6] Г. И. Щетинина, Университеты в России и устав 1884 г. [M]. М.: 1976.

[7] Иванов А. Е. Высшая школа России в конце XIX-начале XX века [M]. М., 1991.

[8] Российский статистический ежегодник. 2014: Стат. сб. Госкомстат России. М., 2014.

[9] Народное образование в СССР: Сб. документов 1917-1973 [G]. М., 1974.

[10] А. С. Заборовская, Т. Л. Клячко, И. Б. Королев, В. А. Чернец, А. Е. Чирикова, Л. С. Шилова, С. В. Шишкин. Высшее образование в России: правила и реальность [M]. М.: Независимый институт социальной политики, 2004.

[11] Шишкин С. В. Доступность высшего образования в России [M]. Москва, 2004.

[12] И. В. Шакирова. Организация и проведение единого государственного экзамена в Российской Федерации Нормативные материалы, методические рекомендации [M]. М. : Уникум-центр, 2003.

[13] Петров В. Л. , Петров И. В. , Правкина И. А. и др. Сборник нормативнометодических документов по вопросам приема в вузы [G] . М. , 2001.

[14] В. С. Собкин, Д. Адамчук, Ю. О. Коломиец, И. Д. Лиханов, А. И. Иванов. Социология образования//Социологические исследование результатов ЕГЭ [M]. М. : Институт социология образования РАО, 2010.

[15] В. А. Садовничий, О. В. Лазарева. Справочник для поступающих в Московский университет в 2015 году [M]. М. : Издательство Московского университета, 2015.

[16] Т. Мищенко. Все о платном и бесплатном образовании [M]. М. : АСТ: Омега-Л, 2015.

[17] Резник С. Д. , Сазыкина О. А. , Фомин Г. Б. Управленческий потенциал высших учебных заведений России: оценка, опыт, перспективы [M]. М. : ИНФРА-М, 2014.

[18] Филиппов В. М. Управление в высшей школе: опыт, тенденции, перспективы [M]. М. : Логос, 2006.

[19] Александрова О. А. , Кортунов А. В. , Кулагина Е. В. , Логинов Д. М. , Осовецкая Н. Я. , Павлюткин И. В. Прогноз развития высшего образования в России: 2009 - 2011 гг. [M]. М. : МАКС Пресс, 2009.

[20] Беляков С. А. Модернизация образования в России: совершенствование управления [M]. М. : МАКС Пресс, 2009.

[21] Днепров Э. Д. Модернизация российского образования: документы и материалы [M]. М. : ГУ ВШЭ, 2002.

[22] Ильинский И. М. Путь к успеху [M]. М. : Издательство Московского гуманитарного университета, 2004.

[23] Ильинский И. М. Образовательная революция [M]. М. : Издательство Московской гуманитарно-социальной академии, 2002.

[24] Кванина В. В. Гражданско-правовое регулирование отношений в сфере

высшего профессионального образования [M]. Москва, 2005.

[25] Новиков А. М. Российское образование в новой эпохе. Парадоксы наследия. Векторы развития [M]. Москва, 2000.

[26] Плаксий С. И. Блеск и нищета российского высшего образования [M]. М.: Издательство Национального института бизнеса, 2004.

[27] Плаксий С. И. Стратегия успешного вуза [M]. Москва, 2006.

[28] Под редакцией Ларионовой М. В., Мешковой Т. А. Аналитический доклад по высшему образованию в Российской федерации [M]. М.: Издательский дом Гу ВШЭ, 2007.

[29] Радаев В. В., Яковлев А. А., Балаева О. Н., Бусыгин В. П., Андреева Н. В. Стратегии развития российских вузов: ответы на новые вызовы [M]. М.: МАКС Пресс, 2008.

[30] Смолин О. Н. Российская государственная образовательная политика и федеральное законодательство 90-х гг. [M]. М.: ООО ИПТК Логос ВОС, 1999.

俄文期刊、报纸、网络资源

[1] Трушин А. Большая перемена [J]. Прямые вести. 2007. № 3. С. 32-35.

[2] Клячко Т. Л., Мау В. А. Тенденции развития высшего профессионального образования в Российской Федерации [J]. Вопросы образования, 2007. № 3. С. 45-49.

[3] Звонников В. И., Челышкова М. Б. Единый экзамен: неудачный эксперимент или универсальное новаторское решение? [J]. Высшее образование сегодня. 2004. № 6. С. 18-24.

[4] Ефремова Н. Ф. А нужен ли единый государственный экзамен региона [J]. Высшее образование сегодня. 2005. №3. С. 14-17.

[5] Татьяна Львовна Клячко. Государственные именные финансовые обязательства (ГИФО) [J]. Университетское управление, 2002. №4. С.: 70-73.

[6] Филиппов В. М. Высшая школа России перед вызовами XXI века [J].

Высшее образование в России. 2001. №1. С. 5-15.

[7] Эпштейн А. Система высшего образования Израиля в эпоху перемен [J]. Высшее образование в России. 2000. № 6. С. 138-149.

[8] Ковалькова Н., Ковалькова Л. Как учат в американских университетах [J]. Alma mater. 1998. №11. С. 15-18.

[9] Темиргалиев И. Взгляд на систему образования в процессе ее реформирования (на примере Казахстана) [J]. Вестн. высш. шк. 1999. №4. С. 45-46.

[10] Далимов А. Некоторые характеристики системы тестирования в Узбекистане [J]. Вестн. высш. шк. 1999. №7. С. 22-23.

[11] Шашло Т. М., Левченко М. В. Главные аспекты связи [J]. Вестн. высш. шк. 1974. С. 29-33.

[12] Фейгенберг И. М. Задачи в школе, в вузе, в жизни [J]. Вестн. высш. шк. 1975. №4. С. 12-16.

[13] Сацукевич М. Ф., Бондаренко Н. Г. Внимание абитуриенту [J]. Вестн. высш. шк. 1979. №8. С. 26-28.

[14] Яглом И. М. Вступительные экзамены по математике: методика, требования [J]. Вестн. высш. шк. 1972. С. 34-39.

[15] Пахомов Н. Н. Саморазрушение [J]. Вестн. высш. шк. 1988. №2. С. 84-90.

[16] Чебышев Н. В., Фарбер Ф. Е. Как улучшить качество приема? [J]. Вестн. высш. шк. 1988. №9. С. 21-24.

[17] Венецкий Н. Г., Кремер Н. Ш., Лебедев Ю. А. С помощью подсистемы 《Абитуриент》 [J]. Вестн. высш. шк. 1975. №7. С. 21-23.

[18] Татур Ю. Г. На повестке дня-вопросы приема [J]. Вестн. высш. шк. 1985. №6. С. 20-24.

[19] Мирошникова Н. М., Никитин А. В. Внедряется подсистема 《Прием》 [J]. Вестн. высш. шк. 1986. №6. С. 29-30.

[20] Абанкина И. Деньги на вуз [J]. Прямые вести. 2007. № 3. С. 38-39.

[21] Воскобойникова М. Качество образования как фактор конкурентоспосо-

бности вуза [J]. Высшее образование в России, 2008. № 5. С.: 139-143.

[22] Фурсенко А. Качество образования и государственные стандарты [J]. Ученый совет, 2006. №9. С.: 17-18.

[23] Чернышов А. Большие маневры в образовании. Комментарии [N]. Новые времена. 2007. №9. 9-15марта. С. 8.

[24] Днепров Э. Минобразование не дает реализовать задуманное [N]. Известия. 2001. №157 (25995). 29 авг. С. 3.

[25] Молодцова В. Карьеристы, на выход [N]. Рос. газ. 2001. №208 (2820). 25 окт. С. 5.

[26] Максимов А. Единый или единственный [N]. Известия. 2007. №14 (27298) 29. янв. С. 6.

[27] Лесков С. Не экзаменом единым [N]. Известия. 2007. № 14 (27298). 29 янв. С6.

[28] Хмелик Н. Единый экзамен [N]. Саратовские вести. 2001. №134 (2710). сент. С. 3.

[29] В. Молодцова, В институт без блата [N]. Рос. газ. 2001. №77 (2689). 19 апр. С. 2.

[30] Цай Т. В защиту золотых медалистов [N]. Известия. 2003. №117 (26434). 5. июля. С. 5.

[31] Филиппов В. М. О сгоревшей школе и 《некачественных》 медалистах [N]. Рос. газ. 2002. №161 (3029). 28 авг. С. 3.

[32] Ткач А. Экзамены закончились, экзамены начались [N]. Парламентская газ. 2002. № 134 (1014). 18 июля. С. 3.

[33] Клименко Ю. По результатам ЕГЭ-справка о неуспеваемости [N]. Саратовские вести. 2004. №12 (3169). С. 2.

[34] Единый государственный экзамен в системе образования Российской Федерации [D]. 2012. [EB/OL]. http://www.bibliofond.ru/detail.aspx? id=521306.

[35] Ямалиев В. У., Кудрейко А. А., Латыпов О. Р. Методы конкурсного отбора абитуриентов для обеспечения качественного приёма в вуз [J]. Нефтегазовое дело: электронный научный журнал. 2013. [EB/OL].

№5 http://www.ogbus.ru.

[36] Федеральный закон от 29.12.2012 N 273-ФЗ "Об образовании в Российской Федерации" [EB/OL]. http://www.consultant.ru.

[37] Порядок приёма на обучение по образовательным программам высшего образования-программам бакалавриата, программам специалиста, программам магистратуры на 2015/16 учебный год. Утвержден приказом Министерства образования и науки Российской Федерации от 28 июля 2014г. №839. [EB/OL]. http://mon.gov.ru.

[38] О внесении изменений в Порядок приема в вузы и учреждения среднего профессионального образования. Российское образование. Федеральный портал [EB/OL]. http://www.edu.ru/index.php...

[39] Число противников ЕГЭ в России растет Псковская Лента Новостей 02.06.2010 [EB/OL]. http://www.regnum.ru/allnews/81014.html.

[40] Качество приёма в вузы - 2013 [EB/OL]. http://www.hse.ru/ege/second_section 2013/.

[41] Медведев: ЕГЭ не идеален, но работоспособен [EB/OL]. http://www.gazeta.ru/news/lenta/2010/05/18/n_1496121.shtml.

[42] Образование, которое мы можем потерять. Сборник под редакцией В. А. Садовничего [EB/OL]. http://www.mccme.ru/edu/index.php?ikey=articles, 2003-03-01.

[43] Единый государственный экзамен отучит детей думать, считает ректор МГУ [EB/OL]. http://www.mmonline.ru/entrance.php?mid=4395, 2003-10-25.

[44] Смолин О. Н. О проекте нового базового федерального закона об образовании в Российской Федерации. [EB/OL]. http://www.smolin.ru/duma/audition/2010-10-13.html.

[45] Зегонов О. Льготы при поступлении в ВУЗы могут сократить [EB/OL]. http://Infox.ruwww.infox.ru/science...2009/01/14/Lgotyy_pri...

[46] ЕГЭ и коррупция [EB/OL]. http://www.s-pravdoy.ru/protiv-korrupcii/.

[47] Долотов В. Экзамен на коррупцию [EB/OL]. http://dlib.eastview.com/browse/doc/19707389.

[48] ЕГЭ нанесёт вред не только образованию, но и экономике страны. Редакция " Капитала Страны" [EB/OL]. http://www.kapital-rus.ru/index.php/articles/article.

[49] Госдума одобрила поправки по совершенствованию процедуры ЕГЭ [EB/OL]. http://www.proforientator.ru/index.php…

[50] Единый госэкзамен: зло или благо для российского образования? [EB/OL]. http://svpressa.ru/society/.

后　　记

　　四年多的读博生涯转瞬即逝，虽然写论文的过程很辛苦，但读博的时光很美好。在高校管理岗位工作了 15 年之后，怀着对学术的敬畏、提升自我的愿望和浓浓的厦大情结，我又一次以学生身份走进了厦大校园，拿起书本坐到了课桌前。感谢导师刘海峰教授给予我继续学习深造的机会，能够进入刘门、成为刘老师的弟子我深感荣幸。由于缺乏教育学功底，平时又身在异地，边工作边读书，刘老师给予我尽可能的指导和帮助，而我能为导师做的事情实在有限，只有倍加努力，顺利完成学位论文和学业，才是对导师最好的回报。

　　潘懋元先生是我敬仰的名家，他以 90 多岁的高龄亲自授课、批改作业，真正做到了为人师表、以身垂范、大师风采。在教育研究院聆听刘海峰、别敦荣、史秋衡、张亚群、李泽彧、王洪才、郑若玲、吴薇、徐岚等众多名师的教诲，在知识的殿堂徜徉，感佩于他们的博学与睿智，使我获益匪浅。

　　特别致谢外语学院的顾鸿飞教授，顾教授既是我的大学俄文老师又是教育学博士师姐，在本论文的资料翻译和校正方面为我提供了大量的指导和帮助，在此深表谢意！还要感谢杨广云老师为我提供了收集俄文材料的资源和渠道。

　　感谢教育学博士班的同学一路相互鼓励、相伴同行。沈曲、郑育琛、罗先锋、雷兰川、石猛、王志军、陈迎红、周琬謦、王毓，还有来自台湾的同学蔡锦城、刘百纯、江明哲、沈书玉和同门师妹胡永红，是你们构成了四年里最亮丽的风景、最难忘的记忆！

　　在莫斯科国立大学访学的日子里，教育系副主任 Ольга Анатольевна 是我的导师，帮助我安排进修课程、收集论文资料。秘书 Василий Кузнецов、俄文教师 Надежда 对我真诚而友好。莫大同学张冰、崔晓娟、杨昌宇、雷蕾、胡丽玲、马娜、邵海昆、汪洋给予我学习和生活上的帮助，在此一并表示感谢！还有我在上海立信会计学院的同事们，感谢你们在工作上的支持与分担！

对于默默奉献、无怨无悔的父母，包容体贴的先生，勤奋懂事的儿子及善解人意的弟弟妹妹，我对你们的感谢无以言表，只能感恩在心、化为行动，在今后的日子里我们一家人相亲相爱、健康平安、幸福长久！

本书是在我的博士学位论文基础上修订完成的。感谢华中师范大学出版社冯会平主任的大力支持。由于本人水平有限，书中疏漏和不足之处在所难免，敬请读者批评指正。

王　婧

2016 年 12 月于上海